混合交通均衡分配的效率损失研究

余孝军　黄海军　唐华容 等　著

科 学 出 版 社

北　京

内 容 简 介

界定用户均衡行为的效率损失及评价管理措施在降低效率损失方面的效果是研究有限资源分配的重要内容之一。本书在介绍现有交通均衡分配效率损失研究成果和相关理论的基础上，通过分析混合交通流量的分布特点和交通出行者的路径博弈决策行为，构建混合交通均衡分配的等价数学模型；界定混合交通均衡分配的效率损失上界，并得到影响效率损失的关键因素；探讨拥挤道路收费机制在降低混合交通均衡分配效率损失方面的实施效果；运用数值算例验证本书结论。本书相关研究内容可为城市交通规划与管理提供理论参考。

本书适合高等院校交通运输工程、运筹学、数学、系统科学等相关专业的研究生和高年级本科生阅读，也可供从事城市交通规划与管理及相关研究的科技工作者参考。

图书在版编目（CIP）数据

混合交通均衡分配的效率损失研究 / 余孝军等著. —北京：科学出版社，2021.1

ISBN 978-7-03-053967-0

Ⅰ. ①混…　Ⅱ. ①余…　Ⅲ. ①混合交通－分配－研究　Ⅳ. ①U491.2

中国版本图书馆 CIP 数据核字（2020）第 188689 号

责任编辑：韩卫军 / 责任校对：彭　映
责任印制：罗　科 / 封面设计：墨创文化

科学出版社出版
北京东黄城根北街 16 号
邮政编码：100717
http://www.sciencep.com
成都锦瑞印刷有限责任公司印刷
科学出版社发行　各地新华书店经销
*
2021 年 1 月第　一　版　开本：787×1092　1/16
2021 年 1 月第一次印刷　印张：10 1/4
字数：240 000

定价：90.00 元

（如有印装质量问题，我社负责调换）

国家自然科学基金地区科学基金项目（71161005，71761005）

前　　言

随着社会经济的发展，包括道路资源在内的各种有限资源的紧缺程度日趋上升，如何科学分配和利用好有限资源一直是经济学和管理科学研究的基本命题，也是交通科学、计算机科学等学科最基本、最前沿的研究课题。道路资源的紧缺导致全球城市普遍存在交通拥堵问题，给社会带来了巨大的损失，已经成为制约城市经济社会可持续发展的瓶颈。交通拥堵费时、费钱，还损害健康。2016 年，美国洛杉矶的每位司机在高峰期平均耗费 104h（Pishue，2017）。纽约和曼哈顿的居民在高峰期开车还不如走路快（Berger and Vilensky，2018）。有报道称，美国、德国和英国 2017 年因拥堵造成的经济损失总计达到 4610 亿美元。拥堵期间的车辆比平时多消耗 80%的燃油，继而产生更多的碳排放，导致空气污染（Treiber et al.，2008）。拥堵还可诱发心脏病，导致交通事故。

解决拥堵问题的最常见做法是多修路，但似乎并不灵验。道路多了，车辆也随之增加，智能导航、打车 App（application，手机软件）、无人驾驶等技术也不能完全解决这个问题。导航可能使某些本来不拥挤的道路变得拥堵了；打车 App 和无人驾驶的便利服务诱发新的小车出行需求，这些需求可能原本是靠自行车或者公共交通实现的。交通拥挤是离散、巨量、有限理性智能体，在资源有限的城市道路交通系统中进行非合作博弈的结果。非合作博弈是指个体在路径选择方面是利己的，导致所谓的用户均衡流量分布（user equilibrium flow pattern），它是人们根据自身利益最大化的行为准则进行长期博弈的结果，被认为是公平的。与之对应的是系统最优流量分布（system optimum flow pattern），它假设存在一个中央决策者，人们接受其统一安排的路径，以实现系统总出行成本最小，显然，总出行成本是最小了，但不公平（即通常情况下不同个体的出行成本不相等）。用户均衡状态的系统总出行成本一般高于系统最优状态的总出行成本，被认为是效率损失的。度量效率损失一直是经济学、交通科学、计算机科学等学科中最基本、最前沿的研究课题，人们会问：这个损失有没有上界？受哪些因素影响？耗费巨大的财力且承受失去公平性的指责去追求系统最优是否值得？回答这些问题需要对交通拥堵的形成机理进行深入细致的研究，掌握离散、巨量、有限智能交通个体的出行规律，在此基础上才能制定合理的政策调节交通流量的时空分布，对现有交通基础设施采取科学的管理方法和实现充分有效的利用，使交通需求与供给协调发展。

用户均衡的交通流量分布是出行者进行长期路径博弈形成的结果，是在去中心化（discentralized）原则下达成的均衡，所有人的出行成本相等。由于参加路径博弈的个体具有利己行为，要“驱动”他们实现中心化（centralized）原则下的系统最优，就要采取强制（如限号、限行）或非强制（如拥挤收费、路径推荐）的措施，这必然影响一部分人的利益，也必然增加政策实施成本。如果用户均衡行为造成的效率损失有限，而且比为达到系统最优而花费的成本低的话，那么是否还有必要采取强制手段或诱导措施实现系统最优？采取措施实现从用户均衡状态到系统最优状态的转变，这种措施的效果和收益有多大？回答这些问题都要考虑用户均衡和系统最优在理论上的差距及受什么因素影响。人们早就认识到在对有限资源进行分配时，依靠自由市场竞争实现的用户均衡一般达不到系统最优，但是两者的距离到底有多远，用户均衡行为效率损失的上界是多少，理论界很长时间都没有给出明确的回答。这是一个很严肃和很普遍的理论命题，对一切资源有限系统的运行管理，在回答是采取去中心化原则好、还是中心化原则好时，都存在这个问题。因此，本书的科学意义和实践指导价值是十分明显的。

21 世纪初，学者们通过研究发现在同质用户（即所有个体的价值观相同）的交通网络中，当出行时间成本函数是仿射函数时，用户均衡与系统最优的差距上界是一个固定值。在此之后，学者们得到了许多拥有完全信息的同质用户均衡行为下效率损失的研究成果。然而，在现实交通网络中出行者的收入水平、年龄、性格、出行目的和理性程度不同，在选择出行路径时并不遵循同一个原则，导致出现混合的多准则路径选择结果。这就是说，在混合型路径选择系统中，有的人遵循去中心化利己原则，有的人遵循中心化、“讲大局”原则，有的人非常理性，还有的人有限理性、甚至完全随机。本书通过研究混合交通系统中的路径博弈决策行为，阐述人们的路径调整过程，揭示背后的经济学原理。本书运用交通流量均衡分配理论、博弈论、数学规划理论、变分不等式理论以及行为科学和管理科学等学科的知识，确定不同类型混合交通均衡分配的效率损失上界和拥挤道路收费机制在效率损失方面的效果。

本书共 9 章。第 1 章为绪论，重点介绍本书的研究背景及意义、研究现状、研究内容及思路。第 2 章对标准的交通均衡分配模型、系统最优分配模型以及交通均衡行为的效率损失进行介绍。第 3 章和第 4 章着重研究固定需求下多用户类随机用户均衡交通分配的效率损失及拥挤道路收费机制的实施效果，包括固定需求下多用户类随机用户均衡交通分配相对系统最优和随机系统最优的效率损失及收费机制下固定需求多用户类随机用户均衡交通分配相对系统最优和随机系统最优的效率损失。第 5 章至第 7 章讨论由不同理性行为出行者构成的混合交通均衡分配的效率损失，包括固定需求下含利己用户混合交通均衡分配的效率损失、固定需求下含利他用户混合交通均衡分配的效率损失、固定需求下含刻板用户混合交通均衡分配的效率损失。第 8 章分析弹性需求下混合交通均衡分配的效率损失。第 9 章对全书进行总结，并展望未来的研究方向。

本书部分内容取自本领域当前较为成熟和最新的研究成果，笔者对这些成果进行了系统总结，更多的内容来自笔者多年来的研究成果。在本书的写作过程中，笔者查阅了大量的国内外文献，在正文以及参考文献中已尽可能地进行了标注说明，如有遗漏深表歉意。本书是一部探索混合交通均衡分配效率损失的理论专著，试图回答一些基本理论问题，虽然对发展意在实现系统最优的技术和政策有指导意义，但并不直接解决实际的交通拥堵问题。况且，我们的研究虽有进展，但所得到的混合交通均衡效率损失上界，未来还会随研究的不断深入而进一步减小，也欢迎更多热衷应用基础研究的同行加入到类似工作。

在本书的编写过程中，黄海军负责全书的拟定和书稿框架设计工作，余孝军负责全书的建模分析和撰写工作，唐华容负责资料收集和整理工作。感谢张文专、王琳琳、王婷婷等在资料收集、建模分析、算例计算等方面的大力支持和帮助。同时，第一著者感谢在北京航空航天大学就读博士期间，各位同学给予的指导和帮助。

由于学识水平有限，书稿中难免有认识不足或疏漏之处，敬请广大读者批评指正。

目　　录

变量、参数和缩写定义表

a：　路段 $a \in A$

A：　路段集合

$B_w(\cdot)$：　OD 对 $w \in W$ 间的逆需求函数

$B_w^i(\cdot)$：　OD 对 $w \in W$ 间利他用户 $i \in I$ 的逆需求函数

$B_w^m(\cdot)$：　OD 对 $w \in W$ 间第 $m \in M$ 类用户的逆需求函数

$B_w^u(\cdot)$：　OD 对 $w \in W$ 间利己用户 u 的逆需求函数

C：　路段出行时间成本函数类

$c_a^m(v_a)$：　第 m 类用户在路段 a 上的实际出行成本

$\boldsymbol{c}(\boldsymbol{v})$：　路段实际出行时间成本向量

$\boldsymbol{C}(\boldsymbol{f})$：　路径实际出行时间成本向量

$\boldsymbol{C}^M(\boldsymbol{f})$：　M 类用户的路径实际出行成本向量

$c_{rw}(\boldsymbol{f})$：　用户在路径 $r \in R_w$ 上的实际出行时间成本

$C_{rw}(\boldsymbol{f})$：　用户在路径 $r \in R_w$ 上的理解出行时间成本

$c_{rw}^m(\boldsymbol{f})$：　第 m 类用户在路径 $r \in R_w$ 上的实际出行成本

$C_{rw}^m(\boldsymbol{f})$：　第 m 类出行者在路径 $r \in R_w$ 上的理解出行成本

$c_{rw}^{\text{SUE}}(\boldsymbol{f})$：　Logit 型随机用户在路径 $r \in R_w$ 上的实际出行时间成本

$C_{rw}^{\text{SUE}}(\boldsymbol{f})$：　Logit 型随机用户在路径 $r \in R_w$ 上的理解出行时间成本

d_w：　OD 对 $w \in W$ 间的固定出行需求

$\boldsymbol{d}$：　$\boldsymbol{d} = (\cdots, d_w, \cdots)$ 固定出行需求向量

d_w^i：　OD 对 w 间利他用户 i 的固定出行需求

d_w^m：　OD 对 w 间第 m 类用户的固定出行需求

f_{rw}：　路径 $r \in R_w$ 上的流量

f_{rw}^{AU}：　路径 $r \in R_w$ 上利他用户 AU 的流量

f_{rw}^i：　路径 $r \in R_w$ 上利他用户 i 的流量

f_{rw}^m：　路径 $r \in R_w$ 上第 m 类用户的流量

f_{rw}^{SUE}：　路径 $r \in R_w$ 上 Logit 型随机用户的流量

f_{rw}^u：　路径 $r \in R_w$ 上利己用户 u 的流量

$\boldsymbol{f}$：　$\boldsymbol{f} = (\cdots, f_{rw}, \cdots)$ 路径流量向量

$\boldsymbol{f}^{\text{AU}}$：　利他用户 AU 的路径流量向量

$\boldsymbol{f}^M$：	M 类用户的路径流量向量
$\boldsymbol{f}^{\mathrm{OU}}$：	刻板用户 OU 的路径流量向量
$\boldsymbol{f}^{\mathrm{SUE}}$：	Logit 型随机用户的路径流量向量
$\boldsymbol{f}^u$：	利己用户 u 的路径流量向量
G：	$G \equiv (N, A)$，节点集合 N 和路段集合 A 构成的交通网络
i：	利他用户
I：	利他用户集合
k：	Cournot-Nash（CN）用户
K：	CN 用户集合
m：	用户类
M：	用户类的总量
N：	节点集合
q_w：	OD 对 $w \in W$ 间的弹性出行需求
$\boldsymbol{q}$：	弹性出行需求向量
q_w^i：	OD 对 w 间利他用户 i 的弹性出行需求
q_w^m：	OD 对 w 间第 m 类用户的弹性出行需求
q_w^u：	OD 对 w 间利己用户 u 的弹性出行需求
r：	路径
R_w：	OD 对 $w \in W$ 间的所有路径集合
R：	$=\bigcup_{w\in W} R_w$
R_w^i：	OD 对 $w \in W$ 间利他用户 i 的所有路径集合
$S(c_w)$：	OD 对 $w \in W$ 间的期望最小理解出行时间成本
$S(\boldsymbol{v}, \boldsymbol{q})$：	路段流量向量为 $\boldsymbol{v}$，弹性出行需求向量为 $\boldsymbol{q}$ 时的社会总剩余
$t_a(v_a)$：	路段出行时间成本函数
$\boldsymbol{t}(\boldsymbol{v})$：	路段出行时间成本函数向量
t_{a0}：	路段 a 上的自由流出行时间成本
u：	利己用户
U_{rw}：	用户在路径 $r \in R_w$ 上的出行效用
U_{rw}^m：	第 m 类用户在路径 $r \in R_w$ 上的出行效用
v_a：	路段 a 上的流量
v_a^{AU}：	路段 a 上利他用户 AU 的流量
v_a^i：	路段 a 上利他用户 i 的流量
v_a^I：	利他用户在路段 a 上的流量，$v_a^I = \sum_{i\in I} v_a^i$
v_a^k：	路段 a 上 CN 用户 k 的流量

v_a^K： CN 用户在路段 a 上的流量，$v_a^K = \sum_{k\in K} v_a^k$
v_a^m： 路段 a 上第 m 类用户的流量
v_a^{OU}： 路段 a 上刻板用户 OU 的流量
v_a^{SUE}： 路段 a 上 Logit 型随机用户的流量
v_a^u： 路段 a 上利己用户 u 的流量
$\boldsymbol{v}$： $\boldsymbol{v}=(\cdots,v_a,\cdots)$ 路段流量向量
$\boldsymbol{v}^{\mathrm{AU}}$： 利他用户 AU 的路段流量向量
$\boldsymbol{v}^i$： 利他用户 i 的路段流量向量
$\boldsymbol{v}^k$： CN 用户 k 的路段流量向量
$\boldsymbol{v}^{\mathrm{OU}}$： 刻板用户 OU 的路段流量向量
$\boldsymbol{v}^{\mathrm{SUE}}$： Logit 型随机用户的路段流量向量
$\boldsymbol{v}^u$： 利己用户 u 的路段流量向量
w： OD 对 $w\in W$
W： 所有 OD 对集合
W^i： 利他用户 i 的出行 OD 对集合
W^k： CN 用户 $k\in K$ 的 OD 对集合
W^u： 利己用户 u 的出行 OD 对集合
β_m： 第 m 类用户的时间价值系数
$\boldsymbol{\beta}$： 时间价值系数向量
δ_{ar}^w： 如果路段 $a\in A$ 在路径 $r\in R_w$ 上时，δ_{ar}^w 为 1，否则 δ_{ar}^w 为 0
$\boldsymbol{\Delta}$： 路段/路径关联矩阵，$\boldsymbol{\Delta}=[\delta_{ar}]$
ε： 停止迭代过程的预设误差
ε_a： 路段 a 上理解出行时间成本偏离实际出行时间成本的程度
ϕ_i： 利他用户 i 的利他系数
ϕ： 一致利他系数
λ： 出行需求划分系数
Λ_{rw}： 若路径 $r\in R_w$，则为 1，否则为 0
$\boldsymbol{\Lambda}$： OD 对/路径关联矩阵，$\boldsymbol{\Lambda}=[\Lambda_{rw}]$
μ_w： 固定需求下 OD 对 w 对应的 Lagrange 乘子，或者说均衡时 OD 对 w 间的广义出行时间成本
μ_w^{AU}： 混合均衡时利他用户 AU 在 OD 对 w 间的最小理解出行时间成本
μ_w^{SUE}： 混合均衡时 Logit 用户在 OD 对 w 间的最小理解出行时间成本
$\bar{\mu}_w$： 固定需求下系统最优时 OD 对 w 对应的 Lagrange 乘子，或者说系统最优时 OD 对 w 间的广义出行时间成本
$\boldsymbol{\mu}$： 固定需求下 OD 对间的广义出行时间成本向量
$\bar{\boldsymbol{\mu}}$： 固定需求下系统最优时 OD 对间的广义出行时间成本向量

Ω_f：	固定需求下的路径流量可行域	
Ω_v：	固定需求下的路段流量可行域	
Ω_f^{ec}：	弹性需求下的路径流量可行域	
Ω_v^{ec}：	弹性需求下的路段流量可行域	
Ω_v^{AU}：	固定需求下利他用户 AU 的路段流量可行域	
Ω_v^i：	固定需求下利他用户 i 的路段流量可行域	
Ω_v^k：	固定需求下 CN 用户 k 的路段流量可行域	
Ω_f^M：	M 类用户固定需求下的路径流量可行域	
Ω_v^M：	M 类用户固定需求下的路段流量可行域	
Ω_{ec}^M：	M 类用户弹性需求下的路段流量可行域	
Ω_v^i：	固定需求下利他用户 i 的路段流量可行域	
Ω^ϕ：	固定需求下一致 ϕ 利他用户的路段流量可行域	
Ω_v^{OU}：	固定需求下刻板用户 OU 的路段流量可行域	
Ω_v^u：	固定需求下利己用户 u 的路段流量可行域	
τ_a：	路段 a 上的收费	
$\boldsymbol{\tau}$：	路段收费机制	
θ：	出行者对路网熟悉程度	
$\in$：	属于	
$\subset$：	包含于	
$\cup$：	并集	
$\arg\max\limits_x F(x)$：	函数 $F(x)$ 取得最大值时，变量 x 的取值	
ATIS：	advanced traveler information systems	先进出行者信息系统
CN：	Cournot-Nash	古诺-纳什
MSA：	method of successive averages	相继平均法
OD：	origin-destination	起讫点
SO：	system optimum	系统最优
SSO：	stochastic system optimum	随机系统最优
SUE：	stochastic user equilibrium	随机用户均衡
UE：	user equilibrium	用户均衡
VI：	variational inequality	变分不等式
VOT：	value of time	时间价值系数

第1章 绪　论

1.1 研究背景、目的及意义

1.1.1 研究背景

随着城市汽车保有量的迅猛增长，交通拥堵已经成为世界各大城市面临的一大难题。全世界每年因交通拥堵而造成的经济损失以万亿美元计。以北京市为例，零点研究咨询集团、北汽福田汽车股份有限公司、新浪网联合发布的《2009 福田指数——中国居民生活机动性指数研究报告》显示，道路畅通时北京市居民平均每天上下班在路上的时间为 40.1min，道路拥堵时需用 62.3min，每个月北京居民由道路拥堵产生的经济成本为 335.6 元/月。作为贵州省省会和中心城市的贵阳市，老城区（云岩区、南明区）人口为 160 万人，路网密度为 4.18km/km^2，人均道路面积仅为 4.53m^2，远低于国家标准（大于 12m^2）。贵阳市私人汽车拥有量已由 2005 年底的 35 万辆激增到了 2017 年底的 99.55 万辆，2017 年末私人汽车拥有量比 2016 年末增长 13.2%。与此同时，城市交通拥堵及其伴生的环境污染与交通安全等问题已引起整个社会的广泛关注。

为了解决日益突出的交通问题，国家不断加大对道路等基础设施建设的投入。然而，实践表明，单纯地增加交通供给并不能从根本上缓解城市交通拥堵问题，重要的是对交通需求进行有效控制、合理诱导人们选择出行路径，才能有效缓解目前的城市拥堵问题。因此，为了从根本上缓解城市交通状况，我们需要深入了解交通拥堵的形成机理，掌握出行者的路径选择行为和交通流量的时空分布规律。尤其是深入了解现实生活中巨量交通出行者在不同出行决策准则下的出行行为，对现有交通基础设施采取科学的管理方法，实现充分有效的利用，制定合理的管理政策调节交通流量的时空分布，促进交通需求与供给的协调发展。

在现实生活中，城市中的出行者是巨量的。同时，出行者按照用户均衡（user equilibrium，UE），即出行效用最大化的原则选择自己的出行路径，因而出行者会根据交通系统的实际情况调整自己的出行路径。因此，交通均衡实际上是一个动态的过程。按照 UE 原则选择出行路径可能导致过多的出行者选择同样的路径出行，从而形成交通拥挤。这就是说，UE 实际上是巨量交通个体非合作博弈行为的集聚结果。出行者在选择出行路径和出行方式时，通常会根据自己的社会经济属性，综合各种因素，依照自身的出行决策准则选择出行路径和出行方式。不同的出行者对影响出行因素的关心程度不尽相同，即不同的出行者的路径选择原则并不相同，因而交通流量的分布与出行者的类型紧密相连，路径博弈后形成的均衡是一个混合均衡。为实现交通系统中所有出行者的总出行成本最小，城市交通管理者按照系统最优（system optimum，SO）原则来安排出行者的出行路径，系统最优是中心化合作的结果。在现实生活中，常发现出行者对路径的记忆能力不同、存在着利他行为或者是破坏行为，很难满足经典交通均衡分配中，出行者是完全理性的假设，也就是说巨量出行者的出行理性是存在差异的。因而，出行者理性有差异的交通路网更接近实际网络情况，故界定对应交通均衡分配的效率损失，探讨影响效率损失上界的关键因素很有必要。目前，混合交通出行者的出行行为分析及交通均衡下的效率损失研究正逐步成为国际交通科学界的热点研究课题之一（Yang and Huang，2004；Yang et al.，2007；Yang and Zhang，2008；Chen and Kempe，2008；Karakostas et al.，2011）。同时，由于出行者的目的和原因存在着多样性，有些出行者出行前会根据路网的交通现状选择是否出行，从而导致交通网络中每一个起讫点（origin-destination，OD）的出行量并不是一个固定值，而是一个变量，出行成本越大，选择出行的出行者就越少；反之，出行成本越小，愿意选择出行的出行者就越多，即每一个 OD 的交通流量是出行成本的单调递减函数。

1.1.2 研究目的

随着社会经济的发展，包含道路资源在内的各种自然资源紧缺程度日趋上升。紧缺的道路资源导致全世界大中城市普遍存在着交通拥堵等交通问题，给全社会带来了巨大的损失，已经成为制约城市经济社会可持续发展的瓶颈。在交通网络中，出行者的路径选择本质上是非合作博弈，各自的决策相互影响，最优选择（如最短路径）不仅取决于自身的决策，还取决于其他出行者的决策。经典的囚徒困境问题表明，对有限资源进行分配时，依靠自由市场竞争实现的 UE 一般达不到 SO（Yang and Huang，2005）。UE 是人们在去中心化原则下长期博弈形成的结果，SO 是人们在中心化原则下，接受中央决策者的统一调配，从而实现系统总成本最小。UE 是用户非合作博弈行为的结果，SO 是中心化的合作行为结果。通常，UE 时的系统总成本会高于 SO 时的总成本，常定义二者的差距为效率损失。因此，要实现 SO 就要采取管理措施，这必然会影响一部分出行者的利益，也必然会增加政策实施成本。如果 UE 行为造成的效率损失有限，而且比为达到 SO 而花费的成本更少的话，那么是否还有必要采取强制手段或诱导措施实现UE到SO的转化？这些手段和措施产生的效果和效益如何？回答这些问题都要考虑 UE 和 SO 在理论上的差距及受什么因素影响。回答好这些问题可以评价和指导为“转化”而开展的各种努力，如发展智能交通系统技术、实施拥挤道路收费、研制交通信息系统等。

城市交通系统是一个开放、复杂、动态、自适应的系统。通过对混合交通均衡分配的效率损失研究，可以反映不同类型出行者的路径选择原则，揭示人们长期均衡出行抉择的经济学原理，掌握出行者的出行规律和交通流量的时空分布规律；有利于进一步界定混合交通均衡行为与 SO 之间的差距、实现 SO 的潜在效果，分析实施交通管理措施的必要性和可行性。通过分析影响混合用户均衡行为效率损失的关键因素，进而寻找有效减少 UE 行为下效率损失的措施，为实现城市道路资源的高效率分配和利用等提供理论依据，为降低用户均衡行为的效率损失提供建议，为交通规划与管理工作更加理性、科学，更具有预见性奠定坚实的理论基础。同时，为制定其他存在博弈行为的有限资源分配政策提供参考。

1.1.3 研究意义

交通网、通信网、万维网等不同类型的网络都呈现出了拥挤效应（Milchtaich，2005），即在有限确定资源的网络中（如道路、电话线、服务器等），用户成本是用户需求的增函数或者说用户收益是用户需求的减函数。在这些网络中，用户的行为相互影响，最优选择（如最短路径）不仅取决于自己的决策（如路径选择），还取决于其他用户的决策（如路径选择）。如果所有用户在给定其他用户选择基础上，自己的选择为最优选择，那么所有用户的选择就构成一个 UE，按照博弈论的观点，UE 就是存在着无限多博弈方的非合作博弈对应 Nash 均衡的极限。人们早就认识到在有限资源分配过程中，具有公平性特点的 UE 达不到具有社会总成本最小特点的 SO。但是，理论界在相当长的时间内没有明确回答 UE 与 SO 的差距到底有多大，也没有确定 UE 行为导致的效率损失上界是多少。二十年前的研究发现，在一定的条件下，有限资源分配中 UE 行为导致的效率损失是有限的，该发现无论是对经济学还是交通科学都具有重大意义。因此，对城市交通网络中用户均衡行为的效率损失进行深入研究，是一个既有理论意义又有实际应用价值的题目，符合国际交通科学的前沿发展趋势，也能够对我国蓬勃发展的出行诱导技术提供理论指导。界定效率损失的上界不仅有利于明确界定 UE 与 SO 的差距上界、实现 SO 的潜在效果，同时也有利于分析用户均衡行为效率损失的影响因素，从而为寻找有效降低用户均衡行为效率损失的管理措施，回答 UE 和 SO 之间效率损失度量这一基本命题，实现有限网络资源的高效率分配和利用等提供理论依据。

本书以交通流量均衡分配理论、数学规划理论、变分不等式理论为基础，结合微观经济学中的博弈论以及行为科学、管理科学中的有关知识，深入分析出行者在出行路径选择方面的决策行为，阐述交通出行者的路径动态调整过程，从而揭示人们长期均衡出行抉择的经济学原理，进而分析不同类型混合交通均衡行为下的效率损失上界，探讨影响效率损失上界的影响因素，以及讨论收费机制在降低混合交通均衡行为效率损失方面的实施效果，使交通规划与管理工作更加理性、科学，更具有预见性。这在大中城市交通基础建设迅速增长、交通拥挤日益严峻的大背景下具有十分重要的意义。本书对城市交通规划的科学化具有基础理论指导作用，对其他存在博弈行为的社会资源分配政策的制定也有一定的借鉴作用。

1.2 研 究 现 状

1.2.1 一般交通均衡分配研究

英国工程师 Wardrop（1952）提出了确定性交通均衡分配原则中著名的 Wardrop 第一原则和 Wardrop 第二原则，即 UE 原则和 SO 原则。Beckmann 等（1956）考虑路段出行时间成本函数只与自身流量有关的情形（通常称为可分离路段出行时间成本函数），首次建立了对应 Wardrop 均衡的最优化模型，被称为 Beckmanm 变换。在这之后，优化理论就成为交通规划中解决交通问题的常见方法。Dafermos 和 Sparrow（1969）认为 UE 原则可以刻画为：在均衡状态，任何出行者单方面改变路径选择都不能降低其出行成本。Smith（1979b）构造了路段出行时间成本函数为非对称情形时的 Wardrop 均衡等价公式，并证明了解的唯一性；Dafermos（1980）发现 Smith 公式可以用变分不等式（variational inequality，VI）来表示，这对交通科学和相关学科的发展都起到了重要的促进作用。确定性均衡原则假定所有出行者都是完全理性的，完全知道交通网络的信息及其他出行者的出行路径选择。现实中，出行者通常只能凭借所掌握的部分信息，根据对出行成本的估计进行决策，即以效用理论和极值理论为基础的随机用户均衡（stochastic user equilibrium，SUE）原则（Sheffi，1985；Maher and Hughes，1997）。SUE 表明网络中没有出行者相信单方面改变路径选择能降低其理解出行成本（Sheffi and Powell，1981）。随机用户均衡交通分配模型的两个主要分支是多项式 Logit 模型（Dial，1971）和随机概率模型（Daganzo and Sheffi，1977）。多项式 Logit 模型假定出行者对道路理解出行成本的误差项相互独立，且均服从相同的 Gumbel 分布；随机概率模型假定误差项非独立，其联合分布服从多变量正态分布。随机概率模型的缺陷是必须通过计算多维积分才能得到出行者的路径选择概率，因而计算比较复杂（Yai et al.，1997）。多项式 Logit 模型的缺陷主要表现在不能反映道路网络拓扑结构及要求误差项满足独立同分布的假设等（Daganzo and Sheffi，1977），但其具有结构简单、可解释性强的特点，在交通、经济、预测、营销等多个领域有着广泛运用（胡郁葱等，2001；乔卓 等，2002），并且已有多种形式的完善和推广（Wen and Koppelman，2001）。Fisk（1980）建立了基于 Logit 路径选择下随机交通均衡分配的凸规划模型，Sheffi 和 Powell（1982）构建了基于满意函数的随机交通均衡分配的凸规划模型。周晶和徐晏（2001）对弹性需求交通网络的 SUE 分配问题进行了研究，发现可将其描述为一个等价的 VI 问题，并将模型应用于拥挤公交网络的均衡分配问题，并针对公交网络系统的特殊性，提出了相应的求解算法，算例表明了模型的合理性和算法的有效性。周晶（2003）在可分离路段出行时间成本函数的假设条件下，分别建立了固定需求下和弹性需求下随机交通均衡分配的 VI 模型。Scrimali（2004）探讨了弹性需求下交通博弈均衡的存在条件及等价的 VI 模型，在此基础上给出了解的存在性定理和数值算例，并探讨了解的稳定性。李志纯和黄海军（2005）研究了弹性需求下的组合出行行为，利用网络均衡理论和超级网络方法，给出了弹性需求下组合出行的均衡条件，提出了与均衡条件等价的 VI 模型，讨论了模型解的存在性和唯一性，并设计了求解模型的算法，分析了模型参数对模型求解结果和算法收敛性能的影响。

以上的研究是将交通均衡分配模型与优化模型或者 VI 模型建立起对应关系。人们出行的路径选择过程实际上是一个博弈过程，每个参与博弈的出行者总是追求自身利益的最大化。在交通网络中表现为出行者总是选择时间成本最小或距离最短的路径出行，出行者长期博弈的结果是 UE。Haurie 和 Marcotte（1985）首次论述了博弈论中的 Nash 均衡和 Wardrop 用户均衡的关系，他们认为存在着无限多博弈方的非合作博弈对应的 Nash 均衡会收敛到 Wardrop 用户均衡，因此可以运用博弈论来分析交通网络中出行者的出行路径选择行为。Hollander 和 Prashker（2006）按博弈方的不同，将非合作博弈理论在交通理论中的应用划分为四种形式，并且进行了分类论述，总结了这四类博弈的基本特征，指出了未来发展的趋势等，详细内容可参见其论文。经典博弈理论存在如下缺陷：要求博弈方完全理性；所有博弈方对博弈结构和过程完全了解；任意博弈方对其他博弈方的决策行为也完全了解。现实生活中，出行者往往无法满足经典博弈论中关于理性人的假设，因而非合作博弈论在交通科学中的应用存在着不足。20 世纪 80 年代以来，学者们将经典的非合作博弈论与生态学理论相结合，提出了演化博弈理论。演化博弈理论以有限理性群体为研究对象，采用动态分析方法将影响博弈方行为的各种因素纳入模型，从系统论的角度研究了群体行为的演化趋势。由于演化博弈理论在假设基础上更贴近现实，自该理论提出后，在诸多领域得到了广泛的应用。Fischer 和 Vöcking（2004，2005，2009）运用演化博弈理论研究出行者在有限理性行为下如何进行路径选择调整，指出了出行者动态理性选择的基本要素，证明了在一定的条件下，出行者动态理性选择的均衡会收敛到 Nash 均衡；同时给出了动态理性选择均衡收敛到近似均衡所需要的时间上界；而且还讨论了出行者在信息失真情况下均衡的存在性，得到交通路网中路况信息更新速度的依赖因素及上界值。Kanazawa 等（2009）运用演化博弈的思想，分析了收费对出行者行为选择的影响，并得到了要达到预定目标的稳定性条件。Sandholm（2002，2005，2007）研究了连续出行者集合内的势博弈，并运用势博弈理论分析交通管理者在面对出行者出行效用函数未知及出行者隐藏出行路径选择的约束条件下，如何制定政策实现 SO；并考虑了实施拥挤道路收费政策来提高出行者出行效率的可能性；他还研究了 Pigou 税和随机演化博弈的关系。余孝军和黄海军（2010）运用势博弈理论分析多用户类多准则交通行为的演化过程，得到了固定需求和弹性需求下的可容许动态，并得到了固定需求下实现 SO 的可变拥挤道路收费水平公式。上述研究都是在假设交通系统存在唯一交通均衡的前提下进行的，一般情况下，交通均衡的存在性条件比较容易满足，但交通均衡的唯一性条件不一定能满足。如果交通均衡不唯一，那么如何对其进行精炼，并讨论其稳定性就很有必要。Lin（2010）运用非线性分析方法研究了存在路段通行能力约束的交通均衡的稳定性，证明了在一个较弱的充分条件下，有路段通行能力约束的交通分配问题均衡解的存在性和本质连通区的存在性。Yu 和 Yang（2012）研究了多用户类多准则交通分配问题均衡解的存在性和本质连通区的存在性。

1.2.2 混合交通均衡分配研究

现实生活中，交通管理者在设计交通网络、分析交通出行行为时通常需要同时考虑多个目标，如交通出行费用、建造费用、出行距离、出行时间、出行安全、居民点的位置、交通需求、便利程度、交通设施质量与利用效率、服务水平以及交通网络的可靠性、利润、经济发展、环境因素等（Current and Marsh，1986，1993）。多准则（多目标、多指标）交通出行决策问题吸引了交通界学者的兴趣，有两种常用的研究框架：一种是基于多目标理论，求出问题所有的精确解或非劣解（Friesz et al.，1993）；另一种是基于偏好的技术，即通过了解出行者对各个准则相对重要性的态度来确定其偏好，在此基础上将问题转化为数学规划模型（Nagurney，2000）。由于出行者的年龄、收入水平、出行目的等社会经济属性存在差异，这种差异对出行者的路径选择准则偏好的影响也不相同。所以，在研究中有必要将出行者分成不同的用户类别来分析。一般用户类别有如下两种划分：一种是出行者的出行路段选择相同，但是出行者的交通工具选择不相同，可以通过简单的观察区分出行者的类别，实际就是根据出行者使用的交通工具（如卡车、汽车等）来区分用户类别，即多模式交通问题，并不涉及出行者的社会经济属性和偏好；另一种是出行者选择的出行交通工具和出行路径都相同，但是出行者的社会经济属性不同，通常用时间价值系数（value of time，VOT）来区分不同类别的出行者，VOT 又分为离散 VOT 和连续 VOT 两种形式。通常在有限维空间和无穷维空间内分别研究有限类别用户和无穷类别用户对应的问题；研究方法包括最优化方法、不动点方法、有限维变分不等式方法、无穷维变分不等式方法和向量变分不等式方法。相对而言，很少运用博弈论来分析多用户类交通均衡分配问题。

运用向量变分不等式刻画多用户类多准则交通均衡分配主要是考虑二者的关系及解的存在性和唯一性。Giannessi（1980）提出了有限维空间中的向量变分不等式概念。此后，Chen 和 Yang（1990）在无穷维空间中建立了向量变分不等式的数学框架，并得到了解的存在性及等价性结果。Chen 和 Yen（1993）首次提出了多准则网络均衡问题中类似 Wardrop 均衡的向量均衡原则，并探讨了向量均衡原则与向量变分不等式解的等价性。刘安（1997）探讨了适合中国城市道路交通特点的混合交通弹性需求分配方法。Li 等（2007）考虑了路段容量约束且以 OD 需求为弹性需求交通分配问题的（弱）向量均衡原则，在此基础上得到的（弱）向量均衡流量是（弱）向量拟变分不等式系统解的充分条件。李声杰和陈光亚（2008）研究了多类物流、双准则交通网络均衡问题和向量变分不等式的关系。Raciti（2008）分析比较了向量均衡和向量变分不等式的关系，证明了至少存在一个向量变分不等式与 Wardrop 类型的向量均衡等价。

Nagurney（2000）研究了离散 VOT 多用户类确定性交通均衡分配问题。Nagurney 和 Dong（2002）首先总结了多用户类多准则交通均衡分配问题的前期研究成果，发现大多数研究都是确定性多用户类交通均衡分配问题，多用户类弹性需求和随机交通均衡分配的研究成果相对较少。他们还运用有限维变分不等式方法研究了弹性需求和非对称出行时间成本函数下的多用户类、双准则交通均衡分配问题。Daganzo（1982）得到了在可分离路段出行时间成本函数的交通网络中交通均衡分配的无约束极值公式，提出了多模式随机交通均衡分配问题。在此基础上，Daganzo（1983）进一步研究了不可分离路段出行时间成本函数时的随机交通均衡分配问题。Rosa 和 Maher（2002）研究了弹性需求下的随机多车型交通均衡分配问题。Haugen 和 Hervik（2004）运用简单的博弈理论分析了在两类交通工具提供者相互竞争的交通市场中，出行者是如何选择交通工具的。Cantarella（1997）提出了一般交通网络中弹性需求下多模式随机均衡不动点模型。Dial（1996，1997）研究了连续 VOT 的双准则随机交通均衡分配模型及算法。Cantarella 和 Binetti（1998）假定出行者的 VOT 服从一定的分布，得到了一个随机交通均衡分配的不动点模型并探讨了解的存在性和唯一性。徐兵和朱道立（2007，2008）利用 VI 方法分别研究了在固定需求和弹性需求下，不可分离路段出行时间成本函数情形下多用户类 SUE 交通分配问题，给出了均衡的存在性、唯一性及求解方法。Marcotte 和 Wynter（2004）将路段出行时间成本函数不满足单调性的多用户类交通均衡分配问题表示成非单调、不对称的 VI 问题，并给出这种情形下的多用户类交通均衡分配问题的算法。

20 世纪 90 年代出现的新技术——先进出行者信息系统（advanced traveler information systems，ATIS），能为出行者提供及时的交通信息，有助于出行者选择路径，降低出行者的出行成本。配备和未配备 ATIS 装置的出行者获取交通信息的数量和质量是有区别的，因而他们对路径出行成本的估计必然存在差异，从而导致他们选择的路径不同。近年来，关于 ATIS 如何影响人们的出行决策成为研究热点（Adler and Blue，1998；Adler，2001；Yin and Yang，2003；Yang et al.，2007；张俊婷 等，2017a，2017b）。Daganzo（1998）考虑了 ATIS 下动态现象的排队溢出问题。Lo 和 Szeto（2004）研究了在 ATIS 下出行高峰期时交通流量的消散问题。Huang 和 Lam（2003）考虑了在 ATIS 下多用户类出行者出发时间的选择问题。Huang 和 Li（2007）探讨了 ATIS 下多用户类多准则 Logit 模型下的交通均衡分配模型。郭仁拥和黄海军（2008）从演化经济学的角度提出了基于 ATIS 的多用户多准则随机交通均衡分配的演化模型，并分析了其不动点的存在性。

根据福利经济学理论可知，对拥挤道路收费可以使得收费机制下的 UE 就是 SO，其本质是按照经济学的基本原理，通过经济杠杆作用使交通拥挤外部性内部化，调整城市交通流量的时空分布，使交通资源得到优化利用。拥挤道路收费理论研究包括拥挤定价、收费政策、收费再分配和拥挤收费后的社会福利等，主要集中在拥挤定价上。Pigou（1920）第一个提出拥挤道路收费理论，他认为利用经济学中的价格原理对交通需求加以限制，可以缓解交通系统的拥挤状况。20 世纪 60 年代，随着汽车工业的发展和私人机动车保有量的增加，发达国家出现了严重的道路交通拥挤问题。为解决交通拥挤问题，学者们（Walters，1961；Sharp，1966；Smeed，1968）对 Pigou（1920）和 Knight（1924）提出的边际成本收费机制（即第一最优拥挤道路收费机制）进行了讨论，将该拥挤道路收费理论进一步扩展，使其逐渐成为交通经济学研究的热点和前沿。上述讨论考虑的是静态模型，不能分析车辆排队的消散过程，因此无法分析出行者关于出行时间的决策行为；也不能分析 VOT 与人们对收费政策反应的关系，因此无法实现动态的收费机制。Vickrey（1969）应用确定性排队理论，首先提出了拥挤道路收费的动态模型——瓶颈模型。瓶颈模型的出现引来一大批追随者纷纷扩展 Vickrey 的结果，如考虑多条并行路径网络中的路径选择问题（Arnott et al.，1990）；考虑出行者的行为差异与福利得失（Arnott et al.，1992）；考虑弹性需求的结构性模型（Arnott et al.，1993；Yang and Huang，1997）；从速度-流量关系的角度研究拥挤公路的时变收费问题（Agnew，2006；Chu，1995）；一般路网结构中的动态收费问题（Wie and Tobin，1998）。

学者们也将一般固定需求交通均衡分配的拥挤道路收费进行了推广，如包括存在排队现象时广义拥挤道路网络的拥挤收费（Yang and Huang，1998）；随机交通均衡网络中拥挤道路收费问题（Yang，1999）；将弹性需求下的最优收费（Larsson and Patriksson，1998；Hearn and Yildirim，2002）推广到可变需求情形（Yildirim and Hearn，2005）；SUE 达到 SO 和随机系统最优（stochastic system optimum，SSO）时的路段收费水平（Stewart，2007）。周晶和黄园高（2005）考虑存在并行收费道路的情况下，不同经营者在竞争和合作情形下的最优决策机理和定价策略。同时，学者们将一般交通均衡分配的拥挤道路收费推广到多用户类情形（Dial，1999a，1999b；Yang et al.，2002；Yang and Zhang，2002），其中出行者类别的划分主要包括两种情况，一种情况是采用边际成本收费机制对多模式交通问题中不同类别的出行者收取不同费用（即歧视性收费）（Smith，1979a）；另一种情况是根据出行者的社会经济属性将其分成不同的类别，如将双准则交通均衡分配问题按照出行者的VOT分成不同类别（Leurent，1993，1996，1998；Nagurney，2000）。目前，研究的热点是在出行者的差异性不能通过观察得到时，如何通过实施匿名收费机制，使得收费机制下的交通均衡就是某一准则下的SO。Yang和Huang（2004）针对离散VOT的情形，运用最优化模型和数学规划方法分别研究了确定性情况下多用户类出行者分别在时间度量出行决策准则下和费用度量出行决策准则下的SO及最优收费问题，得到了在不同出行决策准则下的最优道路收费，并证明了存在着匿名收费使得UE和SO一致。Yang和Zhang（2008）针对网络中存在追求自身利益最大化的UE用户和存在着垄断的CN（Cournot-Nash）用户（追求的是子系统的整体最优，与子系统外的用户之间是完全竞争）构成的混合均衡网络进行了研究，建立了与之等价的VI模型，论证了由边际成本定价得到的路段收费是歧视性收费，并且运用数学规划方法得到了在混合交通均衡分配网络中，存在着匿名收费使得混合均衡和SO一致，且得到该匿名收费须满足的条件，证明了非负匿名收费组成的集合是一个由线性等式和线性不等式约束构成的凸多面体。Zhang等（2008）得到多用户类混合交通均衡分配的等价VI模型，利用数学规划方法得到了在多用户类交通网络中存在着匿名收费实现SO，此收费构成的集合也是一个由线性等式和线性不等式构成的凸多面体。姚红云等（2008）提出了弹性需求下多用户类混合交通均衡分配的拥挤收费模型，并比较了多用户类收费模型与单用户类收费模型的区别。王昕和黄海军（2011）对离散VOT组成的弹性需求混合交通网络给出了系统时间最优和系统费用最优的双准则优化模型及其帕累托有效前沿，证明了存在正的匿名路段收费方案，支持除系统时间最优解的其他帕累托解与混合均衡解达到一致，分析了帕累托最优解处的系统性能与各自单目标最优系统性能的偏差。研究表明，该偏差的上界仅依赖用户的时间价值分布，而与路段流量分布和路段出行时间成本函数无关。Clark等（2009）考虑弹性需求下多用户类交通网络中最优收费的存在性和唯一性，证明了在费用度量出行决策准则下，SO对应的目标函数是一个非凸函数，在费用度量出行决策准则下存在匿名收费，使得UE和SO一致，同时证明了在弹性需求下不存在时间度量出行决策准则下的匿名收费使UE和SO一致，但通过收费可以使得时间度量出行决策下的UE接近SO。Wang和Huang（2013）探讨了连续VOT下弹性需求多用户类交通网络在时间度量出行决策准则下和费用度量出行决策准则下的均衡模型和系统最优模型，得到了SO等同UE的条件，并建立同时最小化系统出行时间成本和出行费用成本的双目标规划模型，得到了实现帕累托系统最优的匿名路段收费的存在性。Marcotte和Zhu（1997，2009）证明了连续VOT下多用户类交通网络中最优收费的存在性。Holguín-Veras和Cetin（2009）推导出了计算多个影响因素下多用户类交通拥挤网络中最优收费的解析公式。

上述文献都是研究确定性交通均衡时的拥挤收费。相对而言，关于多用户类随机交通均衡时拥挤道路收费方面的研究相对较少。Yang（1999）通过实例说明在Logit型SUE

交通分配中，不一定存在有限拥挤收费使交通流量达到 SO；即使存在，该拥挤收费水平也不一定唯一，该研究进一步阐述了 SSO 和基于边际定价机制实施道路拥挤收费的合理性。Maher 等（2005）构建了 SSO 的优化模型，该模型与 SUE 的关系类似确定性交通均衡分配中 SO 与 UE 的关系。在 SSO 状态下，出行者总的理解出行成本最小或者说整个网络的经济福利（消费者剩余）最大。Maher 等还证明了采用边际社会成本代替通常意义下的成本进行随机网络交通分配，能够得到 SSO，论证了采用边际社会成本与私人成本之差作为道路拥挤收费，可使 SUE 达到 SSO。同时，一般的随机网络流量分配算法均可用于计算 SSO。Maher 等进一步针对 Logit 随机均衡模型，分别给出基于路径流量和路段流量为自变量的 SSO 模型。Stewart（2007）比较了 SUE 达到 SO 和 SSO 时的路段收费，并给出数值模拟。徐兵和朱道立（2009）针对固定需求交通网络中具有离散 VOT 的多用户类随机交通均衡分配问题，分别研究了时间度量出行决策准则下和费用度量出行决策准则下的多用户类 SSO 和最优收费问题，分别建立了这两类出行决策准则下与 SSO 等价的最优化模型，阐述了最优化模型解的唯一性条件及等价的 VI 模型，论述了边际收费不适用于时间度量出行决策准则下的 SSO，但可通过构建最优化模型得到对应的匿名路段收费。

1.2.3 交通均衡分配的效率损失研究

早在 20 世纪 50 年代，人们在研究有限资源分配时，就发现非合作博弈造成的 UE 相对于 SO 而言是不经济的，依靠自由市场竞争实现的用户均衡一般达不到系统总成本最小（Yang and Huang，2005），但对二者的差距到底有多大理论界没有给出明确的回答。Koutsoupias 和 Papadimitriou（1999）提出调和率（coordination ratio）或无政府的代价（price of anarchy）的定义，即用系统在最坏时的 UE 和 SO 处的比值上界来界定由用户非合作行为导致的无效率问题。本书采用他们的定义并称其为效率损失。但 Koutsoupias 和 Papadimitriou（1999）并没有给出精确的上界。此后不管是在计算机领域、经济学领域还是交通科学领域，都涌现了大量的相关文献。Czumaj 等（2002）在引入成本函数时考虑了排队延迟，得到此情形下的效率损失不存在上界，表明如果网络服务出现超载现象，将导致系统总成本无限大；同时证明了若网络服务器在即将出现超载现象时，拒绝新增申请使用服务器要求的情况下，UE 和 SO 之间的效率损失存在有限上界。Roughgarden 和 Tardos（2002）首次把这个概念引入交通网络，发现仿射出行时间成本函数下的效率损失上界为 4/3，即在此情形下，UE 时的总出行成本最多比 SO 时的总出行成本多 1/3。Roughgarden（2002）对路段出行时间成本函数为可导凸函数的一般单 OD 对网络在 SO 下的非公平性问题进行了探讨，并定量分析了 SO 的不公平性问题。黄海军等（2006）通过引入一个与交通均衡分配相关的参数，得到了新的 UE 效率损失上界计算公式，并发现要得到更小的 UE 效率损失上界，必须涉及对象网络的所有特征，包括路段出行时间成本函数的特性、网络拓扑结构和交通出行需求等。Yang 和 Huang（2005）讨论了 CN 均衡的效率损失上界，Han 等（2008a）研究了在路段出行时间成本函数为非线性和非对称交通网络中，拥挤道路收费机制的实施效果。除此之外，学者们从不同角度做了大量的扩展研究，出现了许多关于同质用户均衡行为下效率损失上界的研究成果（Correa et al.，2004，2008；武小平 等，2009；石超峰和徐寅峰，2010）。上述研究都是假设出行者是完全理性的，然而简单的经济学实验表明，即使在受控的简单博弈中，博弈方也无法做到完全理性，博弈方的理性会出现一定程度的偏差。各种弱化 Wardrop 路径博弈中出行者完全理性这一假设的交通模型不断被提出，特别是关于利他出行行为和刻板出行行为等有限理性行为的研究引起学者们的兴趣。Chen 和 Kempe（2008）探讨了利他行为下交通均衡的效率损失上界问题。Yu 和 Huang（2009）运用 VI 方法考虑了一致利他行为下交通均衡的效率损失，研究结论以现有文献中的相关结论为特例。Karakostas 等（2011）界定了含刻板用户的交通网络的效率损失上界。侯海洋（2008）以平行网络为背景，针对仿射函数下最大费用路段模型和 M/M/1 型用户和函数模型，探讨了含刻板用户 Wardrop 路径博弈的均衡性质及效率损失上界。

然而，这些研究都是在同质用户拥有完全信息并可以得到确定性用户均衡前提下进行的。在同质用户的假设下，学者们（Guo and Yang，2005；Guo et al.，2010；罗文昌，2010a；Huang et al.，2011）还对 SUE 交通分配的效率损失进行了界定。现实交通网络中出行者的收入水平、年龄、性格、出行目的以及理性各不相同，常常表现出异质的择路行为。对于异质用户的情况，Roughgarden（2001）在作业排序问题中进行了初步研究。Huang 等（2006）、刘天亮等（2007）研究了 ATIS 作用下混合交通均衡分配的效率损失上界。Yu 和 Huang（2010）运用放缩法和非线性规划方法分别得到了 UE-CN 混合交通均衡分配在多项式出行时间成本函数下的效率损失上界。罗文昌（2010b）界定了 Stackelberg 博弈下混合交通均衡分配的效率损失上界。在确定性多用户类交通分配网络中，Han 和 Yang（2008）考虑了次优收费机制下 UE 在不同出行决策准则下的效率损失上界。Guo 和 Yang（2009）考虑了异质用户在时间度量出行决策准则下和费用度量出行决策准则下同时最小化问题，引出了双准则帕累托最优解的概念，证明双准则帕累托最优解等于正的匿名路段收费下多用户类 UE 路段流量，并考虑了影响系统性能的因素以及偏离 SO 的效率损失上界问题。Yu 等（2009a，2009b）运用 VI 方法分别探讨了在时间度量出行决策准则和费用度量出行决策准则下，固定需求交通网络中的多用户类 SUE 相对 SO 和 SSO 的效率损失上界，并分析了影响效率损失上界的关键因素。Yong 等（2016）探讨了 C-logit SUE 交通均衡分配的效率损失上界。曾明华和黄细燕（2016）对收费和弱 Stackelberg 策略诱导的 Logit-SUE 交通网络的效率损失进行了研究，得到了对应效率损失的表达式。张俊婷等（2017a，2017b）对 ATIS 和道路收费共同作用的异质交通网络，分别讨论了该类混合随机均衡相对 SO 和 SSO 的效率损失表达式，并分析了效率损失上界和网络各参数的关系。

然而，这些学者大都考虑的是固定需求下的效率损失。迄今为止，研究弹性需求的效率损失不多见。Chau 和 Sim（2003）在 Roughgarden 和 Tardos（2002）研究的基础上，界定了无限可分用户拥挤博弈在对称路段出行时间成本函数、固定需求下 UE 的效率损失上界，同时指出了界定弹性需求下的效率损失上界比界定固定需求下的效率损失上界困难，并给出了一个弹性需求下效率损失的粗糙上界，该上界是需求函数的函数。Han 等（2008b）在 Chau 和 Sim（2003）的基础上考虑路段出行时间成本函数是非对称形式以及弹性需求下的效率损失上界。Karakostas 和 Kolliopoulous（2009）研究了弹性需求下多OD对异质利己用户的效率损失。Yu 和 Wang（2014）探讨了弹性需求多用户类交通均衡分配的效率损失，分别构建了时间度量出行决策准则下和费用度量出行决策准则下的等价VI 模型，并通过解析方法得到了这两类不同出行决策准则下的效率损失上界及其影响因素，数值算例证明了解析解的有效性。Feng 等（2014）分别考虑弹性需求下原子可分交通均衡分配在收费和不收费机制下的效率损失上界。有关交通均衡效率损失上界研究在相关专著（Stier-Moses，2004；Yang and Huang，2005；Roughgarden，2005；吴建军 等，2010）中有详细的介绍。

到目前为止，有三种降低用户均衡行为效率损失的方法。

第一种方法是合理设计网络拓扑结构以减少用户均衡行为的效率损失，使 UE 与 SO 近似地达成一致。最开始，人们研究 UE 与网络拓扑结构的关系都是从 Braess 诡异现象开始的。众所周知，在 Braess 诡异现象中并不能实现帕累托最优，即不存在另外一种流量分配方法在所有出行者出行成本不增加的情况下，能使部分出行者的出行成本减少。Milchtaich（2005）讨论了如何设计网络来避免 Braess 诡异现象的发生。Roughgarden（2003）证明了固定需求下 UE 与 SO 的粗糙上界与网络拓扑结构和规模无关。然而，他证明的是一个非常粗糙的上界值，关于网络拓扑结构对用户均衡行为效率损失的影响却没有得出两者具有直接关系的结论。Roughgarden（2006）从 Braess 诡异现象分析着手，试图找到一种有效的算法可以发现在网络出现 Braess 诡异现象时的害群之马弧段（即添上该弧段后情况反而更糟糕）。然而，分析结果表明任何算法都是徒劳的。Holzman 和 Law-Yone（2003）主要讨论了什么样的网络拓扑结构可以在不管路段出行时间成本函数是什么类型函数的情形下都能保证 UE 与 SO 的差距非常小的问题。以上文献讨论的都是如何通过设计网络拓扑结构来避免出现用户均衡行为效率损失过大的问题，对于网络拓扑结构与用户均衡行为效率损失的直接关系问题并没有讨论。吴建军等（2008）、吴建军和李树彬（2009）用模拟与统计动力学方法调查了效率损失与网络拓扑结构的关系。Yang 和 Huang（2005）认为 SUE 效率损失上界与网络节点数相关。学者们得到了不同情形下的 SUE 效率损失上界和网络拓扑结构有关的结论（Guo and Yang，2005；Guo et al.，2010；罗文昌，2010a；Huang et al.，2011）。

第二种方法是拥挤道路收费机制。Dafermos（1973）提出通过收费可以把 UE 问题转化为 SO 问题。Hearn 和 Yildirim（2002）讨论了 UE 问题转化为 SO 问题的收费策略，并讨论了一系列的收费方法。Karakostas 和 Kolliopoulos（2004）对同质用户收费机制进行讨论，发现路段出行时间成本为仿射函数的交通网络，在收费机制下，UE 与 SO 的效率损失上界为 5/4，而不是 4/3，4/3 与 5/4 的差距体现了收费机制的优越性。Cole 等（2003）对单 OD 对任意网络的收费机制进行了讨论，发现在该情况下，即使是无限多个异质用户的网络博弈，采取他们提出的收费机制也可以很好地实现从 UE 到 SO 的转化。Yang 等（2010）探讨了在固定需求和弹性需求下的一般交通网络中，最优收费和次优收费机制下的效率损失上界问题。Han 等（2008a）研究了在线性非对称路段出行时间成本函数下，最优收费是系统出行成本一部分时交通网络的效率损失上界问题。Han 和 Yang（2008）分析了次优收费机制下，在具有离散 VOT 的多用户类交通网络中，交通均衡分配在时间度量出行决策准则下和费用度量出行决策准则下的效率损失上界，同时他们还研究了在出行者异质情况下，收费作为系统总出行成本一部分时对效率损失上界的影响。余孝军和黄海军（2009）、Yu（2010）探讨了收费不作为出行者出行成本一部分时，多用户类 SUE 在时间度量出行决策准则下和费用度量出行决策准则下分别相对 SO 和 SSO 的效率损失上界问题。

第三种方法是应用诱导系统引导用户按 SO 进行路径选择。目前，国际上对诱导系统的研究方法有计算机模拟法、实验室实验法和分析建模法，常用的诱导系统有如下三种：静态诱导系统、实时反应式诱导系统和预料式诱导系统，其中最先进的诱导系统是预料式诱导系统，该系统可以根据目前的交通网络车流状况以及一些数据库对未来做出预测，从而为出行者提供最优方案。Chen 和 Underwood（1991）对此进行了介绍。由于 UE 具有公平性特点，而 SO 又具有社会总成本最优的特点，目前人们更多的是考虑兼顾这两种优势的诱导系统。这种系统最先由 Mahmassani 等（1994）提出，Jahn 等（2005）探讨了有用户出行成本上界限制的诱导系统，发现在该系统中 UE 与 SO 的差距非常小，而且兼顾了公平性。

一般来说，与用户均衡行为效率损失相关的研究有三种方法。一是解析推导方法，即先建立一个 UE 的等价规划问题，然后利用各种性质对 UE 的效率损失上界进行界定。另外两种分别是几何方法和 VI 方法。Correa 等（2005）首次采用几何方法和 VI 方法对 UE 的效率损失上界进行了界定。他们采用几何方法得到的结论与 Roughgarden 用解析推导方法得到的结论完全一致，即如果路段出行时间成本函数为仿射函数，则 UE 时系统总出行时间成本不会超过 SO 时系统总出行时间成本的 4/3。Correa 等（2008）利用几何方法得到了非原子缺损拥挤博弈的效率损失上界。由于 VI 方法具有简洁性，自 Correa 等（2005）之后出现了大量利用 VI 方法讨论 UE 效率损失上界的文献。

1.3 研究内容及思路

1.3.1 研究内容

本书围绕混合交通均衡分配效率损失的界定和降低混合交通均衡行为效率损失方法两方面展开研究。首先研究固定需求下多用户类 SUE 在不同出行决策准则下相对 SO 以及 SSO 的效率损失；其次，对固定需求下含利己用户（利他用户、刻板用户）混合交通均衡分配的效率损失进行分析；最后，对弹性需求下混合交通均衡分配的效率损失进行研究。研究内容可以归结为四个方面：混合交通均衡分配的数学模型、界定混合交通均衡分配的效率损失、分析影响效率损失上界的关键因素、探讨交通管理措施对效率损失的影响。

1. 混合交通均衡分配的数学模型

数学模型能够较好地刻画各种现实现象，交通科学中大量运用数学模型来刻画交通行为，并进行分析。本书在分析各种类型出行者的出行行为和路径选择原则的基础上，探讨不同类型混合交通均衡分配的充要条件，构建等价的优化模型或者 VI 模型，分析二者解之间的关系，并分析混合交通均衡分配的存在性和唯一性条件。

2. 界定混合交通均衡分配的效率损失研究

本书在分析出行者路径选择行为的基础上，构建刻画不同类型混合交通均衡分配的 VI 模型，确定均衡行为下和 SO 时的系统总出行成本，进而构建数学模型，运用解析推导和变分不等式等方法探讨不同类型混合交通均衡分配的效率损失上界表达形式。

3. 分析影响效率损失上界的关键因素

效率损失上界受道路网络拓扑结构、交通资源的配置、交通出行需求及其分布、交通信息的发布以及出行者的路径选择行为等诸多因素的影响。在确定效率损失上界表达形式的基础上分析网络拓扑结构、交通信息、网络流量等因素对效率损失的影响，同时运用计算机仿真的方法模拟道路结构、交通信息、网络流量等因素对效率损失上界的影响。通过研究，更好地了解效率损失产生的原因和影响效率损失上界的关键因素，有利于交通工程人员更好地进行道路设计，避免产生 Braess 诡异现象。

4. 探讨交通管理措施对效率损失的影响

在确定有必要实施出行者从 UE 向 SO 转化的前提下，评价交通管理措施在降低效率损失方面的实施效果。本书重点考虑拥挤道路收费机制在降低交通系统效率损失方面的实施效果；分析比较不同收费机制对效率损失的影响，同时还探讨收费是否作为出行者总出行成本一部分时的实施效果差别。

1.3.2　研究目标

本书是在国家自然科学基金地区科学基金项目“多用户类交通均衡分配的博弈分析及效率损失研究”（71161005）、“弹性需求下混合交通均衡分配的效率损失研究”（71761005）等科研项目的框架中进行的。

本书的第一个研究目标是根据混合交通流的运行特点，分析混合交通均衡中出行者的路径选择行为，确定不同类型出行者的路径选择原则，在此基础上构建并刻画混合交通均衡分配等价数学模型，探讨混合交通均衡分配解的存在性和唯一性条件。第二个研究目标是在定义度量混合交通均衡分配效率损失的基础上，运用解析推导、变分不等式等方法界定不同均衡行为下混合交通系统的效率损失上界，确定效率损失上界的表达形式，分析各网络参数与效率损失上界的关系，探寻影响效率损失上界的关键因素。第三个研究目标是探讨拥挤道路收费机制在降低效率损失方面的实施效果，并进行数值模拟和分析，为实现城市交通的科学化、现代化和智能管理提供理论依据和实践支持。各研究目标之间是紧密相连、依次进行的。分析交通出行者的路径选择行为和择路原则，可以揭示交通流量的时空分布，求解等价数学模型有助于对比实际情况进行分析，界定交通效率损失上界的最终目的是探讨有无必要实现 UE 向 SO 转化，如有必要，则评价拥挤道路收费机制在降低效率损失方面的实施效果。

1.3.3　研究思路

本书以交通流量均衡分配理论为基础，结合博弈论、数学规划理论、变分不等式理论以及行为科学和管理科学中的相关知识，采用数学建模、解析推导与数值分析相结合的方法，重点围绕构建混合交通均衡分配的数学模型、界定混合交通均衡分配的损失上界及其影响因素分析、分析收费机制在降低效率损失方面的实施效果三个层次展开。这些研究环环相扣、紧密相连。从研究的进展顺序来看，研究分三个阶段进行。

（1）构建数学模型。搜集现有的文献，研究现有交通均衡分配的数学模型。在此基础上，详细分析混合交通路网的流量分布，阐述混合交通均衡分配中出行者的路径选择行为，分别构建不同类型混合交通分配的等价数学模型，在此基础上讨论交通均衡分配的存在性和唯一性。

（2）界定效率损失上界及影响因素分析。在构建典型混合交通均衡分配等价数学模型的基础上，选择界定效率损失上界的方法，运用最优化方法和 VI 方法确定效率损失上界的表达形式，并分析交通均衡效率损失的影响因素，为降低效率损失策略的制定提供方向。

（3）分析收费机制的实施效果。在探讨影响效率损失上界关键因素的基础上，评估拥挤道路收费机制的实施效果，为交通管理部门提供降低交通网络效率损失的合理建议。根据拟采用的研究方法，本书的研究思路和技术路线如图 1.1 所示。

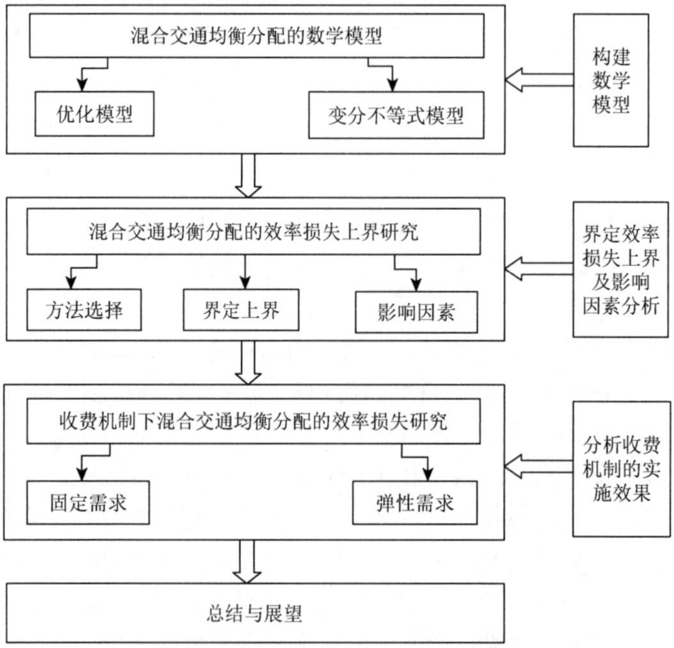

图 1.1　研究思路及技术线路框架图

第2章 基础理论

交通是城市发展的重要基础和命脉，是城市发展潜力、活力的重要影响因素。交通运输业的发展直接影响城市的运转效率、城市发展的空间形态、区域经济发展中的地位、居民生活环境的质量等各个方面。虽然中国各级政府采取积极措施，筹措资金不断改善城市交通基础设施，但仍然存在着交通基础设施运行效率低下、交通网络运力不足等问题，并没有从根本上解决城市交通问题。因此，科学地规划城市交通网络，高效地管理和控制交通需求就显得极为紧迫和重要，而这首先要求人们掌握出行者的出行规律和交通分配原理。交通分配就是将交通需求按照一定的择路原则分配到交通网络，得到路段流量。如果所有出行者了解网络的交通状况，并能正确地计算出行时间成本，并总能选择正确的路径出行，则这种模型就是确定性模型；如果出行者基于自己的理解出行时间成本选择路径出行，则这种模型就是随机模型。有关交通分配的详细知识可参见 Sheffi（1985）、黄海军（1994）、Nagurney 和 Dong（2002）等。

长期以来，有限资源分配中的 UE 与 SO 是经济学、交通科学等研究的重要内容之一。近二十年来，界定均衡行为的效率损失上界和评价各种管理措施在降低效率损失方面的实施效果一直是国际交通科学界及相关学科的研究热点，自 Roughgarden 和 Tardos（2002）首次将 Koutsoupias 和 Papadimitriou（1999）提出的概念引入交通网络后，学者们对交通均衡分配的效率损失进行了深入研究，相关研究成果可参考 Yang 和 Huang（2005）、Roughgarden（2005）、Stier-Moses（2004）、吴建军等（2010）。

2.1 节将回顾交通均衡分配静态模型，分别介绍用户均衡交通分配模型、随机用户均衡交通分配模型以及多用户类交通均衡分配模型。2.2 节将介绍系统最优分配模型。2.3 节将介绍三类同质用户交通均衡分配的效率损失。

2.1 交通均衡分配模型

2.1.1 用户均衡交通分配模型

Wardrop（1952）提出了两个广泛使用的均衡原则，即 Wardrop 第一均衡原则和 Wardrop 第二均衡原则，也就是常说的 UE 原则和 SO 原则。假设所有出行者随时掌握整个网络的状态，独立做出使自己出行时间成本最小的决策，只有当系统中不存在出行者能单方面改变其路径并能降低出行时间成本时，系统才达到稳定状态，这种状态就是 UE。此时，交通网络中同一 OD 对间，出行者在所有被使用路径上的出行时间成本相同，且不超过没被使用路径的出行时间成本。如果在交通网络中，假定所有出行者服从中央组织者的统一指挥，选择使网络总出行时间成本最小的路径出行，这种出行导致的流量分布状态称为 SO。我们将在 2.2 节介绍相应的模型。

下面定义一些常用的符号：有向图 $G=(N,A)$ 表示一个交通网络，其中 N 是节点集合，A 是路段集合。W 为所有 OD 对集合，R 为所有路径的集合，相应地，R_w 表示 OD 对 $w\in W$ 的所有路径集合。d_w 表示 OD 对 $w\in W$ 间的固定出行需求，$\boldsymbol{d}=(\cdots,d_w,\cdots)$ 表示固定出行需求向量；v_a 表示路段 $a\in A$ 上的流量；$\boldsymbol{v}=(\cdots,v_a,\cdots)$ 表示路段流量向量；f_{rw} 表示路径 $r\in R_w$ 上的流量；$\boldsymbol{f}=(\cdots,f_{rw},\cdots)$ 表示路径流量向量；$t_a(v_a)$ 表示路段出行时间成本函数，是关于路段流量 v_a 的可分离连续可微单调递增凸函数；$\boldsymbol{t}(\boldsymbol{v})$ 表示路段出行时间成本函数向量；$\boldsymbol{\Delta}=[\delta_{ar}^w]$ 是路段/路径关联矩阵，如果路段 $a\in A$ 在路径 $r\in R_w$ 上，则 $\delta_{ar}^w=1$，否则 $\delta_{ar}^w=0$；$\boldsymbol{\Lambda}=[\Lambda_{rw}]$ 是 OD 对/路径关联矩阵，若路径 $r\in R_w$，则 Λ_{rw} 为 1，否则为 0。$c_{rw}(\boldsymbol{f})$ 表示用户在路径 $r\in R_w$ 上的实际出行时间成本；$\boldsymbol{c}(\boldsymbol{v})$ 表示路段实际出行时间成本向量。路径出行时间成本与路段出行时间成本满足下面的关系：

$$c_{rw}(\boldsymbol{f})=\sum_{a\in A}t_a(v_a)\,\delta_{ar}^w,\ \forall r\in R_w,\ w\in W \tag{2.1}$$

在一般的交通网络中，有下面的流量守恒条件和非负约束条件成立：

$$v_a=\sum_{w\in W}\sum_{r\in R_w}f_{rw}\delta_{ar}^w,\ \forall a\in A \tag{2.2}$$

$$\sum_{r\in R_w}f_{rw}=d_w,\ \forall w\in W \tag{2.3}$$

$$f_{rw}\geqslant 0,\ \forall r\in R_w,\ w\in W \tag{2.4}$$

令 $\Omega_v=\{\boldsymbol{v}\mid\exists\boldsymbol{f}$ 满足式（2.2）～式（2.4）$\}$表示路段流量可行域，$\Omega_f=\{\boldsymbol{f}\mid\boldsymbol{f}$ 满足式（2.3）～式（2.4）$\}$表示路径流量可行域。显然，Ω_v、Ω_f 都是有界的闭凸集。同时，可以得到矩阵形式的可行域 Ω_v、Ω_f 分别为：$\Omega_v=\{\boldsymbol{v}\mid\boldsymbol{v}=\boldsymbol{\Delta f},\boldsymbol{f}=\boldsymbol{\Lambda d},\boldsymbol{f}\geqslant\boldsymbol{0}\}$，$\Omega_f=\{\boldsymbol{f}\mid\boldsymbol{f}=\boldsymbol{\Lambda d},\boldsymbol{f}\geqslant\boldsymbol{0}\}$。

可以证明，符合 UE 的交通分配问题等价于下面的数学规划模型（黄海军，1994；陆化普和黄海军，2007）：

$$\min_{\boldsymbol{v}\in\Omega_v}Z(\boldsymbol{v})=\sum_{a\in A}\int_0^{v_a}t_a(x)\mathrm{d}x \tag{2.5}$$

式中的目标函数是路段出行时间成本函数的积分，没有任何直观的经济含义或行为学解释，纯粹是一种用来推导 UE 条件的数学构造（Sheffi，1985）。当路段出行时间成本函数是可分离的连续单调递增函数时，可证明式（2.5）的解满足 UE 条件。为此，定义如下的 Lagrange 函数：

$$L(\boldsymbol{f},\boldsymbol{\mu})=Z(\boldsymbol{v})+\sum_{w\in W}\mu_w\left(d_w-\sum_{r\in R_w}f_{rw}\right) \tag{2.6}$$

式中，μ_w 为 Ω_v 中的第二个等式，即式（2.3）的 Lagrange 乘子。Lagrange 函数中的变量是路径流量 f_{rw} 和对偶变量 μ_w，最小化式（2.6）的一阶条件是：

$$f_{rw}\frac{\partial L(\boldsymbol{f},\boldsymbol{\mu})}{\partial f_{rw}}=0\ \text{且}\ \frac{\partial L(\boldsymbol{f},\boldsymbol{\mu})}{\partial f_{rw}}\geqslant 0,\ \forall r\in R_w,\ w\in W \tag{2.7}$$

$$\frac{\partial L(\boldsymbol{f},\boldsymbol{\mu})}{\partial \mu_w}=0, \forall w\in W \tag{2.8}$$

$$f_{rw}\geqslant 0, \forall r\in R_w, w\in W \tag{2.9}$$

考虑式（2.2）～式（2.4），可将上面的一阶条件写成如下的式子：

$$f_{rw}(c_{rw}-\mu_w)=0, \ \forall r\in R_w, w\in W \tag{2.10}$$

$$c_{rw}-\mu_w\geqslant 0, \forall r\in R_w, w\in W \tag{2.11}$$

$$\sum_{r\in R_w} f_{rw}-d_w=0, \ w\in R_w \tag{2.12}$$

$$f_{rw}\geqslant 0, \mu_w\geqslant 0, \forall r\in R_w, w\in W \tag{2.13}$$

显然，式（2.12）就是流量守恒条件式（2.3）。式（2.10）表明，当路径流量f_{rw}为正时，则在该路径上的路径出行时间成本为常数μ_w；否则，其路径出行时间成本必定不小于这个常数，如式（2.11）所示。因此，对于任意给定的OD对，对应的Lagrange乘子不大于所有路径上的出行时间成本。因此式（2.10）～式（2.13）描述了UE原则，即在任意一个OD对间，所有被使用了的路径具有该OD对间最小的出行时间成本。

路段出行时间成本函数是可分离的单调递增函数，且式（2.5）的可行域Ω_v是凸集，可证明规划模型式（2.5）是严格凸规划问题。存在着满足UE原则的唯一路段流量解，但是该问题对于路径流量不是严格凸的，所以路径流量解不唯一。

在网络上求解UE规划问题有启发式和优化两类算法。两种广泛使用的启发式方法为容限配流方法和比例配流方法。求解UE规划的过程就是网络配流加载的过程。UE流量分布是每位出行者都选择最小出行时间成本路径的结果，根据这一原则设计的网络加载机制就是每一个OD对子流量全部分配到连接OD对的最小出行时间成本路径上。容限配流方法即重复迭代使用“全有全无”法则，在当前迭代中使用的出行时间成本是在上次配流的结果上计算的。比例配流方法将OD矩阵均分成N等分，然后在每次迭代中只将一份OD矩阵加载上网，计算累积的路段流量和相应的路段出行时间成本，并转入下一轮迭代中。但是容限配流法可能不收敛，而比例配流法则可能收敛到非平衡状态（黄海军，1994）。

常用的优化算法有Frank-Wolf法、相继平均法（method of successive averages，MSA）和基于可行方向的凸组合算法（Sheffi，1985；黄海军，1994）。Frank-Wolf法把求解非线性规划问题转化为求解一系列线性规划问题，MSA和凸组合算法是Frank-Wolf法的改进，有着很广泛的应用。下面介绍凸组合算法，凸组合算法的具体步骤如下（Sheffi，1985）。

第0步：初始化。令路段的初始出行时间成本为$t_{a0}=t_a(0), a\in A$，用“全有全无”法将OD矩阵加载上网，得到各路段流量$\boldsymbol{v}^1$，置迭代次数$n=1$。

第1步：计算$t_a^n=t_a(v_a^n)$，$\forall a\in A$。

第2步：寻找搜索方向。根据此时路段出行时间成本向量$\boldsymbol{t}^n$，用“全有全无”法将OD矩阵加载上网，得到新的路段流量向量$\boldsymbol{y}^n$。

第 3 步：计算最优迭代步长，解一维最优化问题 $\min \sum_{a\in A}\int_0^{v_a^n+\alpha(y_a^n-v_a^n)} t_a(\omega)\mathrm{d}\omega$ ，其中，$0\leqslant\alpha\leqslant1$，其解为$\alpha^n$。

第 4 步：更新路段流量 $v_a^{n+1}=v_a^n+\alpha^n(y_a^n-v_a^n),\forall a$。

第 5 步：如果满足收敛性准则，则停止迭代；否则令$n=n+1$，转第 1 步。

第 3 步确定最优迭代步长α^n可以由许多一维搜索技术完成，如二分法、黄金分割法、Fibonacci 法等。第 5 步的停止准则可以根据目标函数值的下降情况来定，也可以根据前后两次迭代路段流量的变化来定。如 $\dfrac{\sqrt{\sum_{a\in A}(v_a^{n+1}-v_a^n)^2}}{\sum_{a\in A}v_a^n}\leqslant\varepsilon$ 成立，迭代就可以停止，其中ε是预设的参数精度。

在上面的迭代过程中，不需要储存路径流量，只需要储存路段流量，因而可以大大节约计算机内存。凸组合算法实际上是对著名的 Frank-Wolfe 算法的改进，Frank-Wolfe 算法是求解凸目标函数、线性约束集问题的标准算法。它的缺陷是，在迭代后期阶段收敛速度很慢，原因是当趋近于最优解时，搜索方向 $\boldsymbol{y}^n-\boldsymbol{v}^n$ 将垂直于目标函数在 $\boldsymbol{v}^n$ 点的梯度。凸组合算法的收敛速度受初始解、停止准则、交通拥挤程度、网络拓扑结构等的影响。初始解离均衡解越近，则需要迭代的次数就越少；网络拓扑结构越复杂，则需要迭代的次数就越多；网络拥挤程度越大，则需要迭代的次数就越多。在实际应用中，对于大规模网络，通常 4～6 次迭代就可以达到工程应用所需的精度要求。

UE 交通分配问题可以表示为闭凸集上的 VI 问题，即求解式(2.5)等价于寻找 $\bar{\boldsymbol{v}}\in\Omega_v$，使得任意的 $\boldsymbol{v}\in\Omega_v$，都满足

$$\boldsymbol{t}(\bar{\boldsymbol{v}})^{\mathrm{T}}(\boldsymbol{v}-\bar{\boldsymbol{v}})\geqslant0 \tag{2.14}$$

式（2.5）也可表示为基于路径变量的 VI 问题，即寻找 $\bar{\boldsymbol{f}}\in\Omega_f$，使得任意的 $\boldsymbol{f}\in\Omega_f$，都满足

$$\boldsymbol{c}(\bar{\boldsymbol{f}})^{\mathrm{T}}(\boldsymbol{f}-\bar{\boldsymbol{f}})\geqslant0 \tag{2.15}$$

易证，在假定的路段出行时间成本函数条件下，VI 问题式（2.14）、式（2.15）存在解，并且式（2.14）的解是唯一的（Kinderlehrer and Stampacchia，1986）。

从行为科学角度分析，弹性需求下的交通分配问题假定出行需求是可变的，即 OD 间的出行需求与路段出行时间成本函数有关，它们的关系用出行需求函数表示。若出行需求 q_w 是 OD 对 w 间的弹性出行需求，用 $B_w(\cdot)$ 表示 OD 对 w 间的逆需求函数，这是一个非增函数，即 $B_w(q_w)$ 表示 OD 对 $w\in W$ 间的出行需求为 q_w 时，出行者在该 OD 对间的边际出行时间成本。弹性需求下，通常用社会总剩余或净收益作为衡量系统性能优劣的指标，其表达式为

$$S(\boldsymbol{v},\boldsymbol{q})=\sum_{w\in W}\int_0^{q_w}B_w(\omega)\mathrm{d}\omega-\sum_{a\in A}t_a(v_a)v_a \tag{2.16}$$

式中，$\boldsymbol{q}$ 表示交通网络中的弹性出行需求向量；$\sum_{w\in W}\int_0^{q_w}B_w(\omega)\mathrm{d}\omega$ 表示交通网络中的社会

总收益；$\sum_{a\in A} t_a(v_a)v_a$表示交通网络中的系统总出行时间成本。

弹性需求UE交通分配问题等价于下面的数学规划模型（黄海军，1994）：

$$\min_{(\boldsymbol{v},\boldsymbol{q})\in\Omega_v^{ec}} \sum_{a\in A}\int_0^{v_a} t_a(x)\mathrm{d}x - \sum_{w\in W}\int_0^{q_w} B_w(x)\mathrm{d}x \tag{2.17}$$

式中，$\Omega_v^{ec}=\{(\boldsymbol{v},\boldsymbol{q})\,|\,\boldsymbol{v}=\boldsymbol{\Delta f},\ \boldsymbol{f}=\boldsymbol{\Lambda q},\ \boldsymbol{f},\boldsymbol{q}\geqslant\boldsymbol{0}\}$，即$\Omega_v^{ec}$是由下列约束条件构成的集合：

$$v_a=\sum_{w\in W}\sum_{r\in R_w} f_{rw}\delta_{ar}^{w},\ \forall a\in A \tag{2.18}$$

$$\sum_{r\in R_w} f_{rw}=q_w,\ \forall w\in W \tag{2.19}$$

$$f_{rw}\geqslant 0, q_w\geqslant 0, \forall r\in R_w,\ w\in W \tag{2.20}$$

定义$\Omega_f^{ec}=\{(\boldsymbol{f},\boldsymbol{q})\,|\,\boldsymbol{f}=\boldsymbol{\Lambda q},\ \boldsymbol{f},\ \boldsymbol{q}\geqslant\boldsymbol{0}\}$。由于路段出行时间成本函数$t_a(v_a)$是$v_a$的递增函数，故数学规划模型式（2.17）的第一项$Z_1(\boldsymbol{v})=\sum_{a\in A}\int_0^{v_a}t_a(x)\mathrm{d}x$是凸函数。同时，由于OD对$w$间的逆需求函数$B_w(q_w)$是出行需求$q_w$的非增函数，且非增函数的积分是凹函数，故$Z_2(\boldsymbol{q})=\sum_{w\in W}\int_0^{q_w}B_w(x)\mathrm{d}x$是凹函数，进而可知其负值$[-Z_2(\boldsymbol{q})]$是凸函数。所以，数学规划模型式（2.17）的目标函数是两个凸函数的和，它仍然是凸函数。由数学规划模型式（2.17）的凸性可知弹性需求交通均衡分配问题存在唯一的OD需求量和路段流量解，即弹性需求UE交通分配问题的解是唯一的。

求解弹性需求下UE交通分配问题有下降方向法和变换网络法两种常用方法，其中下降方向法求解弹性需求交通均衡分配问题与求解固定需求交通均衡分配问题类似，在每步迭代中，采用一次“全有全无”法来决定下一步迭代的方向。然后，根据目标函数的极小化决定迭代步长。由于交通出行需求是变量，故在迭代中需根据OD间的出行时间成本做调整（黄海军，1994；高自友 等，2000）。变换网络法的基本思路是先通过变换网络图，将弹性需求交通均衡分配问题变成等价的固定需求交通分配问题，然后再运用方向搜索法进行求解。变换网络图有增设零成本路段和增设多余需求路段两种常用方式（黄海军，1994）。

求解弹性需求下UE交通分配问题也可以用闭凸集上的VI问题来表示，即求解式（2.17）等价于寻找$(\bar{\boldsymbol{v}},\bar{\boldsymbol{q}})\in\Omega_v^{ec}$，使得任意的$(\boldsymbol{v},\boldsymbol{q})\in\Omega_v^{ec}$，都满足

$$\boldsymbol{t}(\bar{\boldsymbol{v}})^{\mathrm{T}}(\boldsymbol{v}-\bar{\boldsymbol{v}})-\boldsymbol{B}(\bar{\boldsymbol{q}})^{\mathrm{T}}(\boldsymbol{q}-\bar{\boldsymbol{q}})\geqslant 0 \tag{2.21}$$

2.1.2 随机用户均衡交通分配模型

UE交通分配模型假设交通出行者有相同的交通行为属性，即他们都能完全正确地了解整个交通网络的交通状况，且能精确地计算所有路段的出行时间成本，在此基础上选择对自己最有利的路径。我们现在放松这种严格而不现实的假设条件，使出行者的理解出行时间成本可以偏离实际出行时间成本，用随机用户均衡交通分配模型来刻画出行者的路径选择过程。出行者的路段理解出行时间成本T_a是路段实际出行时间成本$t_a(v_a)$与随机项

ε_a 的和。出行者在 OD 对 w 间路径 $r \in R_w$ 上的路径理解出行时间成本 $C_{rw}(\boldsymbol{f})$ 是该路径的实际出行时间成本 $c_{rw}(\boldsymbol{f})$ 和对应的随机项的和。同时，OD 对 w 间路径 $r \in R_w$ 上的实际出行时间成本与路段的实际出行时间成本满足下面的关系：

$$c_{rw}(\boldsymbol{f}) = \sum_{a\in A} t_a(v_a)\delta_{ar}^{w},\ \forall r \in R_w,\ w \in W \tag{2.22}$$

根据对理解出行时间的分布做不同的假设，文献中有两种 SUE 交通分配模型：多项式概率模型和多项式 Logit 模型。基于 Probit 分配技术的多项式概率模型假设理解出行时间成本是正态分布的；而基于 Logit 分配技术的多项式 Logit 模型假定路径选择概率是由一个 Logit 函数给出。下面简单介绍多项式 Logit 模型。

在 SUE 情形下，一般假定出行者依据随机效用理论，选择理解出行时间成本最小的路径出行（黄海军，1994），这意味着在均衡状态同一 OD 对间出行者的路径实际出行时间成本不一定相同。出行者选择路径 $r \in R_w$ 的出行效用表示为

$$U_{rw} = -\theta C_{rw}(\boldsymbol{f}) = -\theta c_{rw}(\boldsymbol{f}) + \xi_{rw},\ r \in R_w,\ w \in W \tag{2.23}$$

式中，θ 是正参数，ξ_{rw} 是对应的随机项，表示不可测量或者没有观察到的效用因素。若 ξ_{rw} 是独立同分布、均值为零的、服从 Gumbel 概率分布的随机变量，可以证明 $\mathrm{Var}(C_{rw}) = \pi^2/6\theta^2$，参数 θ 与理解出行时间成本的标准差成反比，它是出行者对路径出行时间成本了解程度的一种测度。令 P_{rw} 表示出行者选择路径 $r \in R_w$ 的概率，根据效用极大化原则，该概率等于出行者在所能选择的出行路径中选择路径 $r \in R_w$ 获得出行效用最大的概率，即

$$P_{rw} = P(U_{rw} \geqslant U_{kw},\ \forall k \in R_w),\ r \in R_w,\ w \in W \tag{2.24}$$

选择概率 P_{rw} 满足下面的条件：

$$0 \leqslant P_{rw} \leqslant 1,\ r \in R_w,\ w \in W \tag{2.25}$$

$$\sum_{r\in R_w} P_{rw} = 1,\ w \in W \tag{2.26}$$

则，路径 $r \in R_w$ 被出行者选择的概率可表示为

$$P_{rw} = \frac{\exp(-\theta c_{rw})}{\sum_{l\in R_w}\exp(-\theta c_{lw})},\ r \in R_w,\ w \in W \tag{2.27}$$

式中，l 表示 OD 对 $w \in W$ 间的所有路径集合 R_w 中的任一条路径，c_{lw} 表示 OD 对 $w \in W$ 间路径 $l \in R_w$ 上的实际出行时间成本。

因此，当 $\theta \to +\infty$ 时，$P_{rw} \to 1$，所有出行者都选择这条最小出行时间成本的路径 r 出行，此即为确定性情形下的选择结果。另一方面，θ 取较小值就意味着理解出行时间成本的方差加大，将有更多的路径被选用，包括出行时间成本明显偏大的路径。当 $\theta \to 0$ 时，所有可能的路径被选择的概率是可被选择路径数目的倒数。相应地，可以得到 Logit 加载下的路径流量

$$f_{rw} = d_w P_{rw},\ r \in R_w,\ w \in W \tag{2.28}$$

因为式（2.28）中的路径选择概率依赖路径流量，所以随机均衡条件实质是一个不动点问题。Fisk（1980）证明，基于 Logit 加载技术式（2.27）的 SUE 状态对应于下面凸规划问题的一阶最优性条件：

$$\min_{f\in\Omega_f} Z(\boldsymbol{f})=\frac{1}{\theta}\sum_{w\in W}\sum_{r\in R_w} f_{rw}\ln f_{rw}+\sum_{a\in A}\int_0^{v_a} t_a(x)\mathrm{d}x \tag{2.29}$$

可以运用MSA求解凸规划式（2.29）。在MSA中，迭代步长是预先确定的，而没有考虑迭代过程中的实时状况。为保证MSA收敛，目标函数应是二次连续可微的，且梯度只在可行域的一个点取值为零，搜索方向必须是下降方向，且迭代步长满足$\sum_{n=1}^{\infty}\alpha^n=\infty$和$\sum_{n=1}^{\infty}(\alpha^n)^2<\infty$。Sheffi（1985）证明，即使每一步的搜索方向是随机产生的，只要它们的期望值是一个严格下降方向，MSA算法仍然是收敛的，即只要搜索方向在平均意义上是一个下降方向，算法收敛。所以，当不明确下降方向时，可以使用它的一个无偏估计方向。令$\alpha^n=1/n$，MSA的算法步骤如下。

第0步：初始化。在零流网络上完成随机加载，得到路段流量$\boldsymbol{v}^1$，置迭代次数$n=1$。

第1步：更新出行时间成本。计算$t_a^n=t_a(v_a^n)$，$\forall a\in A$。

第2步：寻找搜索方向。根据此时路段出行时间成本$\boldsymbol{t}^n$完成随机加载，得到新的路段流量向量$\boldsymbol{y}^n$。

第3步：更新路段流量。搜索方向是$y_a^n-v_a^n$，然后相继平均移动，得到新的路段流量为$v_a^{n+1}=v_a^n+\alpha^n(y_a^n-v_a^n)$，$\forall a\in A$。

第4步：检查收敛性。如果满足收敛性准则，则停止迭代；否则令$n=n+1$，转第1步。

这个算法的框架可以与任意随机加载技术相结合，但要求OD对之间的路径集合在迭代过程中是固定的，以保证算法的收敛性。Chen 和 Alfa（1991）针对凸规划式（2.29）使用了预定步长，给出了一种结合MSA与Dial加载技术的修改算法。Bell等（1993）针对Chen和Alfa（1991）的算法可能导致不相容流量问题，提出了强迫实现路径流量相容的迭代均衡法。Huang（1995）将Dial加载技术在预备过程发现的路径与求解标准UE交通分配问题所发现的路径结合起来，构成所要的路径集合。Bazaraa等（1993）和Cascetta等（1996）给出了路径集合重叠现象最少的启发式方法。Damberg等（1996）在评价产生路径集合的各种策略的基础上，提出了避免重叠路径上有过多流量的方法。

Sheffi和Powell（1982）给出了一般情形下SUE交通分配的凸规划模型：

$$\min_{\boldsymbol{v}\in\Omega_v} Z(\boldsymbol{v})=\sum_{a\in A} v_a t_a(v_a)-\sum_{w\in W} d_w S(c_w)-\int_0^{v_a} t_a(x)\,\mathrm{d}x \tag{2.30}$$

式中，$S(c_w)$表示期望最小理解出行时间成本。特别的，若$S(c_w)=-\frac{1}{\theta}\ln\sum_{r\in R_w}\exp(-\theta c_{rw})$时，Sheffi和Powell模型式（2.30）与Fisk模型式（2.29）等价。周晶（2003）得到了如下SUE交通分配的等价VI模型。

引理2.1 在基于Logit路径选择模型的假设下，假定路段出行时间成本函数$t_a(v_a)$是路段流量v_a的连续单调递增函数，则具有固定出行需求向量$\boldsymbol{d}$的SUE交通分配问题等价于寻找$\bar{\boldsymbol{f}}\in\Omega_f$，使得任意的$\boldsymbol{f}\in\Omega_f$，都满足

$$\sum_{w\in W}\sum_{r\in R_w}\left\langle c_{rw}(\bar{\boldsymbol{f}})+\frac{1}{\theta}\ln\bar{f}_{rw}, f_{rw}-\bar{f}_{rw}\right\rangle \geqslant 0 \tag{2.31}$$

进一步，在$\nabla_{\boldsymbol{v}}c(\boldsymbol{v})$是对称半正定条件下，上述 VI 问题等价于如下凸规划问题：

$$\min_{f\in\Omega_f}\ Z(\boldsymbol{f})=\frac{1}{\theta}\sum_{w\in W}\sum_{r\in R_w}f_{rw}(\ln f_{rw}-1)+\sum_{a\in A}\int_0^{v_a}t_a(x)\mathrm{d}x \tag{2.32}$$

引理 2.2 在基于 Logit 路径选择模型的假设下，假定路段出行时间成本函数$t_a(v_a)$是路段流量v_a的连续单调递增函数，OD 需求函数是期望最小理解出行时间成本$S(c_w)$的可微单调递减函数，其逆需求函数用$B_w(q_w)$表示，则在弹性需求下，SUE 交通分配问题等价于寻找$(\bar{\boldsymbol{f}},\bar{\boldsymbol{q}})\in\Omega_f^{ec}$，使得任意的$(\boldsymbol{f},\boldsymbol{q})\in\Omega_f^{ec}$，都满足

$$\sum_{w\in W}\sum_{r\in R_w}\left\langle c_{rw}(\bar{\boldsymbol{f}})+\frac{1}{\theta}\ln\bar{f}_{rw}, f_{rw}-\bar{f}_{rw}\right\rangle-\sum_{w\in W}\left\langle\frac{1}{\theta}\ln\bar{q}_w+B_w(\bar{q}_w), q_w-\bar{q}_w\right\rangle\geqslant 0 \tag{2.33}$$

进一步，在$\nabla_{\boldsymbol{v}}c(\boldsymbol{v})$是对称半正定条件下，上述 VI 问题等价于如下凸规划问题：

$$\min_{(\boldsymbol{f},\boldsymbol{q})\in\Omega_f^{ec}}\ \sum_{a\in A}\int_0^{v_a}t_a(x)\mathrm{d}x+\frac{1}{\theta}\sum_{w\in W}\sum_{r\in R_w}f_{rw}(\ln f_{rw}-1)-\frac{1}{\theta}q_w(\ln q_w-1)-\sum_{w\in W}\int_0^{q_w}B_w(y)\mathrm{d}y \tag{2.34}$$

2.1.3 多用户类交通均衡分配模型

前面假设所有交通出行者对时间价值的理解是一样的，实际上由于收入水平、年龄、出行目的不同，不同的交通出行者对时间价值的理解存在差异，根据交通出行者对时间价值的理解进行分类，构造反映不同交通出行者属性行为的交通分配模型，这种模型就是多用户类交通均衡分配模型。本节简要介绍多用户类交通均衡分配模型（Nagurney，2000；Nagurney and Dong，2002）。

假设交通网络$G=(N,A)$中有M类用户，第m类用户的 VOT 为$\beta_m,\beta_m>0$。d_w^m表示 OD 对$w\in W$间第m类用户的固定出行需求，则$d_w=\sum_{m=1}^{M}d_w^m$，交通网络中的出行需求向量为$\boldsymbol{d}=(\cdots,d_w,\cdots),w\in W$。$v_a^m$表示路段$a$上第$m$类用户的流量，则路段$a$上的总流量$v_a$满足$v_a=\sum_{m=1}^{M}v_a^m$；$\boldsymbol{v}=(\cdots,v_a^m,\cdots),m=1,2,\cdots,M$表示路段流量向量；$c_a^m(v_a)$表示第$m$类用户在路段$a$上的实际出行成本函数，且是路段总流量$v_a$的单调增函数；$\boldsymbol{c}(\boldsymbol{v})=(\cdots,c_a^m(\boldsymbol{v}),\cdots)$，$m=1,2,\cdots,M$表示路段出行成本向量；$f_{rw}^m$表示路径$r\in R_w$上第$m$类用户的流量；$\boldsymbol{f}^M=(\cdots,f_{rw}^m,\cdots,),m=1,2,\cdots,M$表示路径流量向量；$c_{rw}^m(\boldsymbol{f})$表示第$m$类用户在路径$r\in R_w,w\in W$上的实际出行成本函数；路径实际出行成本向量用$\boldsymbol{C}^M(\boldsymbol{f})=(\cdots,c_{rw}^m(\boldsymbol{f}),\cdots)$，$m=1,\cdots,M$表示，则路径上的实际出行成本与路段的实际出行成本满足下面的关系：

$$c_{rw}^m(\boldsymbol{f})=\sum_{a\in A}c_a^m(v_a)\delta_{ar}^w,\ \forall r\in R_w,\ w\in W,\ m=1,2,\cdots,M \tag{2.35}$$

且有下面的流量守恒条件和非负约束条件成立：

$$v_a^m = \sum_{w\in W}\sum_{r\in R_w} f_{rw}^m \delta_{ar}^w,\ \forall a\in A,\ m=1,2,\cdots,M \tag{2.36}$$

$$v_a = \sum_{m=1}^{M} v_a^m,\ \forall a\in A,\ m=1,2,\cdots,M \tag{2.37}$$

$$\sum_{r\in R_w} f_{rw}^m = d_w^m,\ \forall w\in W,\ m=1,2,\cdots,M \tag{2.38}$$

$$f_{rw}^m \geqslant 0,\ \forall r\in R_w,\ w\in W,\ m=1,2,\cdots,M \tag{2.39}$$

令 $\Omega_v^M=\{\boldsymbol{v}\mid\exists\boldsymbol{f}$ 满足式（2.36）～式（2.39）$\}$表示 M 类用户的路段流量可行域，$\Omega_f^M=\{\boldsymbol{f}\mid\boldsymbol{f}$ 满足式（2.36）～式（2.39）$\}$表示 M 类用户的路径流量可行域。显然，Ω_v^M、Ω_f^M 都是有界的闭凸集。

Nagurney（2000）给出如下的固定需求下多用户类交通均衡分配的等价 VI 模型。

引理 2.3 在基于 Logit 路径选择的假设下，固定需求下多用户类交通均衡分配问题等价于求解下面的 VI 模型，即寻找 $\bar{\boldsymbol{f}}\in\Omega_f^M$，使对任意的 $\boldsymbol{f}\in\Omega_f^M$，都满足

$$\sum_{w\in W}\sum_{r\in R_w}\sum_{m=1}^{M}\left\langle c_{rw}^m(\bar{\boldsymbol{f}}), f_{rw}^m-\bar{f}_{rw}^m\right\rangle\geqslant 0 \tag{2.40}$$

显然，当 $M=1$时，上式退化为单用户固定需求的交通均衡分配模型，即式（2.15）。

若出行需求是弹性需求，q_w^m 表示 OD 对 w 间第 m 类用户的弹性出行需求，逆需求函数 $B_w^m(\cdot)$ 是一个非增函数，即 $B_w^m(q_w^m)$ 表示 OD 对 $w\in W$ 间出行需求为 q_w^m 时，第 m 类用户的边际出行成本。$\Omega_{ec}^M=\{(\boldsymbol{v},\boldsymbol{q})\mid\boldsymbol{v}=\boldsymbol{\Delta f},\boldsymbol{\Lambda f}=\boldsymbol{q},\boldsymbol{f}\geqslant 0,\boldsymbol{q}\geqslant 0\}$。Nagurney 和 Dong（2002）给出了如下弹性需求下多用户类交通均衡分配的等价 VI 模型。

引理 2.4 在 M 类用户组成的弹性需求多用户类交通网络中，$(\bar{\boldsymbol{v}},\bar{\boldsymbol{q}})\in\Omega_{ec}^M$ 是弹性需求下多用户类交通均衡分配解的充要条件为：对任意的 $(\boldsymbol{v},\boldsymbol{q})\in\Omega_{ec}^M$，下面的 VI 问题成立。

$$\sum_{a\in A}\sum_{m=1}^{M} c_a^m(\bar{\boldsymbol{v}})(v_a^m-\bar{v}_a^m)-\sum_{w\in W}\sum_{m=1}^{M} B_w^m(\bar{\boldsymbol{q}})(q_w^m-\bar{q}_w^m)\geqslant 0 \tag{2.41}$$

2.2 系统最优分配模型

2.2.1 固定需求系统最优模型

UE 状态时出行者从利己角度出发选择最小出行时间成本的路径，彼此没有协调和沟通，经过长时间的内部调整之后，达到均衡状态。在 UE 状态下，不管出行者选择哪条路径出行，其出行时间成本相同，在这种状态下，并不能保证整个交通网络中所有出行者的出行时间成本最低，即 $\sum_{a\in A} v_a t_a(v_a)$ 不一定最小。对于交通管理者而言，更希望整个交通网络中所有出行者的总出行时间成本最小，即实现 SO。SO 指的是交通网络中的所有出行

者服从交通管理者的统一调度和控制，选择使网络总出行时间成本最小的路径出行所导致的流量分布状态。其等价的数学规划模型（黄海军，1994）为

$$\min_{\boldsymbol{v}\in\Omega_v} T(\boldsymbol{v})=\sum_{a\in A} v_a t_a(v_a) \tag{2.42}$$

SO 的 Lagrange 函数如下：

$$L(\boldsymbol{f},\overline{\boldsymbol{\mu}})=T(\boldsymbol{v})+\sum_{w\in W}\overline{\mu}_w\left(d_w-\sum_{r\in R_w} f_{rw}\right) \tag{2.43}$$

采用与前面类似的推导过程，式（2.43）中 $\overline{\mu}_w$ 是式（2.3）的 Lagrange 乘子，Lagrange 函数中的变量是路径流量 f_{rw} 和对偶变量 $\overline{\mu}_w$，其一阶条件如下：

$$f_{rw}(\overline{c}_{rw}-\overline{\mu}_w)=0,\ \forall r\in R_w, w\in W \tag{2.44}$$

$$\overline{c}_{rw}-\overline{\mu}_w\geqslant 0, \forall r\in R_w, w\in W \tag{2.45}$$

$$\sum_{r\in R_w} f_{rw}-d_w=0,\quad w\in W \tag{2.46}$$

$$f_{rw}\geqslant 0, \overline{\mu}_w\geqslant 0, \forall r\in R_w, w\in W \tag{2.47}$$

在 SO 状态下，出行者的出行时间成本为路段边际出行时间成本，由出行者的实际出行时间成本和其给其他出行者带来的外部性两部分组成。定义路段边际出行时间成本和路径边际出行时间成本分别为 $\overline{t}_a(v_a)=t_a(v_a)+v_a t'_a(v_a)$（其中 $t'_a(v_a)=\mathrm{d}t_a(v_a)/\mathrm{d}v_a$ 为路段出行时间成本函数关于路段流量的微分）和 $\overline{c}_{rw}(\boldsymbol{f})=\sum_a \overline{t}_a(v_a)\delta_{ar}^w$。在 SO 状态下，如果路径有流量，则其边际出行时间成本相等；如果路径上没有流量，则其边际出行时间成本不小于 $\overline{\mu}_w$。为达到 SO，出行者不能单纯考虑自身在路段和路径上的实际出行时间成本，必须考虑给其他出行者带来的外部性，也就是必须根据 $\overline{t}_a(v_a)$ 和 $\overline{c}_{rw}(\boldsymbol{f})$ 来选择路径，因此要实现 SO，所有出行者必须服从交通管理者的统一调度和控制，相互协调，否则实现不了 SO。

在定义路段边际出行时间成本为 $\overline{t}_a(v_a)=t_a(v_a)+v_a t'_a(v_a)$ 后，SO 状态也可用闭凸集上的 VI 问题表示，即求解式（2.42）等价于寻找 $\tilde{\boldsymbol{v}}\in\Omega_v$，使得任意的 $\boldsymbol{v}\in\Omega_v$，都满足

$$\overline{\boldsymbol{t}}(\tilde{\boldsymbol{v}})^{\mathrm{T}}(\boldsymbol{v}-\tilde{\boldsymbol{v}})\geqslant 0 \tag{2.48}$$

2.2.2　弹性需求系统最优模型

式（2.16）表示弹性需求下交通系统的社会总剩余或净收益。其大小为社会总收益 $\sum_{w\in W}\int_0^{q_w} B_w(\omega)\mathrm{d}\omega$ 和系统总出行时间成本 $\sum_{a\in A} t_a(v_a)v_a$ 之差。则由 Yang 和 Huang（2005），可得弹性需求下的 SO 流量分布等价于下面数学规划模型的解：

$$\min_{(\boldsymbol{v},\boldsymbol{q})\in\Omega_v^{ec}} \sum_{a\in A} t_a(v_a)v_a-\sum_{w\in W}\int_0^{q_w} B_w(x)\mathrm{d}x \tag{2.49}$$

式中，$\Omega_v^{ec}=\{(\boldsymbol{v},\boldsymbol{q})\,|\,\boldsymbol{v}=\boldsymbol{\Delta f}, \boldsymbol{f}=\boldsymbol{\Lambda q}, \boldsymbol{f},\boldsymbol{q}\geqslant \boldsymbol{0}\}$，具体约束条件如式（2.18）～式（2.20）所示。

在引入路段边际出行时间成本 $\overline{t}_a(v_a)=t_a(v_a)+v_a t'_a(v_a)$ 后，可知求解弹性需求下 SO 问题等价于求解如下 VI 问题，即寻找 $(\tilde{\boldsymbol{v}},\tilde{\boldsymbol{q}})\in\Omega_v^{ec}$，使得任意的 $(\boldsymbol{v},\boldsymbol{q})\in\Omega_v^{ec}$，都满足

$$\bar{\boldsymbol{t}}(\tilde{\boldsymbol{v}})^{\mathrm{T}}(\boldsymbol{v}-\tilde{\boldsymbol{v}})-\boldsymbol{B}(\tilde{\boldsymbol{q}})^{\mathrm{T}}(\boldsymbol{q}-\tilde{\boldsymbol{q}})\geqslant 0 \tag{2.50}$$

2.2.3 随机系统最优模型

在随机交通均衡分配时，出行者根据其最小理解出行时间成本选择出行路径，在均衡状态时，同一 OD 对间不同出行者的实际路径出行时间成本并不一定相同。此时除了前面提到的 SO，还存在着 Maher 等（2005）提出的 SSO。根据 Maher 等（2005）给出的方法，可知在 Logit 路径选择假设下，随机交通均衡分配问题中所有出行者的总理解出行时间成本可以表示为

$$F(\boldsymbol{f})=\sum_{a\in A}t_a(v_a)v_a+\frac{1}{\theta}\sum_{w\in W}\sum_{r\in R_w}f_{rw}\ln f_{rw}-\frac{1}{\theta}\sum_{w\in W}d_w\ln d_w \tag{2.51}$$

Yang（1999）用 $-F(\boldsymbol{f})$ 表示随机交通均衡分配模型中整个交通网络的经济福利（消费者剩余），SSO 问题就是极小化系统总理解出行时间成本（或者说极大化网络经济福利），即

$$\min_{\boldsymbol{f}\in\Omega_f}F(\boldsymbol{f}) \tag{2.52}$$

最优化问题式（2.52）对应的解 $\boldsymbol{f}^{\mathrm{SSO}}\in\Omega_f$ 称为随机系统最优流，$F_{\mathrm{SSO}}=F(\boldsymbol{f}^{\mathrm{SSO}})$ 就是最小的系统总理解出行时间成本。在假定路段出行时间成本函数仅与自身路段流量相关，且出行者进行 Logit 随机路径选择，可得到固定需求下的 SSO 问题为

$$\min_{\boldsymbol{f}\in\Omega_f}\quad\sum_{a\in A}v_a t_a(v_a)+\frac{1}{\theta}\sum_{w\in W}\sum_{r\in R_w}f_{rw}\ln f_{rw} \tag{2.53}$$

2.3 交通均衡行为的效率损失

2.3.1 用户均衡的效率损失

我们先考虑固定需求下 UE 的效率损失上界。若路段出行时间成本函数 $t_a(v_a)$ 是可分离的连续可微单调递增凸函数，则式（2.14）和式（2.42）都有唯一的路段流量解。设 $\bar{\boldsymbol{v}}$ 和 $\tilde{\boldsymbol{v}}$ 分别是式（2.14）和式（2.42）对应的路段流量解，则对应的系统总出行时间成本分别为 $T_{\mathrm{UE}}(\bar{\boldsymbol{v}})=\sum_{a\in A}\bar{v}_a t_a(\bar{v}_a)$ 和 $T_{\mathrm{SO}}(\tilde{\boldsymbol{v}})=\sum_{a\in A}\tilde{v}_a t_a(\tilde{v}_a)$。当交通网络的出行需求固定时，可用系统总出行时间成本表示效率。显然，UE 状态下的系统总出行时间成本不低于 SO 状态下的系统总出行时间成本。为了度量固定需求下的效率损失，定义 UE 时的系统总出行时间成本与 SO 时的系统总出行时间成本之比为固定需求下 UE 的效率损失。即用

$$\rho_{fx}^{\mathrm{UE}}=\frac{T_{\mathrm{UE}}(\bar{\boldsymbol{v}})}{T_{\mathrm{SO}}(\tilde{\boldsymbol{v}})} \tag{2.54}$$

表示固定需求下 UE 的效率损失。显然 $\rho_{fx}^{\mathrm{UE}}\geqslant 1$，$\rho_{fx}^{\mathrm{UE}}$ 越大，效率损失越大，反之越小。由于边际收费可以实现 UE 向 SO 的转化或者说收费机制可以完全消除 UE 造成的效率损

失，因此 ρ_{fx}^{UE} 也可看成边际收费机制得到的效率。目的就是通过确定 ρ_{fx}^{UE} 的最大值来讨论用户均衡行为的效率损失上界，如果能够得到更小的 ρ_{fx}^{UE} 极大值，则说明找到了更精确的效率损失上界，也就进一步支持了 UE 的合理性。

在图 2.1 所示的单 OD 对固定需求交通网络中，路段和路径相同，设路段 a、b 对应的路段出行时间成本函数分别为 $t_a(v_a)=2v_a+2,\ t_b(v_b)=v_b+8$，出行需求为 $d=6$。

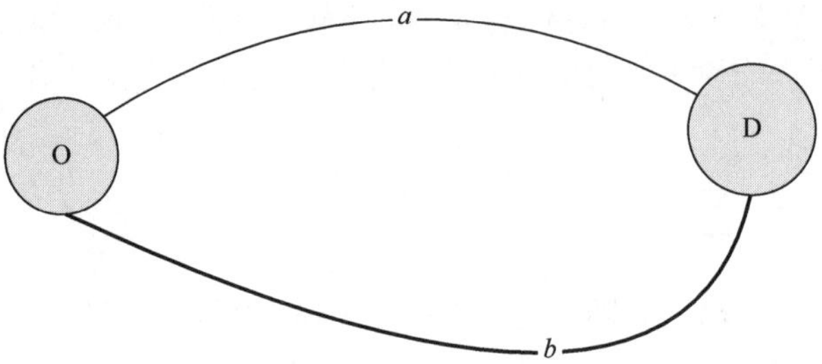

图 2.1　计算效率损失例子

UE 时，出行者在路径 a、b 上的出行时间成本一样，即有 $2v_a+2=v_b+8$ 成立。又 $v_a+v_b=6$，故 UE 状态时，$v_a=4, v_b=2$。此时，所有出行者的出行时间成本相等，无论出行者选择哪条路径出行，出行时间成本均为 10，此时系统的总出行时间成本为 60。

SO 下，各路段的流量为如下优化问题的解：

$$\min\ (2v_a+2)v_a+(v_b+8)v_b$$
$$\text{s.t.}\begin{cases}v_a+v_b=6\\ v_a,v_b\geqslant 0\end{cases}\tag{2.55}$$

由此可得：$v_a=v_b=3$，此时 $t_a(v_a)=8$，$t_b(v_b)=11$，不同路径上的出行时间成本并不相等，此时的系统总出行时间成本为 57，小于 UE 时的系统总出行时间成本。系统的效率损失为 $60/57\doteq 1.053$。

如果考虑出行者的外部性，对路段实施边际收费，就可以实现用户按照 UE 原则选择路径时实现 SO 的流量分布。在考虑边际收费机制下，出行者的路径出行时间成本分别为 $\overline{t_a}(v_a)=t_a(v_a)+v_at_a'(v_a)=4v_a+2$，$\overline{t_b}(v_b)=t_b(v_b)+v_bt_b'(v_b)=2v_b+8$，又因为 $v_a+v_b=6$，故可得 $v_a=v_b=3$，此时出行者在路径 a、b 上的出行时间成本均为 14，系统总出行时间成本为 57，即通过对路段实施边际成本收费机制，可实现 UE 下的流量分布就是 SO 下的流量分布。

下面的引理（Yang and Huang，2005）界定了路段出行时间成本函数为仿射函数时的效率损失。

引理 2.5　设 $\bar{\boldsymbol{v}}$ 是路段出行时间成本函数为可分离仿射函数时的 UE 路段流量向量，$\tilde{\boldsymbol{v}}$ 是 SO 时的路段流量向量，则 $\rho_{fx}^{\mathrm{UE}}\leqslant 4/3$。

证：假设对任意的路段 $a\in A$，其出行时间成本函数为仿射函数，即对任意的 $a\in A$ 都有 $t_a(v_a)=\alpha_av_a+t_{a0}$，$\alpha_a\geqslant 0, t_{a0}\geqslant 0$, 其中 t_{a0} 表示为常数的自由流出行时间成本。由于 $\bar{\boldsymbol{v}}$

是 VI 问题式（2.14）的解，用 $\tilde{\boldsymbol{v}}$ 代替式（2.14）中的 $\boldsymbol{v}$，则有

$$\begin{aligned} T_{\mathrm{UE}}(\bar{\boldsymbol{v}}) &= \boldsymbol{t}(\bar{\boldsymbol{v}})^{\mathrm{T}} \cdot \bar{\boldsymbol{v}} \leqslant \boldsymbol{t}(\bar{\boldsymbol{v}})^{\mathrm{T}} \cdot \tilde{\boldsymbol{v}} = \sum_{a\in A}(\alpha_a \bar{v}_a + t_{a0})\tilde{v}_a \\ &\leqslant \sum_{a\in A}(\alpha_a \tilde{v}_a + t_{a0})\tilde{v}_a + \frac{1}{4}\sum_{a\in A}\alpha_a(\bar{v}_a)^2 \leqslant T_{\mathrm{SO}}(\tilde{\boldsymbol{v}}) + \frac{1}{4}T_{\mathrm{UE}}(\bar{\boldsymbol{v}}) \end{aligned} \tag{2.56}$$

这里第二个和第三个不等式成立的条件分别是 $(\tilde{v}_a - 0.5\bar{v}_a)^2 \geqslant 0$ 和 $\alpha_a(\bar{v}_a)^2 \leqslant (\alpha_a \bar{v} + t_{a0})\bar{v}$，故 $\rho_{fx}^{\mathrm{UE}} \leqslant 4/3$。

Correa 等（2005，2008）采用几何方法对用户均衡行为的效率损失上界问题进行了讨论，得到了与引理 2.5 同样的结论。证明过程如下：

设 $\boldsymbol{v} \in \Omega_v$ 是任意的可行路段流，则由 VI 问题式（2.14），可知 $T_{\mathrm{UE}}(\bar{\boldsymbol{v}}) \leqslant \sum_{a\in A} t_a(\bar{v}_a)v_a = \sum_{a\in A} t_a(v_a)v_a + \sum_{a\in A}[t_a(\bar{v}_a) - t_a(v_a)]v_a$，对于右边最后一项，由于路段出行时间成本函数是路段流量的递增函数，可知当 $v_a \geqslant \bar{v}_a$ 时，有 $[t_a(\bar{v}_a) - t_a(v_a)]v_a \leqslant 0$。下面，我们来考虑 $v_a < \bar{v}_a$ 时 $[t_a(\bar{v}_a) - t_a(v_a)]v_a$ 的上界值。在此情况下，$[t_a(\bar{v}_a) - t_a(v_a)]v_a$ 等于图 2.2 中阴影部分的面积。在顶点分别为 $(0, t_a(\bar{v}_a))$、$(0, t_{a0})$、$(\bar{v}_a, t_a(\bar{v}_a))$ 的三角形中，任意左上顶点为 $(0, t_a(\bar{v}_a))$，右下顶点在仿射出行时间成本函数 $t_a(v_a) = \alpha_a v_a + t_{a0}$ 上的内接长方形面积不超过该三角形面积的一半。又因为 $t_{a0} \geqslant 0$，所以在顶点分别为 $(0,0)$、$(\bar{v}_a, 0)$、$(\bar{v}_a, t_a(\bar{v}_a))$、$(0, t_a(\bar{v}_a))$ 的长方形中，上述三角形面积不超过长方形面积的一半。因此，$[t_a(\bar{v}_a) - t_a(v_a)]v_a \leqslant \frac{1}{4}t_a(\bar{v}_a)\bar{v}_a = \frac{1}{4}T_{\mathrm{UE}}(\bar{\boldsymbol{v}})$，故引理 2.5 成立。

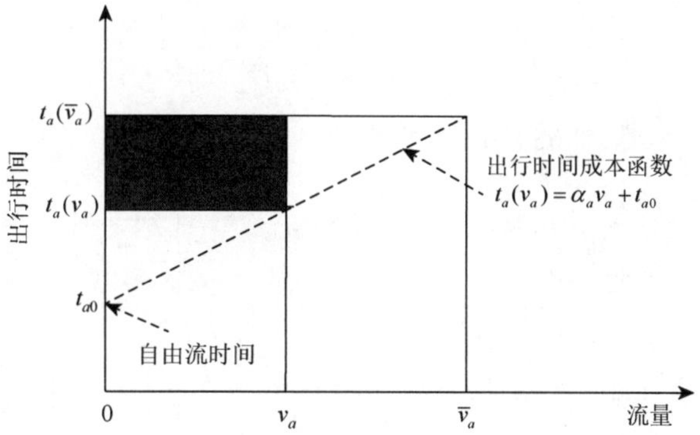

图 2.2 引理 2.5 证明的几何图解

下面考虑路段出行时间成本函数为一般的可分离单调递增凸函数时，UE 的效率损失上界（Yang and Huang，2005）。对任意的路段出行时间成本函数 $t_a = t_a(z_a)$ 和非负路段流量 $z_a \geqslant 0$，定义如下的参数：

$$\gamma_a(t_a, z_a) = \max_{v_a \geqslant 0} \frac{[t_a(z_a) - t_a(v_a)]v_a}{t_a(z_a)z_a} \tag{2.57}$$

不失一般性，这里假定 0/0 = 0 成立。当 $0 \leqslant v_a \leqslant z_a$ 时有 $[t_a(z_a)-t_a(v_a)]v_a \leqslant t_a(z_a)v_a \leqslant t_a(z_a)z_a$；当 $v_a > z_a$ 时有 $[t_a(z_a)-t_a(v_a)]v_a \leqslant 0$，故 $\gamma_a(t_a,z_a) \leqslant 1$。因此，$\gamma_a(t_a,z_a)$ 肯定存在上界。给定一个路段出行时间成本函数类 C，定义

$$\gamma(C) = \max_{t_a \in C, z_a \geqslant 0} \gamma_a(t_a, z_a) \tag{2.58}$$

则有如下引理。

引理 2.6　给定一个可分离路段出行时间成本函数类 C，其中路段出行时间成本函数 $t_a(v_a)$ 是路段流量 v_a 的连续可微单调递增凸函数，$\bar{\boldsymbol{v}}$ 为 UE 时的路段流量向量，$\tilde{\boldsymbol{v}}$ 是 SO 时的路段流量向量，则固定需求下 UE 相对 SO 的效率损失存在一个上界，即

$$\rho_{fx}^{\text{UE}} = \frac{T_{\text{UE}}(\bar{\boldsymbol{v}})}{T_{\text{SO}}(\tilde{\boldsymbol{v}})} \leqslant \frac{1}{1-\gamma(C)} \tag{2.59}$$

证：用 $\tilde{\boldsymbol{v}}$ 代替式（2.14）中的 $\boldsymbol{v}$，则有

$$T_{\text{UE}}(\bar{\boldsymbol{v}}) = \boldsymbol{t}(\bar{\boldsymbol{v}})^{\text{T}} \cdot \bar{\boldsymbol{v}} \leqslant \boldsymbol{t}(\bar{\boldsymbol{v}})^{\text{T}} \cdot \tilde{\boldsymbol{v}} = [\boldsymbol{t}(\bar{\boldsymbol{v}})^{\text{T}} - \boldsymbol{t}(\tilde{\boldsymbol{v}})^{\text{T}}] \cdot \tilde{\boldsymbol{v}} + \boldsymbol{t}(\tilde{\boldsymbol{v}})^{\text{T}} \cdot \tilde{\boldsymbol{v}} \tag{2.60}$$

在式（2.57）和式（2.58）中，分别用 $\bar{v}_a$ 代替 z_a，用 $\tilde{v}_a$ 代替 v_a，则式（2.60）为

$$T_{\text{UE}}(\bar{\boldsymbol{v}}) = \boldsymbol{t}(\bar{\boldsymbol{v}})^{\text{T}} \cdot \bar{\boldsymbol{v}} \leqslant \boldsymbol{t}(\bar{\boldsymbol{v}})^{\text{T}} \cdot \tilde{\boldsymbol{v}} = [\boldsymbol{t}(\bar{\boldsymbol{v}})^{\text{T}} - \boldsymbol{t}(\tilde{\boldsymbol{v}})^{\text{T}}] \cdot \tilde{\boldsymbol{v}} + \boldsymbol{t}(\tilde{\boldsymbol{v}})^{\text{T}} \cdot \tilde{\boldsymbol{v}} \leqslant \gamma(C) T_{\text{UE}}(\bar{\boldsymbol{v}}) + T_{\text{SO}}(\tilde{\boldsymbol{v}}) \tag{2.61}$$

即式（2.59）成立。

当路段出行时间成本函数为多项式出行时间成本函数时，即

$$t_a(v_a) = t_{a0} + \alpha_a (v_a)^p \tag{2.62}$$

式中，$t_{a0} \geqslant 0$ 表示自由流出行时间成本，是一个常数，$\alpha_a > 0$ 是特定的路段非负参数，$p > 0$ 是整数。将式（2.62）代入式（2.57）可得

$$\gamma_a(t_a, z_a) = \max_{v_a \geqslant 0} \frac{\alpha_a[(z_a)^p - (v_a)^p]v_a}{t_a(z_a)z_a} \tag{2.63}$$

易得，最优化问题式（2.63）的最优解为

$$v_a^{\text{opt}} = \left(\frac{1}{1+p}\right)^{1/p} z_a,\ \gamma_a(t_a, z_a) = \alpha_a \left(\frac{p}{1+p}\right)\left(\frac{1}{1+p}\right)^{1/p} \frac{(z_a)^p}{t_a(z_a)} \tag{2.64}$$

因此，可得

$$\begin{aligned}
\gamma(C) &= \max_{t_a \in C, z_a \geqslant 0} \gamma_a(t_a, z_a) = \max_{t_a \in C, z_a \geqslant 0} \alpha_a \left(\frac{p}{p+1}\right)\left(\frac{1}{p+1}\right)^{1/p} \frac{(z_a)^p}{t_a(z_a)} \\
&= \max_{t_a \in C, z_a \geqslant 0} \alpha_a \left(\frac{p}{1+p}\right)\left(\frac{1}{1+p}\right)^{1/p} \frac{(z_a)^p}{t_{a0} + \alpha_a (z_a)^p} \\
&\leqslant \left(\frac{p}{1+p}\right)\left(\frac{1}{1+p}\right)^{1/p}
\end{aligned} \tag{2.65}$$

最后一个不等式成立的原因是因为对任意的路段 $a \in A$，都有 $t_{a0} \geqslant 0$。

由式（2.59）、式（2.63）和式（2.65）可得在多项式路段出行时间成本函数下，固定需求下 UE 的效率损失为

$$\rho_{fx}^{\mathrm{UE}}=\frac{T_{\mathrm{UE}}(\overline{\boldsymbol{v}})}{T_{\mathrm{SO}}(\tilde{\boldsymbol{v}})}\leqslant\frac{1}{1-\gamma(C)}\leqslant\left[1-\left(\frac{p}{1+p}\right)\left(\frac{1}{1+p}\right)^{1/p}\right]^{-1} \tag{2.66}$$

显然，当 $p=1$ 时，即路段出行时间成本函数为仿射函数时，可得到如引理 2.5 一样的结论，即 $\rho_{fx}^{\mathrm{UE}}\leqslant 4/3$。

引理 2.6 中的效率损失上界是 UE 交通分配问题中最坏情形时的效率损失上界，实际上的效率损失上界比它还要小。因为在交通网络中，自由流出行时间成本并不是一个可以忽略的因素。考虑到这点，我们引进一个类似 Correa 等（2005）中的参数来改进均衡的效率损失。

引理 2.7 对任意可分离连续可微单调递增凸函数类 C，若对任意的路段 $a\in A$，存在正常数 $0\leqslant\eta(\overline{\boldsymbol{v}})\leqslant 1$，使得 $t_{a0}=t_{a0}(0)\geqslant\eta(\overline{\boldsymbol{v}})t_a(\overline{v}_a)$ 成立，这里的 η 依赖于 UE 路段流量向量 $\overline{\boldsymbol{v}}$，设 $\tilde{\boldsymbol{v}}$ 是 SO 时的路段流量向量，则固定需求下 UE 交通分配的效率损失为

$$\rho_{fx}^{\mathrm{UE}}=\frac{T_{\mathrm{UE}}(\overline{\boldsymbol{v}})}{T_{\mathrm{SO}}(\tilde{\boldsymbol{v}})}\leqslant\frac{1}{1-[1-\eta(\overline{\boldsymbol{v}})]\gamma(C)} \tag{2.67}$$

$\gamma(C)$ 由式（2.63）和式（2.65）定义。

在弹性需求交通网络中，通常用社会总剩余作为衡量系统性能的指标，即用式（2.16）表示弹性需求下的系统效率。设 $(\overline{\boldsymbol{v}},\overline{\boldsymbol{q}})$ 是弹性需求下 UE 问题式（2.21）的解，$(\tilde{\boldsymbol{v}},\tilde{\boldsymbol{q}})$ 是弹性需求下 SO 问题式（2.49）的解，则可得弹性需求下 UE 和 SO 对应的系统社会总剩余分别为

$$S_{\mathrm{UE}}(\overline{\boldsymbol{v}},\overline{\boldsymbol{q}})=\sum_{w\in W}\int_0^{\overline{q}_w}B_w(\omega)\mathrm{d}\omega-\sum_{a\in A}t_a(\overline{v}_a)\overline{v}_a \tag{2.68}$$

$$S_{\mathrm{SO}}(\tilde{\boldsymbol{v}},\tilde{\boldsymbol{q}})=\sum_{w\in W}\int_0^{\tilde{q}_w}B_w(\omega)\mathrm{d}\omega-\sum_{a\in A}t_a(\tilde{v}_a)\tilde{v}_a$$

定义弹性需求下 UE 的效率损失为

$$\rho_{ec}^{\mathrm{UE}}=\frac{S_{\mathrm{SO}}(\tilde{\boldsymbol{v}},\tilde{\boldsymbol{q}})}{S_{\mathrm{UE}}(\overline{\boldsymbol{v}},\overline{\boldsymbol{q}})} \tag{2.69}$$

显然 $\rho_{ec}^{\mathrm{UE}}\geqslant 1$，$\rho_{ec}^{\mathrm{UE}}$ 越大，效率损失越大，反之越小。由于边际收费可以实现 UE 向 SO 的转化或者说收费机制可以完全消除 UE 造成的效率损失，因此 ρ_{ec}^{UE} 也可看成边际收费机制得到的效率。目的就是通过确定 ρ_{ec}^{UE} 的最大值来讨论 UE 行为的效率损失上界，如果能够得到更小的 ρ_{ec}^{UE} 极大值，则说明找到了更精确的效率损失上界，也就进一步支持了 UE 的合理性。

先用一个简单例子说明弹性需求下的效率损失和固定需求下效率损失的差异。假设在只有一个 OD 对和一条路段的网络中，其路段出行时间成本函数为 $t(v)=av+b, a\geqslant 0$，逆需求函数为 $B(q)=mq+n, m<0$。则 UE 解和对应的社会总剩余分别为

$$\overline{v}=\overline{q}=\frac{n-b}{a-m}, S_{\mathrm{UE}}(\overline{\boldsymbol{v}},\overline{\boldsymbol{q}})=-\frac{m(n-b)^2}{2(a-m)^2} \tag{2.70}$$

SO 解和对应的社会总剩余分别为

$$\tilde{v}=\tilde{q}=\frac{n-b}{2a-m},\quad S_{\mathrm{so}}(\tilde{\boldsymbol{v}},\tilde{\boldsymbol{q}})=\frac{(n-b)^2}{2(2a-m)} \tag{2.71}$$

因此，有

$$\rho_{ec}^{\mathrm{UE}}=\frac{S_{\mathrm{SO}}(\tilde{\boldsymbol{v}},\tilde{\boldsymbol{q}})}{S_{\mathrm{UE}}(\bar{\boldsymbol{v}},\bar{\boldsymbol{q}})}=\frac{(m-a)^2}{m(m-2a)}=\left[1-\left(\frac{a}{m-a}\right)^2\right]^{-1} \tag{2.72}$$

由引理 2.5 可知，在固定需求交通网络中，当出行时间成本函数为仿射函数时，效率损失的上界为 4/3；但在弹性需求交通网络中，即使出行时间成本函数为仿射函数，效率损失也不存在着和 m 无关的确定上界，且易知当 $m\to 0$ 时，$\rho_{ec}^{\mathrm{UE}}\to+\infty$。为界定一般情形下用弹性需求交通网络的效率损失上界，先给出如下引理（Chau and Sim，2003）：

引理 2.8 如果逆需求函数 $B_w(q_w)$ 是关于 $q_w\geqslant 0$ 的非增函数，则

$$\sum_{w\in W}\int_0^{q_w}B_w(\omega)\mathrm{d}\omega\leqslant\sum_{w\in W}\int_0^{\bar{q}_w}B_w(\omega)\mathrm{d}\omega+\sum_{w\in W}B_w(\bar{q}_w)(q_w-\bar{q}_w) \tag{2.73}$$

证：因为 $B_w(q_w)$ 是 q_w 的非增函数，因此有

$$(q_w-\bar{q}_w)B_w(\bar{q}_w)\geqslant\int_{\bar{q}_w}^{q_w}B_w(\omega)\mathrm{d}\omega,w\in W \tag{2.74}$$

即

$$\int_0^{q_w}B_w(\omega)\mathrm{d}\omega\leqslant\int_0^{\bar{q}_w}B_w(\omega)\mathrm{d}\omega+(q_w-\bar{q}_w)B_w(\bar{q}_w),w\in W \tag{2.75}$$

对所有的 $w\in W$ 求和，则可得式（2.73）成立。

引理 2.9 给定一个可分离路段出行时间成本函数类 C，其中路段出行时间成本函数 $t_a(v_a)$ 是路段总流量 v_a 的连续可微单调递增凸函数，逆需求函数 $B_w(q_w)$ 是出行需求 q_w 的非增函数。设 $S_{\mathrm{UE}}(\bar{\boldsymbol{v}},\bar{\boldsymbol{q}})$ 和 $S_{\mathrm{SO}}(\tilde{\boldsymbol{v}},\tilde{\boldsymbol{q}})$ 分别是弹性需求下 UE 时的社会总剩余和系统最大社会总剩余，则弹性需求下 UE 的效率损失存在上界，即

$$\rho_{ec}^{\mathrm{UE}}=\frac{S_{\mathrm{SO}}(\tilde{\boldsymbol{v}},\tilde{\boldsymbol{q}})}{S_{\mathrm{UE}}(\bar{\boldsymbol{v}},\bar{\boldsymbol{q}})}\leqslant 1+[\omega_{\mathrm{UE}}(\bar{\boldsymbol{v}},\bar{\boldsymbol{q}})-1]\gamma(C) \tag{2.76}$$

这里，$\gamma(C)$ 的定义参见式（2.65），$\omega_{\mathrm{UE}}(\bar{\boldsymbol{v}},\bar{\boldsymbol{q}})$ 为 UE 时的社会总收益和社会总剩余之比，即

$$\omega_{\mathrm{UE}}(\bar{\boldsymbol{v}},\bar{\boldsymbol{q}})=\frac{U_{\mathrm{UE}}(\bar{\boldsymbol{v}},\bar{\boldsymbol{q}})}{S_{\mathrm{UE}}(\bar{\boldsymbol{v}},\bar{\boldsymbol{q}})}=\frac{\sum_{w\in W}\int_0^{\bar{q}_w}B_w(\omega)\mathrm{d}\omega}{\sum_{w\in W}\int_0^{\bar{q}_w}B_w(\omega)\mathrm{d}\omega-\sum_{a\in A}t_a(\bar{v}_a)\bar{v}_a}>1 \tag{2.77}$$

证：由于 $(\bar{\boldsymbol{v}},\bar{\boldsymbol{q}})$ 是 VI 问题式（2.21）的解，则

$$\sum_{a\in A}t_a(\bar{\boldsymbol{v}})(v_a-\bar{v}_a)-\sum_{w\in W}B_w(\bar{\boldsymbol{q}})(q_w-\bar{q}_w)\geqslant 0,\forall(\boldsymbol{v},\boldsymbol{q})\in\Omega_v^{ec} \tag{2.78}$$

结合上式和式（2.73），并进行变形后，可得

$$\begin{aligned}\sum_{w\in W}\int_0^{\bar{q}_w}B_w(\omega)\mathrm{d}\omega-\sum_{a\in A}t_a(\bar{v}_a)\bar{v}_a-\left[\sum_{w\in W}\int_0^{q_w}B_w(\omega)\mathrm{d}\omega-\sum_{a\in A}t_a(v_a)v_a\right]\\+\sum_{a\in A}[t_a(\bar{v}_a)-t_a(v_a)]v_a\geqslant 0\end{aligned} \tag{2.79}$$

即

$$S_{\mathrm{UE}}(\bar{\boldsymbol{v}},\bar{\boldsymbol{q}})-S(\boldsymbol{v},\boldsymbol{q})+\gamma(C)T_{\mathrm{UE}}(\bar{\boldsymbol{v}})\geqslant 0 \tag{2.80}$$

在式（2.80）中，令$(\boldsymbol{v},\boldsymbol{q})=(\tilde{\boldsymbol{v}},\tilde{\boldsymbol{q}})$，根据式（2.69）可得$\rho_{ec}^{\mathrm{UE}}\leqslant 1+\gamma(C)\dfrac{T_{\mathrm{UE}}(\bar{\boldsymbol{v}})}{S_{\mathrm{UE}}(\bar{\boldsymbol{v}},\bar{\boldsymbol{q}})}$。又因为$T_{\mathrm{UE}}(\bar{\boldsymbol{v}})=U_{\mathrm{UE}}(\bar{\boldsymbol{v}},\bar{\boldsymbol{q}})-S_{\mathrm{UE}}(\bar{\boldsymbol{v}},\bar{\boldsymbol{q}})$成立，所以可得式（2.76）成立。

2.3.2 随机用户均衡的效率损失

随机交通网络中衡量系统性能的指标可以用系统总实际出行时间成本和系统总理解出行时间成本来衡量。因此，SUE 的效率损失有两类，一是 SUE 相对 SO 的效率损失，二是 SUE 相对 SSO 的效率损失。设路径流量向量$\bar{\boldsymbol{f}}\in\Omega_f$是 SUE 交通分配问题式（2.31）的解，对应的路段流量向量为$\bar{\boldsymbol{v}}\in\Omega_v$，$\tilde{\boldsymbol{v}}$是 SO 问题式（2.42）对应的路段流量向量，则对应的系统总出行时间成本分别为$T_{\mathrm{SUE}}(\bar{\boldsymbol{v}})=\sum\limits_{a\in A}\bar{v}_a t_a(\bar{v}_a)$和$T_{\mathrm{SO}}(\tilde{\boldsymbol{v}})=\sum\limits_{a\in A}\tilde{v}_a t_a(\tilde{v}_a)$。定义

$$\rho_{fx}^{\mathrm{SUE}}=\frac{T_{\mathrm{SUE}}(\bar{\boldsymbol{v}})}{T_{\mathrm{SO}}(\tilde{\boldsymbol{v}})} \tag{2.81}$$

在界定 SUE 相对 SO 的效率损失之前，先给出如下的引理（Guo and Yang，2005）。

引理 2.10 考虑下面最大值问题

$$\max Z(\boldsymbol{x},\boldsymbol{y})=\sum_{i=1}^{n}(y_i-x_i)\ln x_i \tag{2.82}$$

约束条件为

$$\sum_{i=1}^{n}x_i=d,\sum_{i=1}^{n}y_i=d,x_i,y_i\geqslant 0,i=1,2,\cdots,n \tag{2.83}$$

式中，$d>0$为常数。这个优化问题的最优目标函数值为$Z_{\max}=kd$，其中k通过求解方程$k\mathrm{e}^k=(n-1)/\mathrm{e}$得到，e为自然对数的底数。或者说，如果令$g(x)=x\mathrm{e}^x$，那么可得$k=g^{-1}[(n-1)/\mathrm{e}]$。

则可得 SUE 相对 SO 的效率损失如下（Guo et al.，2010）。

引理 2.11 给定一个可分离路段出行时间成本函数类C，其中路段出行时间成本函数$t_a(v_a)$是路段总流量v_a的连续可微单调递增凸函数。则固定需求下 SUE 相对 SO 的效率损失存在一个上界，即

$$\rho_{fx}^{\mathrm{SUE}}=\frac{T_{\mathrm{SUE}}(\bar{\boldsymbol{v}})}{T_{\mathrm{SO}}(\tilde{\boldsymbol{v}})}\leqslant\left[\frac{1}{1-\gamma(C)}\right]\left(1+\frac{\bar{k}}{\theta\bar{c}}\right) \tag{2.84}$$

式中，$\bar{k}$、$\bar{c}$的定义如式（2.90）和式（2.91）。

证：设$\tilde{\boldsymbol{f}}\in\Omega_f$是 SO 问题式（2.42）对应的路径流量向量，代入式（2.31），可得如下 VI 问题：

$$\sum_{w\in W}\sum_{r\in R_w}\left\langle c_{rw}(\bar{f})+\frac{1}{\theta}\ln\bar{f}_{rw},\tilde{f}_{rw}-\bar{f}_{rw}\right\rangle\geqslant 0 \tag{2.85}$$

从而，

$$T_{\mathrm{SUE}}(\bar{\boldsymbol{v}}) \leqslant T_{\mathrm{SO}}(\tilde{\boldsymbol{v}}) + \sum_{a\in A}[t_a(\bar{v}_a) - t_a(\tilde{v}_a)]\tilde{v}_a + \frac{1}{\theta}\sum_{w\in W}\sum_{r\in R_w}\ln \bar{f}_{rw}(\tilde{f}_{rw} - \bar{f}_{rw}) \tag{2.86}$$

由式（2.57）和式（2.58），可知

$$\sum_{a\in A}[t_a(\bar{v}_a) - t_a(\tilde{v}_a)]\bar{v}_a \leqslant \gamma(C)T_{\mathrm{SUE}}(\bar{\boldsymbol{v}}) \tag{2.87}$$

由引理 2.10，可知

$$\sum_{r\in R_w}\ln \bar{f}_{rw}(\tilde{f}_{rw} - \bar{f}_{rw}) \leqslant k_w d_w \tag{2.88}$$

k_w 是方程 $k_w \mathrm{e}^{k_w+1} = (|R_w|-1)$ 的解，$|R_w|$ 是 OD 对 $w\in W$ 的可行路径数目。将式（2.87）和式（2.88）代入式（2.86），则有

$$T_{\mathrm{SUE}}(\bar{\boldsymbol{v}}) \leqslant T_{\mathrm{SO}}(\tilde{\boldsymbol{v}}) + \gamma(C)T_{\mathrm{SUE}}(\bar{\boldsymbol{v}}) + \frac{1}{\theta}\bar{k}D \tag{2.89}$$

这里，$D = \sum_{w\in W} d_w$ 表示路网中的总出行需求，

$$\bar{k} = \sum_{w\in W}\left(\frac{d_w}{D}\right)k_w \tag{2.90}$$

进一步定义

$$\bar{c} = \frac{T_{\mathrm{SO}}(\tilde{\boldsymbol{v}})}{D} \tag{2.91}$$

为 SO 状态下路网中所有出行者的平均出行时间成本。将式（2.90）和式（2.91）代入式（2.89），即可得式（2.84）成立。

引理 2.11 表明，固定需求下 SUE 相对 SO 的效率损失上界依赖于 $\gamma(C)$、θ、$\bar{k}$、$\bar{c}$ 四个参数。同时，满足下面关系。

（1）效率损失上界是参数 $\gamma(C)$ 的增函数，$\gamma(C)$ 是只与路段出行时间成本函数类 C 有关的无量纲参数。

（2）效率损失上界是 θ 的减函数，θ 是表示出行者对路网熟悉程度的正参数，它与随机项的标准差相关。当 $\theta\to+\infty$，SUE 交通分配模型就变成了确定性交通分配模型，此时，$\rho_{fx}^{\mathrm{SUE}} = \rho_{fx}^{\mathrm{UE}} \leqslant [1-\gamma(C)]^{-1}$。

（3）效率损失上界是 $\bar{k}$ 的增函数，$\bar{k}$ 是网络复杂程度的非负参数，它是随着可行路径数目增加而增加的无量纲系数。当路网中所有 OD 对都只有一条出行路径，或者说出行者对出行时间成本的理解偏差不影响其出行路径选择时，则可知对任意的 $w\in W$，有 $k_w = 0$，进而 $\bar{k} = 0$，此时有 $\rho_{fx}^{\mathrm{SUE}} \leqslant [1-\gamma(C)]^{-1}$。

（4）效率损失上界是 $\bar{c}$ 的减函数，$\bar{c} = \dfrac{T_{\mathrm{SO}}(\tilde{\boldsymbol{v}})}{D}$ 为 SO 下所有出行者的平均出行时间成本，这隐含了效率损失上界是总交通需求的增函数。

令 $\bar{\boldsymbol{v}}\in\Omega_v, \bar{\boldsymbol{f}}\in\Omega_f$ 是 SUE 交通分配式（2.31）的路段、路径流量向量，则在此均衡状

态下系统的总实际出行时间成本为$T_{\text{SUE}}(\bar{\boldsymbol{v}})=\sum_{a\in A}\bar{v}_a t_a(\bar{v}_a)$，总理解出行时间成本为

$$F_{\text{SUE}}=\sum_{a\in A}t_a(\bar{v}_a)\bar{v}_a+\frac{1}{\theta}\sum_{w\in W}\sum_{r\in R_w}\bar{f}_{rw}\ln\bar{f}_{rw}-\frac{1}{\theta}\sum_{w\in W}d_w\ln d_w \tag{2.92}$$

令$\hat{\boldsymbol{v}}\in\Omega_v,\hat{\boldsymbol{f}}\in\Omega_f$是 SSO 问题式（2.52）的路段、路径流量向量，则 SSO 下系统的总理解出行时间成本为$F_{\text{SSO}}=\sum_{a\in A}t_a(\hat{v}_a)\hat{v}_a+\frac{1}{\theta}\sum_{w\in W}\sum_{r\in R_w}\hat{f}_{rw}\ln\hat{f}_{rw}-\frac{1}{\theta}\sum_{w\in W}d_w\ln d_w$。由定义可知$F_{\text{SUE}}\geqslant F_{\text{SSO}}$，但是我们无法保证最小理解出行时间成本为正，因而不能用 SUE 时的总理解出行时间成本与 SSO 时的总理解出行时间成本之比来度量系统的效率损失，但由于$F_{\text{SUE}}-F_{\text{SSO}}\geqslant 0$，其含义为SUE和SSO时两者的总理解出行时间成本之差。$-F_{\text{SSO}}$、$-F_{\text{SUE}}$又可分别表示为网络的最大经济福利和 SUE 时的网络经济福利（Yang，1999），两者之差即为$F_{\text{SUE}}-F_{\text{SSO}}$，即可表示为由出行者利己行为导致的网络经济福利的损失。因此，用$F_{\text{SUE}}-F_{\text{SSO}}$表示 SUE 相对 SSO 的效率损失。则有引理 2.12（Guo et al.，2010）。

引理 2.12　给定一个可分离路段出行时间成本函数类C，其中路段出行时间成本函数$t_a(v_a)$是路段总流量v_a的连续可微单调递增凸函数，则固定需求下 SUE 相对 SSO 的效率损失存在一个上界，即

$$F_{\text{SUE}}-F_{\text{SSO}}\leqslant\gamma(C)T_{\text{SUE}}(\bar{\boldsymbol{v}}) \tag{2.93}$$

2.3.3　收费机制下用户均衡的效率损失

收费机制是三种降低 UE 效率损失的方法之一。Karakostas 和 Kolliopoulos（2004）发现在路段出行时间成本函数为仿射函数时，收费机制下的效率损失上界为 5/4，而不是 4/3，二者的差值体现了收费机制的优越性。Cole 等（2003）通过对单 OD 对任意网络的收费机制研究发现，在网络中存在无限多个出行者时，采用他们提出的收费机制可以实现从 UE 到 SO 的转化。同样，对有限多类的异质出行者，也可以通过有效的收费机制实现从 UE 到 SO 的转化。

下面，我们首先给出收费机制下固定需求交通均衡分配的效率损失。同前所述，用系统总出行时间成本作为度量系统性能的指标。设路段收费机制为$\boldsymbol{\tau}=(\tau_a:a\in A)\geqslant 0$，其中$\tau_a$表示路段$a\in A$上收费的等价出行时间成本。$\bar{\boldsymbol{v}}(\boldsymbol{\tau})$表示收费机制$\boldsymbol{\tau}$下出行者遵循 UE 原则时的路段流量向量，$T_{\text{UE}}(\bar{\boldsymbol{v}}(\boldsymbol{\tau}))$表示收费机制$\boldsymbol{\tau}$下系统的总出行时间成本。$\tilde{\boldsymbol{v}}$是 SO 问题式（2.42）对应的路段流量向量，则此时系统的最小总出行时间成本为$T_{\text{SO}}(\tilde{\boldsymbol{v}})=\sum_{a\in A}\tilde{v}_a t_a(\tilde{v}_a)$。

定义

$$\rho_{fx}^{\text{UE},\boldsymbol{\tau}}=\frac{T_{\text{UE}}(\bar{\boldsymbol{v}}(\boldsymbol{\tau}))}{T_{\text{SO}}(\tilde{\boldsymbol{v}})} \tag{2.94}$$

为收费机制$\boldsymbol{\tau}$下固定需求 UE 的效率损失。显然$\rho_{fx}^{\text{UE},\boldsymbol{\tau}}\geqslant 1$，$\rho_{fx}^{\text{UE},\boldsymbol{\tau}}$越大，效率损失越大，反之越小。当收费机制为边际收费时，可以实现 UE 向 SO 的转化或者说收费机制可以完

全消除 UE 造成的效率损失。当 $\boldsymbol{\tau}=0$ 时，式（2.94）即为式（2.54）。

当路段收费机制为 $\boldsymbol{\tau}=(\tau_a:a\in A)\geqslant 0$ 时，路段出行时间成本变为 $t_a(v_a)+\tau_a$，UE 交通分配对应的 VI 问题式（2.14）变为

$$(\boldsymbol{t}(\bar{\boldsymbol{v}})+\boldsymbol{\tau})^{\mathrm{T}}\cdot(\boldsymbol{v}-\bar{\boldsymbol{v}})\geqslant 0,\ \forall \boldsymbol{v}\in\Omega_v \tag{2.95}$$

式中，$\bar{\boldsymbol{v}}=\bar{\boldsymbol{v}}(\boldsymbol{\tau})$ 表示收费机制 $\boldsymbol{\tau}$ 下出行者遵循 UE 原则时的路段流量向量，后面章节中涉及收费机制时都是同样意义。由式（2.95）可得

$$T_{\mathrm{UE}}(\bar{\boldsymbol{v}})\leqslant\sum_{a\in A}t_a(v_a)v_a+\sum_{a\in A}[t_a(\bar{v}_a)-t_a(v_a)]v_a+\sum_{a\in A}(v_a-\bar{v}_a)\tau_a \tag{2.96}$$

对任意的路段出行时间成本函数 $t_a=t_a(v_a)$ 和非负路段流量 $\bar{v}_a\geqslant 0$，定义如下的参数。

（1）如果 $0\leqslant\tau_a\leqslant\bar{v}_a t_a'(\bar{v}_a)$，定义

$$\gamma_a(t_a,\bar{v}_a,\tau_a)=\max_{v_a\geqslant 0}\frac{[t_a(\bar{v}_a)-t_a(v_a)]v_a+(v_a-\bar{v}_a)\tau_a}{t_a(\bar{v}_a)\bar{v}_a} \tag{2.97a}$$

（2）如果 $\tau_a>\bar{v}_a t_a'(\bar{v}_a)$，定义

$$\gamma_a(t_a,\bar{v}_a,\tau_a)=\max_{v_a\geqslant 0}\frac{[t_a(\bar{v}_a)-t_a(v_a)]v_a+(v_a-\bar{v}_a)\tau_a}{t_a(v_a)v_a} \tag{2.97b}$$

可以证明，式（2.97a）和式（2.97b）都存在着最大值（Yang et al.，2010）。对于给定的路段出行时间成本函数类 C 和收费机制 $\boldsymbol{\tau}$，设 UE 原则下路段流量向量为 $\bar{\boldsymbol{v}}=\bar{\boldsymbol{v}}(\boldsymbol{\tau})$，令

$$\gamma(C,\boldsymbol{\tau})=\max_{t_a\in C,a\in A}\gamma_a(t_a,\bar{v}_a,\tau_a) \tag{2.98}$$

则有引理 2.13。

引理 2.13 给定一个可分离路段出行时间成本函数类 C，其中路段出行时间成本函数 $t_a(v_a)$ 是路段总流量 v_a 的连续可微单调递增凸函数，$\bar{\boldsymbol{v}}$ 是路段收费机制 $\boldsymbol{\tau}$ 下 UE 时的路段流量向量，$\tilde{\boldsymbol{v}}$ 是 SO 时的路段流量向量。则

（1）当 $0\leqslant\tau_a\leqslant\bar{v}_a t_a'(\bar{v}_a)$ 时，有

$$\rho_{fx}^{\mathrm{UE},\boldsymbol{\tau}}\leqslant\frac{1}{1-\gamma(C,\boldsymbol{\tau})} \tag{2.99a}$$

（2）当 $\tau_a>\bar{v}_a t_a'(\bar{v}_a)$ 时，有

$$\rho_{fx}^{\mathrm{UE},\boldsymbol{\tau}}\leqslant 1+\gamma(C,\boldsymbol{\tau}) \tag{2.99b}$$

当对所有路段实施边际成本收费时，即对任意的 $a\in A$，都有路段收费 $\tau_a=\bar{v}_a t_a'(\bar{v}_a)$，则由式（2.97a）或式（2.97b）可知，此时对应的最优解 $v_a^*=\bar{v}_a$。从而可得 $\gamma_a(t_a,\bar{v}_a,\tau_a)=0$。故，$\gamma(C,\boldsymbol{\tau})=0,\rho_{fx}^{\mathrm{UE},\boldsymbol{\tau}}=1$。也就是说在边际成本收费机制下，系统是不存在着效率损失。

值得注意的是，式（2.99a）和式（2.99b）是假设交通网络中的所有路段在收费机制 $\boldsymbol{\tau}$ 下的收费都不大于或不小于路段外部性，这在现实中明显是不可行的。令 A_1 和 A_2 分别表示路段收费不大于或不小于该路段外部性的所有路段构成的集合，即

$$A_1=\{a\,|\,0\leqslant\tau_a\leqslant\bar{v}_a t_a'(\bar{v}_a),a\in A\} \tag{2.100a}$$

$$A_2=\{a \mid \tau_a>\bar{v}_a t_a'(\bar{v}_a), a\in A\} \tag{2.100b}$$

若 $\tau_a=\bar{v}_a t_a'(\bar{v}_a)$，则路段 a 可归结于集合 A_1 或 A_2 中的任一个。根据分类，定义

（1）若 $0\leqslant\tau_a\leqslant\bar{v}_a t_a'(\bar{v}_a), a\in A_1$，则 $\gamma_1(C,\boldsymbol{\tau})=\max\limits_{t_a\in C, a\in A_1}\gamma_a(t_a,\bar{v}_a,\tau_a)$ （2.101a）

（2）若 $\tau_a>\bar{v}_a t_a'(\bar{v}_a), a\in A_2$，则 $\gamma_2(C,\boldsymbol{\tau})=\max\limits_{t_a\in C, a\in A_2}\gamma_a(t_a,\bar{v}_a,\tau_a)$ （2.101b）

式（2.101a）中的 $\gamma_a(t_a,\bar{v}_a,\tau_a)$ 由式（2.97a）和式（2.100a）确定，式（2.101b）中的 $\gamma_a(t_a,\bar{v}_a,\tau_a)$ 由式（2.97b）和式（2.100b）确定。这样，由式（2.96）可得

$$\begin{aligned}T_{\mathrm{UE}}(\bar{\boldsymbol{v}})&\leqslant\sum_{a\in A}t_a(v_a)v_a+\gamma_1(C,\boldsymbol{\tau})\sum_{a\in A_1}t_a(\bar{v}_a)\bar{v}_a+\gamma_2(C,\boldsymbol{\tau})\sum_{a\in A_2}t_a(v_a)v_a\\&\leqslant\sum_{a\in A}t_a(v_a)v_a+\gamma_1(C,\boldsymbol{\tau})T_{\mathrm{UE}}(\bar{\boldsymbol{v}})+\gamma_2(C,\boldsymbol{\tau})\sum_{a\in A_2}t_a(v_a)v_a\end{aligned} \tag{2.102}$$

在式（2.102）中令 $v_a=\tilde{v}_a$，则有 $T_{\mathrm{UE}}(\bar{\boldsymbol{v}})\leqslant\dfrac{1+\gamma_2(C,\boldsymbol{\tau})}{1-\gamma_1(C,\boldsymbol{\tau})}T(\tilde{\boldsymbol{v}})$。

由此可得如下引理（Yang et al.，2010）。

引理 2.14 给定一个可分离路段出行时间成本函数类 C，其中路段出行时间成本函数 $t_a(v_a)$ 是路段总流量 v_a 的连续可微单调递增凸函数，$\bar{\boldsymbol{v}}$ 是路段收费机制 $\boldsymbol{\tau}$ 下 UE 时的路段流量向量，$\tilde{\boldsymbol{v}}$ 是 SO 时的路段流量向量。则

$$\rho_{fx}^{\mathrm{UE},\boldsymbol{\tau}}\leqslant\frac{1+\gamma_2(C,\boldsymbol{\tau})}{1-\gamma_1(C,\boldsymbol{\tau})} \tag{2.103}$$

当路段出行时间成本函数为式（2.62）所示的多项式出行时间成本函数，令 $\tau_a=\kappa_a[\bar{v}_a t_a'(\bar{v}_a)]=\kappa_a\alpha_a p(\bar{v}_a)^p, \kappa_a>0$。显然，可得：

（1）当 $0\leqslant\kappa_a\leqslant1, a\in A_1$

$$\gamma_1(C,\boldsymbol{\tau})=\max_{t_a\in C, a\in A_1}\gamma_a(t_a,\bar{v}_a,\tau_a)\leqslant\max_{a\in A_1}\frac{(1+\kappa_a p)p}{1+p}\left[\frac{1+\kappa_a p}{1+p}\right]^{1/p}-\kappa_a p \tag{2.104a}$$

（2）当 $\kappa_a>1, a\in A_2$

$$\gamma_2(C,\boldsymbol{\tau})=\max_{t_a\in C, a\in A_2}\gamma_a(t_a,\bar{v}_a,\tau_a)\leqslant\max_{a\in A_2}\kappa_a\left[\left(\frac{p}{1+p}\right)\left(\frac{1+\kappa_a p}{\kappa_a p}\right)\right]^{p+1}-1 \tag{2.104b}$$

进一步，对任意的路段 $a\in A$，假设 $\kappa_a=\kappa$，则有

$$\gamma(C,\boldsymbol{\tau})=\begin{cases}\dfrac{(1+\kappa p)p}{1+p}\left(\dfrac{1+\kappa p}{1+p}\right)^{1/p}-\kappa p, 若 0\leqslant\kappa\leqslant1\\ \kappa\left[\left(\dfrac{p}{1+p}\right)\left(\dfrac{1+\kappa p}{\kappa p}\right)\right]^{p+1}-1, 若 \kappa>1\end{cases} \tag{2.105}$$

显然，如果 $\kappa=0(\boldsymbol{\tau}=0)$，有 $\gamma(C,\boldsymbol{\tau}=0)=p(1+p)^{-(p+1)/p}$，即式（2.65）。如果对任意的路段 $a\in A$，都有 $\kappa_a\equiv\kappa\equiv1$，或者说对交通网络中的所有路段都实施边际成本收费机制，则有 $\gamma(C,\boldsymbol{\tau})=0$，即在边际成本收费机制下，可实现 UE 下的流量就是 SO 下的流量，此时不存在着效率损失。

在收费机制下弹性需求交通均衡分配的效率损失研究中，仍然用交通网络系统中的社会总剩余来作为衡量系统性能的指标，即式（2.16）。弹性需求下 UE 交通分配对应的 VI 问题式（2.21）改写成为寻找 $(\bar{\boldsymbol{v}},\bar{\boldsymbol{q}})\in\Omega_v^{ec}$，使得任意的 $(\boldsymbol{v},\boldsymbol{q})\in\Omega_v^{ec}$，都满足

$$(\boldsymbol{t}(\bar{\boldsymbol{v}})+\boldsymbol{\tau})^{\mathrm{T}}(\boldsymbol{v}-\bar{\boldsymbol{v}})-\boldsymbol{B}(\bar{\boldsymbol{q}})^{\mathrm{T}}(\boldsymbol{q}-\bar{\boldsymbol{q}})\geqslant 0 \tag{2.106}$$

设 $(\bar{\boldsymbol{v}},\bar{\boldsymbol{q}})$ 是收费机制 $\boldsymbol{\tau}$ 下弹性需求 UE 交通分配式（2.106）的解，$(\tilde{\boldsymbol{v}},\tilde{\boldsymbol{q}})$ 是弹性需求下 SO 交通分配式（2.49）的解，则 $S_{\mathrm{SO}}(\tilde{\boldsymbol{v}},\tilde{\boldsymbol{q}})=\sum_{w\in W}\int_0^{\tilde{q}_w}B(\omega)\mathrm{d}\omega-\sum_{a\in A}t_a(\tilde{v}_a)\tilde{v}_a$。定义收费机制 $\boldsymbol{\tau}$ 下弹性需求 UE 交通分配的效率损失为

$$\rho_{ec}^{\mathrm{UE},\boldsymbol{\tau}}=\frac{S_{\mathrm{SO}}(\tilde{\boldsymbol{v}},\tilde{\boldsymbol{q}})}{S_{\mathrm{UE}}(\bar{\boldsymbol{v}},\bar{\boldsymbol{q}})} \tag{2.107}$$

则有如下关于收费机制 $\boldsymbol{\tau}$ 下弹性需求 UE 交通分配的效率损失（Yang et al.，2010）：

引理 2.15　给定一个可分离路段出行时间成本函数类 C，其中路段出行时间成本函数 $t_a(v_a)$ 是路段总流量 v_a 的连续可微单调递增凸函数，逆需求函数 $B_w(q_w)$ 是出行需求 q_w 的非增函数。设 $(\bar{\boldsymbol{v}},\bar{\boldsymbol{q}})$ 是收费机制 $\boldsymbol{\tau}$ 下弹性需求 UE 交通分配的均衡解，$(\tilde{\boldsymbol{v}},\tilde{\boldsymbol{q}})$ 是弹性需求下 SO 时的最优解，则弹性需求下 UE 交通分配的效率损失存在上界。

（1）当 $0\leqslant\tau_a\leqslant\bar{v}_a t_a'(\bar{v}_a)$ 时，有

$$\rho_{ec}^{\mathrm{UE},\boldsymbol{\tau}}\leqslant 1+(\omega_1(\boldsymbol{\tau})-1)\gamma_1(C,\boldsymbol{\tau}) \tag{2.108a}$$

（2）当 $\tau_a>\bar{v}_a t_a'(\bar{v}_a)$ 时，有

$$\rho_{ec}^{\mathrm{UE},\boldsymbol{\tau}}\leqslant\frac{1+\omega_2(\boldsymbol{\tau})\gamma_2(C,\boldsymbol{\tau})}{1+\gamma_2(C,\boldsymbol{\tau})} \tag{2.108b}$$

这里

$$\omega_1(\boldsymbol{\tau})=\frac{U(\bar{\boldsymbol{v}},\bar{\boldsymbol{q}})}{S_{\mathrm{UE}}(\bar{\boldsymbol{v}},\bar{\boldsymbol{q}})},\text{若}\ \forall a\in A,0\leqslant\tau_a\leqslant\bar{v}_a t_a'(\bar{v}_a) \tag{2.109a}$$

$$\omega_2(\boldsymbol{\tau})=\frac{U(\tilde{\boldsymbol{v}},\tilde{\boldsymbol{q}})}{S_{\mathrm{UE}}(\bar{\boldsymbol{v}},\bar{\boldsymbol{q}})},\text{若}\forall a\in A,\tau_a>\bar{v}_a t_a'(\bar{v}_a) \tag{2.109b}$$

式中，$U(\bar{\boldsymbol{v}},\bar{\boldsymbol{q}})=U(\bar{\boldsymbol{v}}(\boldsymbol{\tau}),\bar{\boldsymbol{q}}(\boldsymbol{\tau}))$，$S_{\mathrm{UE}}(\bar{\boldsymbol{v}},\bar{\boldsymbol{q}})=S_{\mathrm{UE}}(\bar{\boldsymbol{v}}(\boldsymbol{\tau}),\bar{\boldsymbol{q}}(\boldsymbol{\tau}))$ 分别是收费机制 $\boldsymbol{\tau}$ 下弹性需求 UE 时的社会总收益和社会总剩余，$U(\tilde{\boldsymbol{v}},\tilde{\boldsymbol{q}})$ 是 SO 时的社会总收益。

值得注意的是，式（2.108a）和式（2.108b）是假设交通网络中的所有路段在收费机制 $\boldsymbol{\tau}$ 下的收费都不大于或不小于该路段外部性，这在现实中明显是不可行的。如前，定义 A_1、A_2、$\gamma_1(C,\boldsymbol{\tau})$、$\gamma_2(C,\boldsymbol{\tau})$ 的意义类似收费机制 $\boldsymbol{\tau}$ 下固定需求时的定义，则有如下引理（Yang et al.，2010）：

引理 2.16　给定一个可分离路段出行时间成本函数类 C，其中路段出行时间成本函数 $t_a(v_a)$ 是路段总流量 v_a 的连续可微单调递增凸函数，逆需求函数 $B_w(q_w)$ 是出行需求 q_w 的非增函数。设 $(\bar{\boldsymbol{v}},\bar{\boldsymbol{q}})$ 是收费机制 $\boldsymbol{\tau}$ 下弹性需求 UE 交通分配的均衡解，$(\tilde{\boldsymbol{v}},\tilde{\boldsymbol{q}})$ 是弹性需求下 SO 时的最优解，则弹性需求 UE 交通分配的效率损失存在上界，即

$$\rho_{ec}^{\mathrm{UE},\boldsymbol{\tau}} \leqslant \frac{1-\gamma_1(C,\boldsymbol{\tau})}{1+\gamma_2(C,\boldsymbol{\tau})}+\frac{\gamma_1(C,\boldsymbol{\tau})\omega_1(\boldsymbol{\tau})+\gamma_2(C,\boldsymbol{\tau})\omega_2(\boldsymbol{\tau})}{1+\gamma_2(C,\boldsymbol{\tau})} \tag{2.110}$$

式中，$\omega_1(\boldsymbol{\tau})$、$\omega_2(\boldsymbol{\tau})$ 的定义同式（2.109a）和式（2.109b）。

2.4 本章小结

本章对相关理论进行了简要介绍。首先，在介绍定义的基础上回顾交通均衡分配静态模型，分别介绍了用户均衡交通分配模型、随机用户均衡交通分配模型以及多用户类交通均衡分配模型及其解法；其次，介绍了固定需求系统最优、弹性需求系统最优和随机系统最优的定义和等价数学模型；最后，介绍了用户均衡、随机用户均衡以及收费机制下用户均衡效率损失的定义及其上界表达形式，并探讨了影响效率损失上界表达式的因素。

第 3 章　固定需求下多用户类随机用户均衡交通分配的效率损失

2002 年，Roughgarden 和 Tardos 首次界定了单用户类确定性 UE 交通分配的效率损失，从理论上回答了 UE 和 SO 的差距上界。之后，学者们从不同角度对单用户类确定性交通均衡分配的效率损失做了大量扩展研究（Roughgarden，2003；Chau and Sim，2003；Correa et al.，2004，2005；黄海军 等，2006；吴建军 等，2008；Han et al，2008b）。然而，一方面由于现实交通网络的随机性，度量交通网络性能的指标可以是系统的总实际出行成本，也可以是总理解出行成本，即系统性能指标可以用 SO 来度量，也可以用 SSO 来度量（Yang，1999）；另一方面，交通网络中的出行者往往不是同质的，而是异质的，常见的一种形式就是出行者的社会经济属性存在着多样性，因而在选择出行路径时往往遵循不同的出行决策准则，比如时间度量出行决策准则或者费用度量出行决策准则，从而表现出异质的择路行为，即为多用户类交通网络。

本章研究固定需求下多用户类 SUE 交通分配的效率损失上界。首先，建立 SUE 交通分配的 VI 模型，给出多用户类 SSO 的数学模型；然后分别在两类不同出行决策准则下界定 SUE 相对 SO 和 SSO 的效率损失上界，并分析效率损失上界与网络参数之间的关系。

3.1　多用户类随机用户均衡交通分配模型及最优模型

3.1.1　多用户类随机用户均衡交通分配模型

在第 2 章定义的基础上，假设 $C_{rw}^m(\boldsymbol{f})$ 表示第 m 类用户在路径 $r \in R_w$、$w \in W$ 上的理解出行成本。下面来探讨多用户类 SUE 交通分配模型。

在 SUE 情形，一般假定出行者依据随机效用理论，选择理解出行成本最小的路径出行（黄海军，1994），这意味着在均衡状态，同一 OD 对间出行者的路径实际出行成本不一定相同。第 m 类用户选择路径 $r \in R_w$ 的出行效用表示为

$$U_{rw}^m = -\theta C_{rw}^m(\boldsymbol{f}) = -\theta c_{rw}^m(\boldsymbol{f}) + \xi_{rw}^m, w \in W, m = 1, 2, \cdots, M \tag{3.1}$$

式中，θ 是正参数，ξ_{rw}^m 是对应的随机项，表示不可测量或者没有观察到的效用因素。令 P_{rw}^m 表示第 m 类用户选择路径 $r \in R_w$ 的概率。根据效用极大化的原则，该概率等于该类用户在所能选择的出行路径中选择路径 $r \in R_w$、$w \in W$ 获得出行效用最大的概率，即

$$P_{rw}^m = P(U_{rw}^m \geqslant U_{kw}^m, \forall k \in R_w), r \in R_w, w \in W \tag{3.2}$$

选择概率 P_{rw}^m 满足下面的条件：

$$0 \leqslant P_{rw}^m \leqslant 1, r \in R_w, w \in W, m = 1,2,\cdots,M \tag{3.3}$$

$$\sum_{r \in R_w} P_{rw}^m = 1, w \in W, m = 1,2,\cdots,M \tag{3.4}$$

如果式（3.1）中随机变量相互独立且都服从相同的 Gumbel 分布，则路径 $r \in R_w$、$w \in W$ 被第 m 类用户选择的概率可表示为

$$P_{rw}^m = \frac{\exp(-\theta c_{rw}^m)}{\sum_{l \in R_w} \exp(-\theta c_{lw}^m)}, r \in R_w, w \in W, m = 1,2,\cdots,M \tag{3.5}$$

相应地，可以得到 Logit 加载下的路径流量：

$$f_{rw}^m = d_w^m P_{rw}^m, r \in R_w, w \in W, m = 1,2,\cdots,M \tag{3.6}$$

由于式（3.5）中的路径选择概率又依赖路径流量，所以多用户类 SUE 条件实质是一个不动点问题，类似徐兵和朱道立（2007）的处理方法，可以将其转化为等价的 VI 问题。

引理 3.1　在基于 Logit 路径选择的假设下，固定需求下多用户类 SUE 交通分配问题等价于求解下面的 VI 问题，即寻找 $\bar{\boldsymbol{f}} \in \Omega_f^M$，使得任意的 $\boldsymbol{f} \in \Omega_f^M$，都满足

$$\sum_{w \in W} \sum_{r \in R_w} \sum_{m=1}^{M} \left\langle c_{rw}^m(\bar{\boldsymbol{f}}) + \frac{1}{\theta} \ln \bar{f}_{rw}^m, f_{rw}^m - \bar{f}_{rw}^m \right\rangle \geqslant 0 \tag{3.7}$$

由于路段出行时间成本函数 $t_a(v_a)$ 连续可微且是路段总流量 v_a 的单调递增函数，故 $c_a^m(v_a)$ 是连续函数，从而可知 $c_{rw}^m(\boldsymbol{f})$ 是连续函数，$\frac{1}{\theta}\ln f_{rw}^m$ 显然也是连续函数，同时由于 Ω_f^M 是紧凸集，因此 VI 问题式（3.7）存在解。如果路径出行成本向量 $\boldsymbol{C}(\boldsymbol{f})$ 是 Ω_f^M 上的单调映射，则 VI 问题式（3.7）存在唯一解。可进一步放松单调性的要求，只要满足路段出行成本函数 $\boldsymbol{c}(\boldsymbol{v})$ 是 Ω_v^M 上的单调映射，也能保证 VI 问题式（3.7）存在唯一解。

本章后面的分析都是建立在 VI 问题式（3.7）存在唯一解的基础上展开的。先考虑 $c_a^m(v_a)$ 在两类具体出行决策准则下的表达形式。在时间度量出行决策准则下，$c_a^m(v_a)$ 就是实际的路段出行时间成本，即

$$c_a^m(v_a) = t_a(v_a), a \in A, m = 1,2,\cdots,M \tag{3.8}$$

在费用度量出行决策准则下，$c_a^m(v_a)$ 等于用户的 VOT 与实际路段出行时间成本的乘积，也就是实际的路段出行费用成本，即

$$c_a^m(v_a) = \beta_m t_a(v_a), a \in A, m = 1,2,\cdots,M \tag{3.9}$$

将式（3.8）和式（3.9）分别代入式（3.7），并结合关系式（2.35）～式（2.37），则可以分别得到多用户类 SUE 交通分配在时间度量、费用度量出行决策准则下的 VI 模型，即

$$\sum_{a \in A} t_a(\bar{\boldsymbol{v}})(v_a - \bar{v}_a) + \frac{1}{\theta} \sum_{w \in W} \sum_{r \in R_w} \sum_{m=1}^{M} \ln \bar{f}_{rw}^m (f_{rw}^m - \bar{f}_{rw}^m) \geqslant 0, \forall \boldsymbol{f} \in \Omega_f^M \tag{3.10}$$

$$\sum_{a \in A} \sum_{m=1}^{M} \beta_m t_a(\bar{\boldsymbol{v}})(v_a^m - \bar{v}_a^m) + \frac{1}{\theta} \sum_{w \in W} \sum_{r \in R_w} \sum_{m=1}^{M} \ln \bar{f}_{rw}^m (f_{rw}^m - \bar{f}_{rw}^m) \geqslant 0, \forall \boldsymbol{f} \in \Omega_f^M \tag{3.11}$$

3.1.2　多用户类随机系统最优模型

根据 Maher 等（2005）给出的方法，可知在 Logit 路径选择假设下，固定需求下多用户类随机交通均衡分配中所有出行者的总理解出行成本可以表示为

$$F(\boldsymbol{f})=\sum_{w\in W}\sum_{r\in R_w}\sum_{m=1}^{M}c_{rw}^{m}(\boldsymbol{f})f_{rw}^{m}+\frac{1}{\theta}\sum_{w\in W}\sum_{r\in R_w}\sum_{m=1}^{M}f_{rw}^{m}\ln f_{rw}^{m}-\frac{1}{\theta}\sum_{w\in W}\sum_{m=1}^{M}d_{w}^{m}\ln d_{w}^{m} \tag{3.12}$$

Yang（1999）用 $-F(\boldsymbol{f})$ 表示 SUE 交通分配中整个网络的经济福利（消费者剩余），SSO 问题就是极小化系统的总理解出行成本（或者说极大化网络经济福利），即

$$\min_{\boldsymbol{f}\in\Omega_f^M} F(\boldsymbol{f}) \tag{3.13}$$

则式（3.13）对应的解 $\boldsymbol{f}^{\mathrm{SSO}}\in\Omega_f^M$ 称为 SSO 流，$F_{\mathrm{SSO}}=F(\boldsymbol{f}^{\mathrm{SSO}})$ 就是最小的系统总理解成本。由式（3.8）、式（3.9）以及结合关系式（2.35）～式（2.37）代入式（3.13），同时考虑到 d_w^m 是固定值，可以得到时间（费用）度量出行决策准则下多用户类固定需求 SSO 流 $\widehat{\boldsymbol{f}}(\breve{\boldsymbol{f}})$ 分别等价于下面最优化问题的解：

$$\min_{\boldsymbol{f}\in\Omega_f^M} Z(\boldsymbol{f})=\sum_{a\in A}t_a(v_a)v_a+\frac{1}{\theta}\sum_{w\in W}\sum_{r\in R_w}\sum_{m=1}^{M}f_{rw}^{m}\ln f_{rw}^{m} \tag{3.14}$$

$$\min_{\boldsymbol{f}\in\Omega_f^M} Z(\boldsymbol{f})=\sum_{a\in A}\sum_{m=1}^{M}\beta_m t_a(v_a)v_a^{m}+\frac{1}{\theta}\sum_{w\in W}\sum_{r\in R_w}\sum_{m=1}^{M}f_{rw}^{m}\ln f_{rw}^{m} \tag{3.15}$$

3.2　随机用户均衡相对系统最优的效率损失

3.2.1　时间度量下的效率损失

令 $\overline{\boldsymbol{v}}\in\Omega_v^M,\overline{\boldsymbol{f}}\in\Omega_f^M$ 分别表示多用户类 SUE 交通分配式（3.10）的路段、路径流量向量，令 $\hat{\boldsymbol{v}}\in\Omega_v^M,\hat{\boldsymbol{f}}\in\Omega_f^M$ 分别表示时间度量出行决策准则下 SO 时的路段、路径流量向量，即为最优化问题 $\min\limits_{\boldsymbol{v}\in\Omega_v^M}\sum\limits_{a\in A}t_a(v_a)v_a$ 的解。设时间度量出行决策准则下多用户类 SUE 相对 SO 的效率损失为

$$\rho_{fx,M}^{\mathrm{SUE},t}=\frac{T_{\mathrm{SUE}}^{t}(\overline{\boldsymbol{v}})}{T_{\mathrm{SO}}^{t}(\hat{\boldsymbol{v}})} \tag{3.16}$$

式中，$T_{\mathrm{SO}}^{t}(\hat{\boldsymbol{v}})=\sum\limits_{a\in A}t_a(\hat{v}_a)\hat{v}_a$ 和 $T_{\mathrm{SUE}}^{t}(\overline{\boldsymbol{v}})=\sum\limits_{a\in A}t_a(\overline{v}_a)\overline{v}_a$ 分别为 SO 下与 SUE 下的系统总出行时间成本，显然 $\rho_{fx,M}^{\mathrm{SUE},t}\geqslant 1$。下面推导式（3.16）的上界。

在 VI 问题式（3.10）中，令 $\boldsymbol{f}=\hat{\boldsymbol{f}}$，则有

$$\sum_{a\in A} t_a(\overline{v}_a)(\hat{v}_a-\overline{v}_a)+\frac{1}{\theta}\sum_{w\in W}\sum_{r\in R_w}\sum_{m=1}^{M}\ln \overline{f}_{rw}^m(\hat{f}_{rw}^m-\overline{f}_{rw}^m)\geqslant 0 \tag{3.17}$$

化简可得

$$T_{\mathrm{SUE}}^t(\overline{\boldsymbol{v}})\leqslant T_{\mathrm{SO}}^t(\hat{\boldsymbol{v}})+\sum_{a\in A}[t_a(\overline{v}_a)-t_a(\hat{v}_a)]\hat{v}_a+\frac{1}{\theta}\sum_{w\in W}\sum_{r\in R_w}\sum_{m=1}^{M}\ln \overline{f}_{rw}^m(\hat{f}_{rw}^m-\overline{f}_{rw}^m) \tag{3.18}$$

先来考虑式（3.18）右边第二项的上界。类似 Yang 和 Huang（2005）的工作，对任意的路段出行时间成本函数 $t_a=t_a(z_a)$ 和非负路段流量 $z_a\geqslant 0$，定义如下的参数

$$\gamma_a(t_a,z_a)=\max_{v_a\geqslant 0}\frac{[t_a(z_a)-t_a(v_a)]v_a}{t_a(z_a)z_a} \tag{3.19}$$

不失一般性，这里假定 0/0 = 0 成立。易得 $\gamma_a(t_a,z_a)\leqslant 1$，故 $\gamma_a(t_a,z_a)$ 肯定存在上界。给定一个路段出行时间成本函数类 C，令

$$\gamma(C)=\max_{t_a\in C, z_a\geqslant 0}\gamma_a(t_a,z_a) \tag{3.20}$$

然后，用 $\hat{v}_a,\overline{v}_a$ 分别替代式（3.19）中的 v_a、z_a，可得

$$\sum_{a\in A}[t_a(\overline{v}_a)-t_a(\hat{v}_a)]\hat{v}_a\leqslant\sum_{a\in A}\gamma(C)t_a(\overline{v}_a)\overline{v}_a=\gamma(C)T_{\mathrm{SUE}}^t(\overline{\boldsymbol{v}}) \tag{3.21}$$

接下来，寻求界定式（3.18）右边第三项的上界，进而给出时间度量出行决策准则下多用户类 SUE 的效率损失上界。由引理 2.10，可以得到

$$\sum_{r\in R_w}\ln \overline{f}_{rw}^m(\hat{f}_{rw}^m-\overline{f}_{rw}^m)\leqslant k_w d_w^m \tag{3.22}$$

式中，$k_w=g^{-1}((|R_w|-1)/\mathrm{e}), w\in W$。将式（3.21）和式（3.22）代入式（3.18），可得

$$T_{\mathrm{SUE}}^t(\overline{\boldsymbol{v}})\leqslant T_{\mathrm{SO}}^t(\hat{\boldsymbol{v}})+\gamma(C)T_{\mathrm{SUE}}^t(\overline{\boldsymbol{v}})+\frac{1}{\theta}\sum_{w\in W}\sum_{m=1}^{M}k_w d_w^m \tag{3.23}$$

令 $D=\sum_{w\in W}\sum_{m=1}^{M}d_w^m$ 表示路网中的总出行需求，$\overline{k}=\sum_{w\in W}\sum_{m=1}^{M}\left(\frac{d_w^m}{D}\right)k_w$，则式（3.23）可以改写为

$$T_{\mathrm{SUE}}^t(\overline{\boldsymbol{v}})\leqslant T_{\mathrm{SO}}^t(\hat{\boldsymbol{v}})+\gamma(C)T_{\mathrm{SUE}}^t(\overline{\boldsymbol{v}})+\frac{1}{\theta}\overline{k}D \tag{3.24}$$

进一步，定义 $\overline{c}=\dfrac{T_{\mathrm{SO}}^t(\hat{\boldsymbol{v}})}{D}$ 为 SO 状态下路网中所有出行者的平均出行时间成本，则有下面的定理成立。

定理 3.1　给定一个可分离路段出行时间成本函数类 C，其中路段出行时间成本函数 $t_a(v_a)$ 是路段总流量 v_a 的连续可微单调递增凸函数，则在时间度量出行决策准则下，固定需求下多用户类 SUE 相对 SO 的效率损失存在一个上界，即

$$\rho_{fx,M}^{\mathrm{SUE},t}=\frac{T_{\mathrm{SUE}}^t(\overline{\boldsymbol{v}})}{T_{\mathrm{SO}}^t(\hat{\boldsymbol{v}})}\leqslant\left[\frac{1}{1-\gamma(C)}\right]\left(1+\frac{\overline{k}}{\theta\overline{c}}\right) \tag{3.25}$$

定理 3.1 表明，在时间度量出行决策准则下，固定需求下多用户类 SUE 相对 SO 的效

率损失上界依赖于$\gamma(C)$、θ、$\overline{k}$ 和 $\overline{c}$ 等四个参数。同时满足下面关系。

（1）效率损失上界是$\gamma(C)$的增函数，其中$\gamma(C)$是无量纲参数，只与路段出行时间成本函数类C有关。

（2）效率损失上界是θ的减函数，θ是表示出行者对路网熟悉程度的正参数，它与随机项的标准差相关。当$\theta \to +\infty$，SUE 交通分配模型就变成了确定性交通分配模型，此时，有$\rho_{fx,M}^{\text{SUE},t} = \rho_{fx,M}^{\text{UE},t} \leqslant \dfrac{1}{1-\gamma(C)}$。

（3）效率损失上界是$\overline{k}$的增函数，$\overline{k}$是反映网络复杂程度的参数，随着可行路径数目增加而增加的无量纲系数。式（3.25）还表明，若路网中所有 OD 对都只有一条路径，则$k_w = 0$，进而$\overline{k} = 0, \rho_{fx,M}^{\text{SUE},t} = \rho_{fx,M}^{\text{UE},t} \leqslant \dfrac{1}{1-\gamma(C)}$。

（4）效率损失上界是$\overline{c}$的减函数，$\overline{c} = \dfrac{T_{\text{SO}}^t(\hat{\boldsymbol{v}})}{D}$表示 SO 下所有出行者的平均出行时间成本，这隐含着效率损失上界是总交通需求的增函数。

3.2.2 费用度量下的效率损失

令$\overline{\boldsymbol{v}} \in \Omega_v^M, \overline{\boldsymbol{f}} \in \Omega_f^M$分别表示多用户类 SUE 交通分配式（3.11）的路段、路径流量向量，令$\tilde{\boldsymbol{v}} \in \Omega_v^M, \tilde{\boldsymbol{f}} \in \Omega_f^M$分别表示费用度量出行决策准则下 SO 时的路段、路径流量向量，即为最优化问题$\min\limits_{\boldsymbol{v}\in\Omega_v^M} \sum\limits_{a\in A}\sum\limits_{m=1}^{M} \beta_m t_a(v_a) v_a^m$的解。假设，费用度量出行决策准则下的多用户类 SUE 相对 SO 的效率损失为

$$\rho_{fx,M}^{\text{SUE},c} = \frac{T_{\text{SUE}}^c(\overline{\boldsymbol{v}})}{T_{\text{SO}}^c(\tilde{\boldsymbol{v}})} \tag{3.26}$$

式中，$T_{\text{SO}}^c(\tilde{\boldsymbol{v}}) = \sum\limits_{a\in A}\sum\limits_{m=1}^{M} \beta_m t_a(\tilde{v}_a)\tilde{v}_a^m$ 和 $T_{\text{SUE}}^c(\overline{\boldsymbol{v}}) = \sum\limits_{a\in A}\sum\limits_{m=1}^{M} \beta_m t_a(\overline{v}_a)\overline{v}_a^m$ 分别为 SO 下与 SUE 下的系统总出行费用成本。显然，$\rho_{fx,M}^{\text{SUE},c} \geqslant 1$，下面推导式（3.26）的上界。

在 VI 问题式（3.11）中，令$\boldsymbol{f} = \tilde{\boldsymbol{f}}$，则有

$$\sum_{a\in A}\sum_{m=1}^{M} \beta_m t_a(\overline{v}_a)(\tilde{v}_a^m - \overline{v}_a^m) + \frac{1}{\theta}\sum_{w\in W}\sum_{r\in R_w}\sum_{m=1}^{M} \ln \overline{f}_{rw}^m (\tilde{f}_{rw}^m - \overline{f}_{rw}^m) \geqslant 0 \tag{3.27}$$

化简可得

$$T_{\text{SUE}}^c(\overline{\boldsymbol{v}}) \leqslant T_{\text{SO}}^c(\tilde{\boldsymbol{v}}) + \sum_{a\in A}\sum_{m=1}^{M} \beta_m [t_a(\overline{v}_a) - t_a(\tilde{v}_a)]\tilde{v}_a^m + \frac{1}{\theta}\sum_{w\in W}\sum_{r\in R_w}\sum_{m=1}^{M} \ln \overline{f}_{rw}^m (\tilde{f}_{rw}^m - \overline{f}_{rw}^m) \tag{3.28}$$

先来考虑式（3.28）右边第二项的上界。类似 Han 和 Yang（2008）的工作，对任意的路段出行时间成本函数$t_a = t_a(z_a)$，非负路段流量$z_a \geqslant 0$和 VOT $\beta_m, m = 1,2,\cdots,M$，定义如下的参数：

$$\gamma_a(t_a,z_a,\boldsymbol{\beta})=\frac{1}{\sum_{m=1}^{M}\beta_m z_a^m t_a(z_a)}\max_{v_a^m\geqslant 0}\left\{\sum_{m=1}^{M}\beta_m v_a^m[t_a(z_a)-t_a(v_a)]\right\} \tag{3.29a}$$

不失一般性，这里假设 0/0 = 0 成立。为了保证 $\gamma_a(t_a,z_a,\boldsymbol{\beta})<1$，继续定义

$$\overline{\gamma}(C,\boldsymbol{\beta})=\sup_{t_a\in C,a\in A_1}\gamma_a(t_a,z_a,\boldsymbol{\beta}) \tag{3.29b}$$

式中，$A_1=\{a\in A\,|\,\gamma_a(t_a,z_a,\boldsymbol{\beta})<1\}$；

$$\tilde{\gamma}(C,\boldsymbol{\beta})=\sup_{t_a\in C}g(t_a,z_a,\boldsymbol{\beta}) \tag{3.29c}$$

式中，$g(t_a,z_a,\boldsymbol{\beta})=\max\limits_{v_a^m\geqslant 0,a\notin A_1}h(x)=\dfrac{\sum_{m=1}^{M}\beta_m v_a^m[t_a(z_a)-t_a(v_a)]}{\sum_{m=1}^{M}\beta_m v_a^m t_a(v_a)}$。

从式（3.29c）中可以看出 $\tilde{\gamma}(C,\boldsymbol{\beta})>-1$，并且当 $v_a^m\to+\infty$ 时，$h(x)\to-1$，当 $v_a^m\to 0$ 时，$h(x)\to+\infty$。

用 $\tilde{v}_a$、$\overline{v}_a$ 分别替代式（3.29a）中的 v_a、z_a，可以得到

$$\sum_{m=1}^{M}\beta_m\tilde{v}_a^m[t_a(\overline{v}_a)-t_a(\tilde{v}_a)]\leqslant\gamma_a(t_a,\overline{v}_a,\boldsymbol{\beta})\sum_{m=1}^{M}\beta_m\overline{v}_a^m t_a(\overline{v}_a) \tag{3.30}$$

则可知，式（3.28）右边第二项满足

$$\begin{aligned}&\sum_{a\in A}\sum_{m=1}^{M}\beta_m\tilde{v}_a^m[t_a(\overline{v}_a)-t_a(\tilde{v}_a)]\\&=\sum_{a\in A_1}\sum_{m=1}^{M}\beta_m\tilde{v}_a^m[t_a(\overline{v}_a)-t_a(\tilde{v}_a)]+\sum_{a\notin A_1}\sum_{m=1}^{M}\beta_m\tilde{v}_a^m[t_a(\overline{v}_a)-t_a(\tilde{v}_a)]\\&\leqslant\overline{\gamma}(C,\boldsymbol{\beta})T_{\text{SUE}}^c(\overline{\boldsymbol{v}})+\tilde{\gamma}(C,\boldsymbol{\beta})T_{\text{SO}}^c(\tilde{\boldsymbol{v}})\end{aligned} \tag{3.31}$$

式中，最后的不等式由式（3.29b）和式（3.29c）得到。

下面来寻求界定式（3.28）右边第三项的上界。由引理 2.10，可得

$$\sum_{r\in R_w}\ln\overline{f}_{rw}^m(\tilde{f}_{rw}^m-\overline{f}_{rw}^m)\leqslant k_w d_w^m \tag{3.32}$$

将式（3.31）和式（3.32）代入式（3.28），可得

$$T_{\text{SUE}}^c(\overline{\boldsymbol{v}})\leqslant T_{\text{SO}}^c(\tilde{\boldsymbol{v}})+\overline{\gamma}(C,\boldsymbol{\beta})T_{\text{SUE}}^c(\overline{\boldsymbol{v}})+\tilde{\gamma}(C,\boldsymbol{\beta})T_{\text{SO}}^c(\tilde{\boldsymbol{v}})+\frac{1}{\theta}\sum_{w\in W}\sum_{m=1}^{M}k_w d_w^m \tag{3.33}$$

同样，令 $D=\sum_{w\in W}\sum_{m=1}^{M}d_w^m$ 表示路网中的总出行需求，$\overline{k}=\sum_{w\in W}\sum_{m=1}^{M}\left(\dfrac{d_w^m}{D}\right)k_w$。设 $\tilde{c}=T_{\text{SO}}^c(\tilde{\boldsymbol{v}})/D$ 表示 SO 状态下整个路网中所有出行者的平均出行费用成本，有下面的定理成立。

定理 3.2　给定一个可分离路段出行时间成本函数类 C，其中路段出行时间成本函数 $t_a(v_a)$ 是路段总流量 v_a 的连续可微单调递增凸函数，那么在费用度量出行决策准则下，固

定需求下多用户类 SUE 相对 SO 的效率损失存在一个上界，即

$$\rho_{fx,M}^{\mathrm{SUE},c}=\frac{T_{\mathrm{SUE}}^{c}(\bar{\boldsymbol{v}})}{T_{\mathrm{SO}}^{c}(\tilde{\boldsymbol{v}})}\leqslant\frac{1+\tilde{\gamma}(C,\boldsymbol{\beta})+\dfrac{\bar{k}}{\theta\tilde{c}}}{1-\bar{\gamma}(C,\boldsymbol{\beta})} \tag{3.34}$$

定理 3.2 表明，在费用度量出行决策准则下，多用户类 SUE 相对 SO 的效率损失上界依赖 $\tilde{\gamma}(C,\boldsymbol{\beta})$、$\bar{\gamma}(C,\boldsymbol{\beta})$、$\theta$、$\bar{k}$ 和 $\tilde{c}$ 等五个参数。同时，满足下面关系：

（1）效率损失上界是 $\bar{\gamma}(C,\boldsymbol{\beta})$、$\tilde{\gamma}(C,\boldsymbol{\beta})$ 的增函数，其中 $\bar{\gamma}(C,\boldsymbol{\beta})$、$\tilde{\gamma}(C,\boldsymbol{\beta})$ 是无量纲参数，它们不仅与路段出行时间成本函数类 C 有关，而且还与用户的社会经济属性 $\boldsymbol{\beta}$ 相关；

（2）效率损失上界是出行者对网络熟悉程度参数 θ 的减函数，当 $\theta\to+\infty$，SUE 交通分配模型就变成了确定性交通分配模型，此时有 $\rho_{fx,M}^{\mathrm{SUE},c}=\rho_{fx,M}^{\mathrm{UE},c}\leqslant\dfrac{1+\tilde{\gamma}(C,\boldsymbol{\beta})}{1-\bar{\gamma}(C,\boldsymbol{\beta})}$ 成立；

（3）效率损失上界是网络复杂程度参数 $\bar{k}$ 的增函数，$\bar{k}$ 是随着可行路径数目增加而增加的无量纲系数。若路网中所有 OD 对都只有一条路径，则 $k_w=0$，进而 $\bar{k}=0,\rho_{fx,M}^{\mathrm{SUE},c}=\rho_{fx,M}^{\mathrm{UE},c}\leqslant\dfrac{1+\tilde{\gamma}(C,\boldsymbol{\beta})}{1-\bar{\gamma}(C,\boldsymbol{\beta})}$；

（4）效率损失上界是 $\tilde{c}$ 的减函数，$\tilde{c}=\dfrac{T_{\mathrm{SO}}^{c}(\tilde{\boldsymbol{v}})}{D}$ 表示 SO 状态下交通网络中所有出行者的平均出行费用成本，这隐含着效率损失上界是总交通需求的增函数。

3.2.3 数值算例

在图 3.1 所示的单 OD 对多用户类交通网络中，只有一个 OD 对 $w=(1,2)$ 及两条路段 a、b，对应的路段出行时间成本函数分别为 $t_a(v_a)=v_a+3,\ t_b(v_b)=3v_b+1$。网络中有两类不同的用户类，用户类 1 的 VOT 为 1.0（元/min），用户类 2 的 VOT 为 2.0（元/min），用户类在 OD 对 w 的出行需求分别为 $d_w^1=10,\ d_w^2=15$，每类用户都有两条路径 a、b 可供选择。则两类用户在路径 a、b 上的路径流量即为他们各自在路段 a、b 上的流量，不妨分别设为 v_a^1、v_a^2、v_b^1、v_b^2。

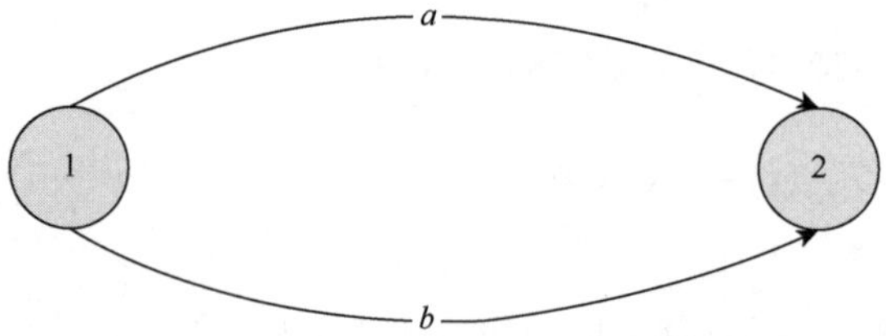

图 3.1 单 OD 对多用户类交通网络

在时间度量出行决策准则下，用户类 1 和用户类 2 在路径 a、b 上对应的出行时间成本分别为 $t_a^1=t_a^2=v_a^1+v_a^2+3,\ t_b^1=t_b^2=3v_b^1+3v_b^2+1$，显然可知式（3.7）存在唯一解。设出行者的网

络熟悉程度参数$\theta=1$，利用 MSA（黄海军，1994）求解式（3.10），可得在时间度量出行决策准则下，各路段的均衡流量分别为$\bar{v}_a^1=7.2053,\ \bar{v}_b^1=2.7947,\ \bar{v}_a^2=10.8079, \bar{v}_b^2=4.1921$，路段均衡总流量分别为$\bar{v}_a=18.0132,\ \bar{v}_b=6.9868$，系统的总出行时间成本为 531.9479min。时间度量出行决策准则下，SO 时的路段流量是如下最优化问题的解：

$$\min\ [(v_a+3)v_a+(3v_b+1)v_b]$$
$$\text{s.t.}\ \begin{cases} v_a+v_b=25 \\ v_a\geqslant 0,\ v_b\geqslant 0 \end{cases}.$$

易得，上面优化问题对应的解为$\hat{v}_a=18.5,\ \hat{v}_b=6.5$。故，SO 时的系统总出行时间成本为 531min。故，$\rho_{fx,M}^{\text{SUE},t}=\dfrac{T_{\text{SUE}}^t(\bar{\boldsymbol{v}})}{T_{\text{SO}}^t(\hat{\boldsymbol{v}})}=\dfrac{531.9479}{531}\doteq 1.0018$。

由于路段出行时间成本函数是递增的仿射函数，故由式（3.19）、式（3.20）可知$\gamma(C)=0.25$。图 3.1 所示的网络中只有包含一个 OD 对，两条路径，由$k_w=g^{-1}((|R_w|-1)/\mathrm{e})$，$w\in W$，可知$k_w=g^{-1}[(2-1)/\mathrm{e}]=0.275$。网络的总流量$D=\sum_{w\in W}\sum_{m=1}^{M}d_w^m=25$，由$\bar{k}=\sum_{w\in W}\sum_{m=1}^{M}\left(\dfrac{d_w^m}{D}\right)k_w$，可知$\bar{k}=k_w=0.275$。SO 时，整个路网中所有出行者的平均出行时间成本$\bar{c}=\dfrac{T_{\text{SO}}^t(\bar{\boldsymbol{v}})}{D}=21.24$。则可得，$\left[\dfrac{1}{1-\gamma(C)}\right]\left(1+\dfrac{\bar{k}}{\theta\bar{c}}\right)=\left(\dfrac{1}{1-0.25}\right)\left(1+\dfrac{0.275}{21.24}\right)\doteq 1.3506$。易得，$\rho_{fx,M}^{\text{SUE},t}=1.0018<1.3506$，满足定理 3.1 的结论。

运用 MSA 方法（黄海军，1994）求解式（3.11），可得在费用度量出行决策准则下，各路段的均衡流量分别为$\bar{v}_a^1=6.4992,\ \bar{v}_b^1=3.5008,\ \bar{v}_a^2=11.5971,\ \bar{v}_b^2=3.4029$，均衡路段总流量分别为$\bar{v}_a=18.0963,\ \bar{v}_b=6.9037$。此时，系统的总出行费用成本为 850.1885 元。

费用度量出行决策准则下 SO 时的路段流量是如下最优化问题的解：

$$\min\ [v_a^1(v_a^1+v_a^2+3)+2v_a^2(v_a^1+v_a^2+3)+v_b^1(3v_b^1+3v_b^2+1)+2v_b^2(3v_b^1+3v_b^2+1)]$$
$$\text{s.t.}\ \begin{cases} v_a^1+v_b^1=10 \\ v_a^2+v_b^2=15 \\ v_a^1,\ v_a^2,\ v_b^1,\ v_b^2\geqslant 0 \end{cases}$$

易得，上面最优化问题的解为$\tilde{v}_a^1=10.000,\ \tilde{v}_b^1=0,\ \tilde{v}_a^2=9.1250,\ \tilde{v}_b^2=5.8750$，对应路段总流量分别为$\tilde{v}_a=19.125,\ \tilde{v}_b=5.875$。故，SO 时对应的系统总出行费用成本为 843.875 元。所以，$\rho_{fx,M}^{\text{SUE},c}=\dfrac{T_{\text{SUE}}^c(\bar{\boldsymbol{v}})}{T_{\text{SO}}^c(\tilde{\boldsymbol{v}})}=\dfrac{850.1885}{843.875}\doteq 1.0075$。

由于$\gamma_a(t_a,z_a,\boldsymbol{\beta})=\dfrac{1}{\sum_{m=1}^{M}\beta_m z_a^m t_a(z_a)}\max_{v_a^m\geqslant 0}\left\{\sum_{m=1}^{M}\beta_m v_a^m[t_a(z_a)-t_a(v_a)]\right\}$，路段$a$的出行时间成

本函数 $t_a(x)=x+3$，知 $\gamma_a(t_a,\overline{v}_a,\boldsymbol{\beta})=\dfrac{1}{\sum_{m=1}^{2}\beta_m\overline{v}_a^m t_a(\overline{v}_a)}\max_{v_a^m\geqslant 0}\left\{\sum_{m=1}^{2}\beta_m v_a^m(\overline{v}_a-v_a)\right\}$。故可得当 $\beta_m=\beta_{\max}:=\max\{\beta_m\mid m=1,2\}$, $v_a=v_a^m=\dfrac{1}{2}\overline{v}_a$；当 $\beta_m\neq\beta_{\max}$, $v_a^m=0$ 是上面最优化问题的解，即 $m=2$。故 $\gamma_a(t_a,\overline{v}_a,\boldsymbol{\beta})=0.2614$，同理可得，$\gamma_b(t_b,\overline{v}_b,\boldsymbol{\beta})=0.3195$。从而，可得 $\overline{\gamma}(C,\boldsymbol{\beta})=0.3195$, $\tilde{\gamma}(C,\boldsymbol{\beta})=0$。由 $k_w=g^{-1}\left[(|R_w|-1)/\mathrm{e}\right]$，知 $k_w=g^{-1}[(2-1)/\mathrm{e}]=0.275$。由 $D=\sum_{w\in W}\sum_{m=1}^{M}d_w^m=25$ 和 $\overline{k}=\sum_{w\in W}\sum_{m=1}^{M}\left(\dfrac{d_w^m}{D}\right)k_w$，可知 $\overline{k}=k_w=0.275$。SO 状态下，整个路网中所有出行者的平均出行费用成本为 $\tilde{c}=\dfrac{T_{\mathrm{SO}}^c(\tilde{\boldsymbol{v}})}{D}=\dfrac{843.875}{25}\doteq 33.7550$。则可得 $\dfrac{1+\tilde{\gamma}(C,\boldsymbol{\beta})+\dfrac{\overline{k}}{\theta\tilde{c}}}{1-\overline{\gamma}(C,\boldsymbol{\beta})}=\dfrac{1+\dfrac{0.275}{33.7550}}{1-0.3195}\doteq 1.4815$。易得，$\rho_{fx,M}^{\mathrm{SUE},c}=1.0075<1.4815$，满足定理 3.2 中的结论。

3.3　随机用户均衡相对随机系统最优的效率损失

3.3.1　时间度量下的效率损失

令 $\overline{\boldsymbol{v}}\in\Omega_v^M,\overline{\boldsymbol{f}}\in\Omega_f^M$ 分别表示多用户类 SUE 交通分配式（3.10）的路段、路径流量向量，则在此均衡状态下系统的总实际出行时间成本为 $T_{\mathrm{SUE}}^t(\overline{\boldsymbol{v}})=\sum_{a\in A}t_a(\overline{v}_a)\overline{v}_a$，总理解出行时间成本为

$$F_{\mathrm{SUE}}^t(\overline{\boldsymbol{v}})=\sum_{a\in A}t_a(\overline{v}_a)\overline{v}_a+\frac{1}{\theta}\sum_{w\in W}\sum_{r\in R_w}\sum_{m=1}^{M}\overline{f}_{rw}^m\ln\overline{f}_{rw}^m-\frac{1}{\theta}\sum_{w\in W}\sum_{m=1}^{M}d_w^m\ln d_w^m$$

令 $\widehat{\boldsymbol{v}}\in\Omega_v^M,\widehat{\boldsymbol{f}}\in\Omega_f^M$ 分别表示 SSO 问题式（3.14）的路段、路径流量向量，则系统的总理解出行时间成本为

$$F_{\mathrm{SSO}}^t(\widehat{\boldsymbol{v}})=\sum_{a\in A}t_a(\widehat{v}_a)\,\widehat{v}_a+\frac{1}{\theta}\sum_{w\in W}\sum_{r\in R_w}\sum_{m=1}^{M}\widehat{f}_{rw}^m\ln\widehat{f}_{rw}^m-\frac{1}{\theta}\sum_{w\in W}\sum_{m=1}^{M}d_w^m\ln d_w^m$$

则在时间度量出行决策准则下，多用户类 SUE 相对 SSO 的效率损失可以表示为 SUE 下与 SSO 下的系统总理解出行时间之差，即

$$F_{\mathrm{SUE}}^t(\overline{\boldsymbol{v}})-F_{\mathrm{SSO}}^t(\widehat{\boldsymbol{v}})\tag{3.35}$$

显然，$F_{\mathrm{SUE}}^t(\overline{\boldsymbol{v}})-F_{\mathrm{SSO}}^t(\widehat{\boldsymbol{v}})>0$。下面来界定它的上界。

在 VI 问题式（3.10）中，令 $\boldsymbol{f}=\widehat{\boldsymbol{f}}$，则有

$$\sum_{a\in A} t_a(\bar{v}_a)(\hat{v}_a-\bar{v}_a)+\frac{1}{\theta}\sum_{w\in W}\sum_{r\in R_w}\sum_{m=1}^{M}\ln\bar{f}_{rw}^m(\hat{f}_{rw}^m-\bar{f}_{rw}^m)\geqslant 0 \tag{3.36}$$

化简可得

$$F_{\text{SUE}}^t(\bar{\boldsymbol{v}})\leqslant F_{\text{SSO}}^t(\hat{\boldsymbol{v}})+\sum_{a\in A}[t_a(\bar{v}_a)-t_a(\hat{v}_a)]\,\hat{v}_a+\frac{1}{\theta}\sum_{w\in W}\sum_{r\in R_w}\sum_{m=1}^{M}\hat{f}_{rw}^m(\ln\bar{f}_{rw}^m-\ln\hat{f}_{rw}^m) \tag{3.37}$$

先来考虑式（3.37）右边第二项的上界。由式（3.19）、式（3.20）可得

$$\sum_{a\in A}[t_a(\bar{v}_a)-t_a(\hat{v}_a)]\,\hat{v}_a\leqslant\sum_{a\in A}\gamma(C)t_a(\bar{v}_a)\bar{v}_a=\gamma(C)T_{\text{SUE}}^t(\bar{\boldsymbol{v}}) \tag{3.38}$$

接下来，寻求界定式（3.37）右边第三项的上界，进而给出时间度量出行决策准则下多用户类 SUE 的效率损失上界。这里给出引理 3.2，具体的证明细节可以参阅 Guo 等（2010）。

引理 3.2　考虑下面最大值问题

$$\max Z(\boldsymbol{x},\boldsymbol{y})=\sum_{i=1}^{n}x_i(\ln y_i-\ln x_i) \tag{3.39}$$

约束条件为

$$\sum_{i=1}^{n}x_i=d,\ \sum_{i=1}^{n}y_i=d,\ x_i,\ y_i\geqslant 0,\ i=1,\ 2,\ \cdots,\ n \tag{3.40}$$

式中，$d>0$ 为常数。则此优化问题的最优目标函数值为 $Z_{\max}=0$。

由引理 3.2，可得

$$\sum_{r\in R_w}\hat{f}_{rw}^m(\ln\bar{f}_{rw}^m-\ln\hat{f}_{rw}^m)\leqslant 0,\ w\in W,\ m=1,\ 2,\ \cdots,\ M \tag{3.41}$$

将式（3.38）、式（3.41）代入式（3.37），可得定理 3.3。

定理 3.3　给定一个可分离路段出行时间成本函数类 C，其中路段出行时间成本函数 $t_a(v_a)$ 是路段总流量 v_a 的连续可微单调递增凸函数，则在时间度量出行决策准则下，固定需求下多用户类 SUE 相对 SSO 的效率损失存在一个上界，即

$$F_{\text{SUE}}^t(\bar{\boldsymbol{v}})-F_{\text{SSO}}^t(\hat{\boldsymbol{v}})\leqslant\gamma(C)T_{\text{SUE}}^t(\bar{\boldsymbol{v}}) \tag{3.42}$$

定理 3.3 表明，在时间度量出行决策准则下，固定需求下多用户类 SUE 相对 SSO 的效率损失上界依赖于参数 $\gamma(C)$ 和系统的总实际出行时间成本 $T_{\text{SUE}}^t(\bar{\boldsymbol{v}})$，参数 $\gamma(C)$ 和网络拓扑结构、出行者的社会经济属性 $\boldsymbol{\beta}$ 无关，它仅仅依赖于路段出行时间成本函数类 C。

3.3.2　费用度量下的效率损失

令 $\bar{\boldsymbol{v}}\in\Omega_v^M,\bar{\boldsymbol{f}}\in\Omega_f^M$ 分别表示多用户类 SUE 交通分配式（3.11）的路段、路径流量向量，则系统的总实际出行费用成本为 $T_{\text{SUE}}^c(\bar{\boldsymbol{v}})=\sum_{a\in A}\sum_{m=1}^{M}\beta_m t_a(\bar{v}_a)\,\bar{v}_a^m$，总理解出行费用成本为

$$F_{\mathrm{SUE}}^{c}(\bar{\boldsymbol{v}})=\sum_{a\in A}\sum_{m=1}^{M}\beta_m t_a(\bar{v}_a)\bar{v}_a^m+\frac{1}{\theta}\sum_{w\in W}\sum_{r\in R_w}\sum_{m=1}^{M}\bar{f}_{rw}^m\ln\bar{f}_{rw}^m-\frac{1}{\theta}\sum_{w\in W}\sum_{m=1}^{M}d_w^m\ln d_w^m$$

令 $\breve{\boldsymbol{v}}\in\Omega_v^M,\breve{\boldsymbol{f}}\in\Omega_f^M$ 表示费用度量出行决策准则下 SSO 问题式（3.15）的路段、路径流量向量，则系统的总理解出行费用成本为

$$F_{\mathrm{SSO}}^{c}(\breve{\boldsymbol{v}})=\sum_{a\in A}\sum_{m=1}^{M}\beta_m t_a(\breve{v}_a)\breve{v}_a^m+\frac{1}{\theta}\sum_{w\in W}\sum_{r\in R_w}\sum_{m=1}^{M}\breve{f}_{rw}^m\ln\breve{f}_{rw}^m-\frac{1}{\theta}\sum_{w\in W}\sum_{m=1}^{M}d_w^m\ln d_w^m$$

那么，在费用度量出行决策准则下，多用户类 SUE 相对 SSO 的效率损失定义为 SUE 下与 SSO 下的系统总理解出行费用之差，即

$$F_{\mathrm{SUE}}^{c}(\bar{\boldsymbol{v}})-F_{\mathrm{SSO}}^{c}(\breve{\boldsymbol{v}}) \tag{3.43}$$

显然，$F_{\mathrm{SUE}}^{c}(\bar{\boldsymbol{v}})-F_{\mathrm{SSO}}^{c}(\breve{\boldsymbol{v}})>0$。下面来界定它的上界。

在 VI 问题式（3.11）中，令 $\boldsymbol{f}=\breve{\boldsymbol{f}}$，则

$$\sum_{a\in A}\sum_{m=1}^{M}\beta_m t_a(\bar{v}_a)(\breve{v}_a^m-\bar{v}_a^m)+\frac{1}{\theta}\sum_{w\in W}\sum_{r\in R_w}\sum_{m=1}^{M}\ln\bar{f}_{rw}^m(\breve{f}_{rw}^m-\bar{f}_{rw}^m)\geqslant 0 \tag{3.44}$$

化简，可得

$$F_{\mathrm{SUE}}^{c}(\bar{\boldsymbol{v}})\leqslant F_{\mathrm{SSO}}^{c}(\breve{\boldsymbol{v}})+\sum_{a\in A}\sum_{m=1}^{M}\beta_m[t_a(\bar{v}_a)-t_a(\breve{v}_a)]\breve{v}_a^m+\frac{1}{\theta}\sum_{w\in W}\sum_{r\in R_w}\sum_{m=1}^{M}\breve{f}_{rw}^m(\ln\bar{f}_{rw}^m-\ln\breve{f}_{rw}^m) \tag{3.45}$$

先来考虑式（3.45）右边第二项的上界。类似 Han 和 Yang（2008）的研究，对任意的路段出行时间成本函数 $t_a=t_a(z_a)$、非负路段流量 $z_a\geqslant 0$ 和 VOT $\beta_m,m=1,2,\cdots,M$，定义如下的参数：

$$\gamma_a(t_a,z_a,\boldsymbol{\beta})=\frac{1}{\sum_{m=1}^{M}\beta_m z_a^m t_a(z_a)}\max_{v_a^m\geqslant 0}\left\{\sum_{m=1}^{M}\beta_m v_a^m[t_a(z_a)-t_a(v_a)]\right\} \tag{3.46}$$

不失一般性，这里假设 0/0=0 成立。进一步定义

$$\gamma_a(t_a,\boldsymbol{\beta})=\sup_{z_a\geqslant 0}\gamma_a(t_a,z_a,\boldsymbol{\beta}),\ \gamma(C,\boldsymbol{\beta})=\sup_{t_a\in C}\gamma_a(t_a,\boldsymbol{\beta}) \tag{3.47}$$

显然，对任意的 $z_a\geqslant 0$，有 $\gamma_a(t_a,\boldsymbol{\beta})\geqslant\gamma_a(t_a,z_a,\boldsymbol{\beta})$ 成立。对任意的 $t_a\in C$，$\gamma(C,\boldsymbol{\beta})\geqslant\gamma_a(t_a,\boldsymbol{\beta})$ 成立。

用 $\breve{v}_a$、$\bar{v}_a$ 分别替代式（3.46）中的 v_a、z_a，可得

$$\sum_{m=1}^{M}\beta_m\breve{v}_a^m[t_a(\bar{v}_a)-t_a(\breve{v}_a)]\leqslant\gamma_a(t_a,\bar{v}_a,\boldsymbol{\beta})\sum_{m=1}^{M}\beta_m\bar{v}_a^m t_a(\bar{v}_a)\leqslant\gamma(C,\boldsymbol{\beta})T_{\mathrm{SUE}}^{c}(\bar{\boldsymbol{v}}) \tag{3.48}$$

由 Han 和 Yang（2008）可知，如果路段出行时间成本函数是式（2.62）所示的多项式函数，则有

$$\gamma(C,\boldsymbol{\beta})\leqslant\frac{p}{(p+1)^{1+1/p}}\frac{\beta_{\max}}{\beta_{\min}} \tag{3.49}$$

这里，$\beta_{\max}:=\max\{\beta_m\mid m=1,2,\cdots,M\},\beta_{\min}:=\{\beta_m\mid m=1,2,\cdots,M\}$。

下面，寻求界定式（3.45）右边第三项的上界，由引理 3.2，可以得到

$$\sum_{r\in R_w} \breve{f}_{rw}^m(\ln \bar{f}_{rw}^m - \ln \breve{f}_{rw}^m) \leqslant 0,\ w\in W,\ m=1,2,\cdots,M \tag{3.50}$$

将式（3.48）、式（3.50）代入式（3.45），可以得到如下定理。

定理 3.4　给定一个可分离路段出行时间成本函数类C，其中路段出行时间成本函数$t_a(v_a)$是路段总流量v_a的连续可微单调递增凸函数，则在费用度量出行决策准则下，固定需求下多用户类 SUE 相对 SSO 的效率损失存在一个上界，即

$$F_{\text{SUE}}^c(\bar{\boldsymbol{v}}) - F_{\text{SSO}}^c(\breve{\boldsymbol{v}}) \leqslant \gamma(C,\boldsymbol{\beta}) T_{\text{SUE}}^c(\bar{\boldsymbol{v}}) \tag{3.51}$$

定理 3.4 表明，在费用度量出行决策准则下，固定需求下多用户类 SUE 相对 SSO 的效率损失上界仅仅依赖于参数$\gamma(C,\boldsymbol{\beta})$和系统实际出行费用成本$T_{\text{SUE}}^c(\bar{\boldsymbol{v}})$，其中参数$\gamma(C,\boldsymbol{\beta})$和网络拓扑结构无关，但和出行者的社会经济属性$\boldsymbol{\beta}$、路段出行时间成本函数类$C$相关。

3.3.3　数值算例

下面，考虑图 3.1 所示的多用户类交通网络中 SUE 相对 SSO 的效率损失上界。其中，路段出行时间成本函数、用户类的 VOT、OD 对的出行需求同 3.2.3 节一样。

假设，出行者对应的网络熟悉程度参数$\theta=1$，利用 MSA 方法（黄海军，1994），求解式（3.10），可得时间度量出行决策准则下，各路段在 SUE 时对应的路段均衡流量分别为$\bar{v}_a^1=7.2053,\ \bar{v}_b^1=2.7947,\ \bar{v}_a^2=10.8079,\ \bar{v}_b^2=4.1921$，路段均衡总流量分别为$\bar{v}_a=18.0132,\ \bar{v}_b=6.9868$，系统的总实际出行时间成本为$T_{\text{SUE}}^t(\bar{\boldsymbol{v}})=531.9479\,\text{min}$，总理解出行时间成本为$F_{\text{SUE}}^t(\bar{\boldsymbol{v}})=517.136\,\text{min}$。在时间度量出行决策准则下，SSO 时的路段流量是如下最优化问题的解：

$$\min\ [(v_a+3)v_a+(3v_b+1)v_b+v_a^1\ln(v_a^1)+v_a^2\ln(v_a^2)+v_b^1\ln(v_b^1)+v_b^2\ln(v_b^2)]$$

$$\text{s.t.}\begin{cases} v_a = v_a^1+v_a^2 \\ v_b = v_b^1+v_b^2 \\ v_a^1+v_b^1=10 \\ v_a^2+v_b^2=15 \\ v_a^1,v_b^1,v_a^2,v_b^2 \geqslant 0 \end{cases}$$

易得，上面最优化问题的解为$\hat{v}_a^1=7.2509,\ \hat{v}_a^2=11.1241,\ \hat{v}_b^1=2.7491,\ \hat{v}_b^2=3.8759$。从而，路段的总流量分别为$\hat{v}_a=18.375,\ \hat{v}_b=6.6250$。因此，SSO 时系统的总理解出行时间成本为$F_{\text{SSO}}^t(\hat{\boldsymbol{v}})=460.7909\,\text{min}$。由于路段出行时间成本函数是递增的仿射函数，故$\gamma(C)=0.25$。易得，$F_{\text{SUE}}^t(\bar{\boldsymbol{v}})-F_{\text{SSO}}^t(\hat{\boldsymbol{v}})=56.3457<0.25\times531.9479\doteq132.9870$，满足定理 3.3 中的结论。

由 3.2.3 节可得费用度量出行决策准则下各路段在 SUE 时各路段流量分别为$\bar{v}_a^1=6.4992,$

$\overline{v}_b^1 = 3.5008,\ \overline{v}_a^2 = 11.5971,\ \overline{v}_b^2 = 3.4029$，路段均衡总流量分别为$\overline{v}_a = 18.0963, \overline{v}_b = 6.9037$，系统的总出行费用成本为$T_{\mathrm{SUE}}^c(\overline{\boldsymbol{v}}) = 850.1885$元，总理解出行费用成本为$F_{\mathrm{SUE}}^c(\overline{\boldsymbol{v}}) = 835.6817$元。在费用度量出行决策准则下，SSO 时的路段流量是如下最优化问题的解：

$$\min z$$

$$\text{s.t.}\begin{cases} v_a = v_a^1 + v_a^2 \\ v_b = v_b^1 + v_b^2 \\ v_a^1 + v_b^1 = 10 \\ v_a^2 + v_b^2 = 15 \\ v_a^1, v_b^1, v_a^2, v_b^2 \geqslant 0 \end{cases}$$

式中，

$$\begin{aligned} z = & v_a^1(v_a + 3) + 2v_a^2(v_a + 3) + v_b^1(3v_b + 1) + 2v_b^2(3v_b + 1) \\ & + v_a^1 \ln(v_a^1) + v_a^2 \ln(v_a^2) + v_b^1 \ln(v_b^1) + v_b^2 \ln(v_b^2) \end{aligned}$$

易得，上面最优化问题的解为$\breve{v}_a^1 = 10.00,\ \breve{v}_a^2 = 9.00,\ \breve{v}_b^1 = 0,\ \breve{v}_b^2 = 6.00$，因此 SSO 下系统的总理解出行费用成本为$F_{\mathrm{SSO}}^c(\breve{\boldsymbol{v}}) = 768.3534$元。由 3.2.3 节知，$\gamma(C,\beta) = \max\{\gamma_a, \gamma_b\} = \max\{0.2614, 0.3195\} = 0.3195$。易得，$F_{\mathrm{SUE}}^c(\overline{\boldsymbol{v}}) - F_{\mathrm{SSO}}^c(\breve{\boldsymbol{v}}) = 67.3283 < 0.3195 \times 5850.1885 \doteq 1869.1352$，满足定理 3.4 中的结论。

3.4　本 章 小 结

本章探讨了多用户类 SUE 交通分配的效率损失上界。具体来说，我们考虑了多用户类 SUE 相对两种不同系统最优的效率损失。第一种是传统意义上的 SO，即用系统的总实际出行成本作为衡量系统优劣的指标，第二种度量系统最优的指标是 SSO，即用出行者的总理解出行成本作为衡量系统优劣的指标。首先，本章构建了多用户类 SUE 交通分配的 VI 模型。其次，本章系统地研究了时间度量和费用度量出行决策准则下，多用户类 SUE 相对 SO 的效率损失上界问题。研究结果表明，无论在时间度量还是费用度量出行决策准则下，SUE 相对 SO 的效率损失上界与路段出行时间成本函数类、网络复杂程度、网络总出行需求以及用户对网络熟悉程度等因素有关。在费用度量出行决策准则下，其上界还与出行者的 VOT 有关。值得注意的是，效率损失上界中的参数与用户的社会经济属性、用户对网络的熟悉程度相关，这表明效率损失上界是由多用户类多准则随机交通分配的本质所决定的。最后，本章系统地研究了时间度量和费用度量出行决策准则下，多用户类 SUE 相对 SSO 的效率损失上界问题。研究结果表明，与 SUE 相对 SO 的结果不同，无论是在时间度量还是在费用度量下，解析得到的 SUE 效率损失上界与网络拓扑结构的复杂程度、用户对网络的熟悉程度无关，但它们都和路段出行时间成本函数类以及实际的出行成本有关。并且，在费用度量出行决策准则下，上界还依赖出行者具体的社会经济属性。

第 4 章　收费机制下固定需求多用户类随机用户均衡交通分配的效率损失

拥挤道路收费机制为全世界提供了一种解决交通拥堵问题行之有效的手段，到目前为止，包括新加坡、中国香港在内的多个国家和地区已经成功实施了拥挤收费。据报道，新加坡实施区域通行证制度（area license scheme，ALS）的效果非常明显，高峰期交通量下降了 45%（其中 70%以上的为单独驾车），平均车速从 18km/h 增加到 35km/h。

通常认为，收费机制是降低 UE 效率损失的三种方法之一。Karakostas 和 Kolliopoulos（2004）将拥挤道路收费作为系统出行成本一部分，证明了路段出行时间成本函数在满足一定条件时，最优收费机制下的效率损失上界小于没有收费机制下的效率损失上界。Han 等（2008a）研究了在线性非对称出行时间成本函数下，最优收费是系统总出行成本一部分时交通网络的效率损失上界问题。Han 和 Yang（2008）在离散 VOT 的多用户类交通网络中，分别在时间度量出行决策准则下和费用度量出行决策准则下探讨了第二最优收费对效率损失的影响。同时，他们还研究了收费作为系统总出行成本一部分时的效率损失。余孝军和黄海军（2009）运用 VI 方法探讨了收费不作为系统总出行成本一部分时，SUE 相对 SO 的效率损失上界问题，并分析了效率损失与网络参数间的关系。

本章将研究收费不作为系统总出行成本一部分时，收费机制下固定需求多用户类 SUE 分别相对 SO 和 SSO 的效率损失。首先，本章建立了收费机制下多用户类 SUE 交通分配的 VI 模型及 SSO 模型；其次，探讨了收费机制下多用户类 SUE 分别在时间度量和费用度量出行决策准则下相对 SO 的效率损失；最后，得到了收费机制下多用户类 SUE 分别在时间度量和费用度量出行决策准则下相对 SSO 的效率损失。

4.1　收费机制下多用户类随机用户均衡交通分配模型及最优模型

4.1.1　收费机制下多用户类随机用户均衡交通分配模型

在前文研究的基础上，设 τ_a 为路段 a 上的收费（本章用货币来衡量）；$\boldsymbol{\tau}$ 表示收费机制。

类似 3.1.1 节的方法，可得如下的引理。

引理 4.1　在基于 Logit 路径选择的假设下，收费机制下固定需求多用户类 SUE 交通分配问题等价于求解下面的 VI 问题，即寻找 $\bar{\boldsymbol{f}} \in \Omega_f^M$，使得任意的 $\boldsymbol{f} \in \Omega_f^M$，都满足

$$\sum_{w\in W}\sum_{r\in R_w}\sum_{m=1}^{M}\left\langle c_{rw}^{m}(\bar{\boldsymbol{f}})+\frac{1}{\theta}\ln \bar{f}_{rw}^{m}, f_{rw}^{m}-\bar{f}_{rw}^{m}\right\rangle \geqslant 0 \tag{4.1}$$

由于τ_a是给定的路段收费，所以这里的$c_{rw}^{m}(\boldsymbol{f})$比第 3 章中的$c_{rw}^{m}(\boldsymbol{f})$要多一个常数项，类似第 3 章的分析可知其仍是连续函数，$\dfrac{1}{\theta}\ln f_{rw}^{m}$显然也是连续函数。同时，$\Omega_f^M$是紧凸集，从而说明 VI 问题式（4.1）存在解。如果路径出行成本向量$C(\boldsymbol{f})$是Ω_f^M上的单调映射，则 VI 问题式（4.1）存在唯一解。可进一步放松单调性的要求，只要满足路段出行成本函数$c(\boldsymbol{v})$是Ω_v^M上的单调映射，也能得到 VI 问题式（4.1）存在唯一解。

本章下面的分析都是建立在 VI 问题式（4.1）存在唯一解的基础上，现在考虑在收费机制$\boldsymbol{\tau}$下$c_a^m(v_a)$在两类不同的出行决策准则下的具体表现形式。在时间度量出行决策准则下，有

$$c_a^m(v_a)=t_a(v_a)+\frac{\tau_a}{\beta_m}, a\in A, m=1,\ 2,\cdots,M \tag{4.2}$$

在费用度量出行决策准则下，有

$$c_a^m(v_a)=\beta_m t_a(v_a)+\tau_a, a\in A, m=1,2,\cdots,M \tag{4.3}$$

将式（4.2）和式（4.3）分别代入式（4.1），并结合关系式（2.35）～式（2.37），则可得收费机制下固定需求多用户类 SUE 分别在时间（费用）度量出行决策准则下的 VI 模型，即

$$\sum_{a\in A}t_a(\bar{\boldsymbol{v}})(v_a-\bar{v}_a)+\frac{1}{\theta}\sum_{w\in W}\sum_{r\in R_w}\sum_{m=1}^{M}\ln \bar{f}_{rw}^{m}(f_{rw}^{m}-\bar{f}_{rw}^{m})+\sum_{a\in A}\sum_{m=1}^{M}\frac{\tau_a}{\beta_m}(v_a^m-\bar{v}_a^m)\geqslant 0,\ \forall \boldsymbol{f}\in\Omega_f^M \tag{4.4}$$

$$\sum_{a\in A}\sum_{m=1}^{M}\beta_m t_a(\bar{\boldsymbol{v}})(v_a^m-\bar{v}_a^m)+\frac{1}{\theta}\sum_{w\in W}\sum_{r\in R_w}\sum_{m=1}^{M}\ln \bar{f}_{rw}^{m}(f_{rw}^{m}-\bar{f}_{rw}^{m})+\sum_{a\in A}\tau_a(v_a-\bar{v}_a)\geqslant 0,\ \forall \boldsymbol{f}\in\Omega_f^M \tag{4.5}$$

4.1.2 收费机制下随机系统最优模型

由 3.1.2 节中关于 SSO 问题以及 SSO 流的定义，同时考虑到出行需求为固定值，可得时间度量（费用度量）出行决策准则下，多用户类固定需求在收费机制$\boldsymbol{\tau}$下的 SSO 流$\hat{\boldsymbol{f}}(\breve{\boldsymbol{f}})$分别等价于下面最优化问题的解：

$$\min_{\boldsymbol{f}\in\Omega_f^M} Z(\boldsymbol{f})=\sum_{a\in A}t_a(v_a)v_a+\sum_{a\in A}\sum_{m=1}^{M}\frac{\tau_a}{\beta_m}v_a^m+\frac{1}{\theta}\sum_{w\in W}\sum_{r\in R_w}\sum_{m=1}^{M}f_{rw}^{m}\ln f_{rw}^{m} \tag{4.6}$$

$$\min_{\boldsymbol{f}\in\Omega_f^M} Z(\boldsymbol{f})=\sum_{a\in A}\sum_{m=1}^{M}\beta_m t_a(v_a)v_a^m+\sum_{a\in A}\tau_a v_a+\frac{1}{\theta}\sum_{w\in W}\sum_{r\in R_w}\sum_{m=1}^{M}f_{rw}^{m}\ln f_{rw}^{m} \tag{4.7}$$

4.2　收费机制下随机用户均衡相对系统最优的效率损失

4.2.1　时间度量下的效率损失

令 $\overline{\boldsymbol{v}} \in \Omega_v^M, \overline{\boldsymbol{f}} \in \Omega_f^M$ 分别表示收费机制 $\boldsymbol{\tau}$ 下固定需求多用户类 SUE 交通分配式（4.4）的路段、路径流量向量；$\hat{\boldsymbol{v}} \in \Omega_v^M, \hat{\boldsymbol{f}} \in \Omega_f^M$ 分别表示时间度量出行决策准则下 SO 时的路段、路径流量向量，即是最优化问题 $\min\limits_{\boldsymbol{v}\in\Omega_v^M} \sum\limits_{a\in A} t_a(v_a)v_a$ 的解。设时间度量出行决策准则下，SUE 相对 SO 的效率损失为

$$\rho_{fx,M}^{\mathrm{SUE},\boldsymbol{\tau},t} = \frac{T_{\mathrm{SUE}}^{\boldsymbol{\tau},t}(\overline{\boldsymbol{v}})}{T_{\mathrm{SO}}^{\boldsymbol{\tau},t}(\hat{\boldsymbol{v}})} \tag{4.8}$$

式中，$T_{\mathrm{SO}}^{\boldsymbol{\tau},t}(\hat{\boldsymbol{v}}) = \sum\limits_{a\in A} t_a(\hat{v}_a)\hat{v}_a$，$T_{\mathrm{SUE}}^{\boldsymbol{\tau},t}(\overline{\boldsymbol{v}}) = \sum\limits_{a\in A} t_a(\overline{v}_a)\overline{v}_a$ 分别为 SO 时与收费机制 $\boldsymbol{\tau}$ 下 SUE 时的系统总出行时间成本。显然，$\rho_{fx,M}^{\mathrm{SUE},\boldsymbol{\tau},t} \geqslant 1$。下面推导式（4.8）的上界。

在 VI 问题式（4.4）中，令 $\boldsymbol{f} = \hat{\boldsymbol{f}}$，则有

$$\sum_{a\in A} t_a(\overline{\boldsymbol{v}})(\hat{v}_a - \overline{v}_a) + \frac{1}{\theta}\sum_{w\in W}\sum_{r\in R_w}\sum_{m=1}^{M} \ln \overline{f}_{rw}^m(\hat{f}_{rw}^m - \overline{f}_{rw}^m) + \sum_{a\in A}\sum_{m=1}^{M}\frac{\tau_a}{\beta_m}(\hat{v}_a^m - \overline{v}_a^m) \geqslant 0 \tag{4.9}$$

即

$$\begin{aligned} T_{\mathrm{SUE}}^{\boldsymbol{\tau},t}(\overline{\boldsymbol{v}}) \leqslant{}& T_{\mathrm{SO}}^{\boldsymbol{\tau},t}(\hat{\boldsymbol{v}}) + \sum_{a\in A}[t_a(\overline{v}_a) - t_a(\hat{v}_a)]\hat{v}_a + \sum_{a\in A}\sum_{m=1}^{M}\frac{\tau_a}{\beta_m}(\hat{v}_a^m - \overline{v}_a^m) \\ &+ \frac{1}{\theta}\sum_{w\in W}\sum_{r\in R_w}\sum_{m=1}^{M} \ln \overline{f}_{rw}^m(\hat{f}_{rw}^m - \overline{f}_{rw}^m) \end{aligned} \tag{4.10}$$

先来考虑式（4.10）右边第二项与第三项和的上界。类似 Han 和 Yang（2008）的工作，对每一个路段出行时间成本函数 $t_a = t_a(z_a)$ 和非负路段流量 $z_a \geqslant 0$，对任意的 $a \in A$，如果 $0 \leqslant \tau_a \leqslant \beta_{\min}\overline{v}_a t_a'(\overline{v}_a)$，定义

$$\gamma_a(t_a,\overline{v}_a,\tau_a,\boldsymbol{\beta}) = \max_{v_a\geqslant 0}\frac{[t_a(\overline{v}_a) - t_a(v_a)]v_a + \sum\limits_{m=1}^{M}\frac{1}{\beta_m}(v_a^m - \overline{v}_a^m)\tau_a}{t_a(\overline{v}_a)\overline{v}_a} \tag{4.11a}$$

对任意的 $a \in A$，如果 $\tau_a > \beta_{\min}\overline{v}_a t_a'(\overline{v}_a)$，定义

$$\gamma_a(t_a,\overline{v}_a,\tau_a,\boldsymbol{\beta}) = \max_{v_a\geqslant 0}\frac{[t_a(\overline{v}_a) - t_a(v_a)]v_a + \sum\limits_{m=1}^{M}\frac{1}{\beta_m}(v_a^m - \overline{v}_a^m)\tau_a}{t_a(v_a)v_a} \tag{4.11b}$$

式中，$v_a = \sum\limits_{m=1}^{M} v_a^m$。不失一般性，假定 0/0=0 成立。对任意给定的路段出行时间成本函数类 C，令

$$\gamma(C,\boldsymbol{\tau},\boldsymbol{\beta})=\max_{t_a\in C,a\in A}\gamma_a(t_a,\overline{v}_a,\tau_a,\boldsymbol{\beta}) \tag{4.12}$$

然后，用$\hat{v}_a$分别替代定义式（4.11a）、式（4.11b）中的v_a。可得，如果对任意的$a\in A$，都有$0\leqslant\tau_a\leqslant\beta_{\min}\overline{v}_a t'_a(\overline{v}_a)$，则

$$\sum_{a\in A}[t_a(\overline{v}_a)-t_a(\hat{v}_a)]\hat{v}_a+\sum_{a\in A}\sum_{m=1}^{M}\frac{\tau_a}{\beta_m}(\hat{v}_a^m-\overline{v}_a^m)\leqslant\gamma(C,\boldsymbol{\tau},\boldsymbol{\beta})T_{\mathrm{SUE}}^{\boldsymbol{\tau},t}(\overline{\boldsymbol{v}}) \tag{4.13a}$$

如果对任意的$a\in A$，都有$\tau_a>\beta_{\min}\overline{v}_a t'_a(\overline{v}_a)$，则

$$\sum_{a\in A}[t_a(\overline{v}_a)-t_a(\hat{v}_a)]\hat{v}_a+\sum_{a\in A}\sum_{m=1}^{M}\frac{\tau_a}{\beta_m}(\hat{v}_a^m-\overline{v}_a^m)\leqslant\gamma(C,\boldsymbol{\tau},\boldsymbol{\beta})T_{\mathrm{SO}}^{\boldsymbol{\tau},t}(\hat{\boldsymbol{v}}) \tag{4.13b}$$

接下来寻求界定式（4.10）右边第四项的上界，进而界定收费机制$\boldsymbol{\tau}$下，时间度量出行决策准则下多用户类SUE相对SO的效率损失上界。由引理2.10（Guo and Yang，2005），可得

$$\sum_{r\in R_w}\ln\overline{f}_{rw}^m(\hat{f}_{rw}^m-\overline{f}_{rw}^m)\leqslant k_w d_w^m \tag{4.14}$$

式中，$k_w=g^{-1}[(|R_w|-1)/\mathrm{e}],\ w\in W$。则式（4.10）中第四项满足

$$\frac{1}{\theta}\sum_{w\in W}\sum_{r\in R_w}\sum_{m=1}^{M}\ln\overline{f}_{rw}^m(\hat{f}_{rw}^m-\overline{f}_{rw}^m)\leqslant\frac{1}{\theta}\sum_{w\in W}\sum_{m=1}^{M}k_w d_w^m \tag{4.15}$$

令$D=\sum_{w\in W}\sum_{m=1}^{M}d_w^m$表示路网中的总出行需求，$\overline{k}=\sum_{w\in W}\sum_{m=1}^{M}\left(\frac{d_w^m}{D}\right)k_w$，进一步定义$\overline{c}=\frac{T_{\mathrm{SO}}^{\boldsymbol{\tau},t}(\hat{\boldsymbol{v}})}{D}$为SO时整个路网中所有出行者的平均出行时间成本，则有下面的定理成立。

定理 4.1 给定一个可分离路段出行时间成本函数类C，其中路段出行时间成本函数$t_a(v_a)$是路段总流量v_a的连续可微单调递增凸函数，$\overline{\boldsymbol{v}}$为时间度量出行决策准则下路段收费机制$\boldsymbol{\tau}$下的SUE路段流量向量，$\hat{\boldsymbol{v}}$为时间度量出行决策准则下SO时的路段流量向量，则在时间度量出行决策准则下，收费机制$\boldsymbol{\tau}$下固定需求多用户类SUE相对SO的效率损失存在一个上界。

（1）如果对任意的$a\in A$，都有$0\leqslant\tau_a\leqslant\beta_{\min}\overline{v}_a t'_a(\overline{v}_a)$，则

$$\rho_{fx,M}^{\mathrm{SUE},\boldsymbol{\tau},t}=\frac{T_{\mathrm{SUE}}^{\boldsymbol{\tau},t}(\overline{\boldsymbol{v}})}{T_{\mathrm{SO}}^{\boldsymbol{\tau},t}(\hat{\boldsymbol{v}})}\leqslant\frac{1+\dfrac{\overline{k}}{\theta\overline{c}}}{1-\gamma(C,\boldsymbol{\tau},\boldsymbol{\beta})} \tag{4.16a}$$

（2）如果对任意的$a\in A$，都有$\tau_a>\beta_{\min}\overline{v}_a t'_a(\overline{v}_a)$，则

$$\rho_{fx,M}^{\mathrm{SUE},\boldsymbol{\tau},t}=\frac{T_{\mathrm{SUE}}^{\boldsymbol{\tau},t}(\overline{\boldsymbol{v}})}{T_{\mathrm{SO}}^{\boldsymbol{\tau},t}(\hat{\boldsymbol{v}})}\leqslant 1+\gamma(C,\boldsymbol{\tau},\boldsymbol{\beta})+\frac{\overline{k}}{\theta\overline{c}} \tag{4.16b}$$

式（4.16a）和式（4.16b）要求路网中所有路段上的收费同时满足不大于（或不小于）拥挤外部性，这在现实中明显是不可行的。现假设，路网中的一些路段$a\in A_1\subset A$，满足$0\leqslant\tau_a\leqslant\beta_{\min}\overline{v}_a t'_a(\overline{v}_a)$，在其他的路段上有$\tau_a>\beta_{\min}\overline{v}_a t'_a(\overline{v}_a)$成立。定义如下参数：

$$\gamma_1(C,\boldsymbol{\tau},\boldsymbol{\beta})=\max_{t_a\in C,a\in A_1}\gamma_a(t_a,\overline{v}_a,\tau_a,\boldsymbol{\beta}),\ \text{对}\ 0\leqslant\tau_a\leqslant\beta_{\min}\overline{v}_a t'_a(\overline{v}_a),\ a\in A_1 \tag{4.17a}$$

$$\gamma_2(C,\boldsymbol{\tau},\beta)=\max_{t_a\in C,a\notin A_1}\gamma_a(t_a,\overline{v}_a,\tau_a,\beta),\text{对}\ \tau_a>\beta_{\min}\overline{v}_a t_a'(\overline{v}_a),\ a\notin A_1 \tag{4.17b}$$

则有下面结论成立。

定理 4.2　给定一个可分离路段出行时间成本函数类 C，其中路段出行时间成本函数 $t_a(v_a)$ 是路段总流量 v_a 的连续可微单调递增凸函数，$\overline{\boldsymbol{v}}$ 为时间度量出行决策准则下路段收费机制 $\boldsymbol{\tau}$ 下的 SUE 路段流量向量，$\hat{\boldsymbol{v}}$ 为时间度量出行决策准则下 SO 时的路段流量向量，则在时间度量出行决策准则下，收费机制 $\boldsymbol{\tau}$ 下固定需求多用户类 SUE 相对 SO 的效率损失存在一个上界，即

$$\rho_{fx,M}^{\text{SUE},\boldsymbol{\tau},t}=\frac{T_{\text{SUE}}^{\boldsymbol{\tau},t}(\overline{\boldsymbol{v}})}{T_{\text{SO}}^{\boldsymbol{\tau},t}(\hat{\boldsymbol{v}})}\leqslant\frac{1+\gamma_2(C,\boldsymbol{\tau},\boldsymbol{\beta})+\dfrac{\overline{k}}{\theta\overline{c}}}{1-\gamma_1(C,\boldsymbol{\tau},\boldsymbol{\beta})} \tag{4.18}$$

定理 4.2 表明，在时间度量出行决策准则下，收费机制 $\boldsymbol{\tau}$ 下固定需求多用户类 SUE 相对 SO 的效率损失依赖于 $\gamma_1(C,\boldsymbol{\tau},\boldsymbol{\beta})$、$\gamma_2(C,\boldsymbol{\tau},\boldsymbol{\beta})$、$\theta$、$\overline{k}$ 和 $\overline{c}$ 等五个参数。同时，满足下面关系。

（1）效率损失上界是 $\gamma_1(C,\boldsymbol{\tau},\boldsymbol{\beta})$, $\gamma_2(C,\boldsymbol{\tau},\boldsymbol{\beta})$ 的增函数，其中 $\gamma_1(C,\boldsymbol{\tau},\boldsymbol{\beta})$, $\gamma_2(C,\boldsymbol{\tau},\boldsymbol{\beta})$ 是无量纲参数，它们和路段出行时间成本函数类 C 、路段收费机制 $\boldsymbol{\tau}$ 以及用户类的 VOT $\boldsymbol{\beta}$ 相关。当 $\boldsymbol{\tau}$ 为零时，显然 $\gamma_2(C,\boldsymbol{\tau},\boldsymbol{\beta})$ 为零，$\gamma_1(C,\boldsymbol{\tau},\boldsymbol{\beta})$ 只和路段出行时间成本函数类相关 C 。此时，$\rho_{fx,M}^{\text{SUE},\boldsymbol{\tau},t}=\rho_{fx,M}^{\text{SUE},t}\leqslant\left[\dfrac{1}{1-\gamma(C)}\right]\left(1+\dfrac{\overline{k}}{\theta\overline{c}}\right)$，即为文献（Yu et al.，2009b）中的定理 1 。

（2）效率损失上界是表示出行者网络熟悉程度参数 θ 的减函数，当 $\theta\to+\infty$ ，SUE 交通分配模型就变成了确定性交通分配模型。此时，$\rho_{fx,M}^{\text{SUE},\boldsymbol{\tau},t}=\rho_{fx,M}^{\text{UE},\boldsymbol{\tau},t}\leqslant\dfrac{1+\gamma_2(C,\boldsymbol{\tau},\boldsymbol{\beta})}{1-\gamma_1(C,\boldsymbol{\tau},\boldsymbol{\beta})}$，这就是 Han 和 Yang（2008）文献中 3.1 节的结论。

（3）效率损失上界是表示网络复杂程度参数 $\overline{k}$ 的增函数，$\overline{k}$ 是随着可行路径数目增加而增加的无量纲系数。若路网中所有 OD 对都只有一条路径，则 $k_w=0$，进而 $\overline{k}=0$，此时 $\rho_{fx,M}^{\text{SUE},\boldsymbol{\tau},t}=\rho_{fx,M}^{\text{UE},\boldsymbol{\tau},t}\leqslant\dfrac{1+\gamma_2(C,\boldsymbol{\tau},\boldsymbol{\beta})}{1-\gamma_1(C,\boldsymbol{\tau},\boldsymbol{\beta})}$。

（4）效率损失上界是参数 $\overline{c}$ 的减函数，$\overline{c}=\dfrac{T_{\text{SO}}^{\boldsymbol{\tau},t}(\hat{\boldsymbol{v}})}{D}$ 为 SO 时整个路网中所有出行者的平均出行时间成本，这隐含着效率损失上界是总交通需求的增函数。

4.2.2　费用度量下的效率损失

令 $\overline{\boldsymbol{v}}\in\Omega_v^M$, $\overline{\boldsymbol{f}}\in\Omega_v^M$ 分别表示收费机制 $\boldsymbol{\tau}$ 下，固定需求多用户类 SUE 交通分配式(4.5)的路段、路径流量向量。令 $\tilde{\boldsymbol{v}}\in\Omega_v^M$, $\tilde{\boldsymbol{f}}\in\Omega_f^M$ 分别表示费用度量出行决策准则下，SO 时的路段、路径流量向量，即是最优化问题 $\min\limits_{v\in\Omega_v^M}\sum\limits_{a\in A}\sum\limits_{m=1}^{M}\beta_m t_a(v_a)v_a^m$ 的解。假设费用度量出行决策准则下 SUE 相对 SO 的效率损失为

$$\rho_{fx,M}^{\mathrm{SUE},\boldsymbol{\tau},c}=\frac{T_{\mathrm{SUE}}^{\boldsymbol{\tau},c}(\overline{\boldsymbol{v}})}{T_{\mathrm{SO}}^{\boldsymbol{\tau},c}(\tilde{\boldsymbol{v}})} \tag{4.19}$$

式中，$T_{\mathrm{SO}}^{\boldsymbol{\tau},c}(\tilde{\boldsymbol{v}})=\sum_{a\in A}\sum_{m=1}^{M}\beta_m t_a(\tilde{v}_a)\tilde{v}_a^m$，$T_{\mathrm{SUE}}^{\boldsymbol{\tau},c}(\overline{\boldsymbol{v}})=\sum_{a\in A}\sum_{m=1}^{M}\beta_m t_a(\overline{v}_a)\overline{v}_a^m$ 分别为 SO 与收费机制 $\boldsymbol{\tau}$ 下系统的总出行费用成本。显然，$\rho_{fx,M}^{\mathrm{SUE},\boldsymbol{\tau},c}\geqslant 1$，下面，推导式（4.19）的上界。

在 VI 问题式（4.5）中，令 $\boldsymbol{f}=\tilde{\boldsymbol{f}}$，则有

$$\sum_{a\in A}\sum_{m=1}^{M}\beta_m t_a(\overline{\boldsymbol{v}})(\tilde{v}_a^m-\overline{v}_a^m)+\sum_{a\in A}\tau_a(\tilde{v}_a-\overline{v}_a)+\frac{1}{\theta}\sum_{w\in W}\sum_{r\in R_w}\sum_{m=1}^{M}\ln\overline{f}_{rw}^m(\tilde{f}_{rw}^m-\overline{f}_{rw}^m)\geqslant 0 \tag{4.20}$$

即

$$\begin{aligned}T_{\mathrm{SUE}}^{\boldsymbol{\tau},c}(\overline{\boldsymbol{v}})\leqslant T_{\mathrm{SO}}^{\boldsymbol{\tau},c}(\tilde{\boldsymbol{v}})&+\sum_{a\in A}\sum_{m=1}^{M}\beta_m[t_a(\overline{v}_a)-t_a(\tilde{v}_a)]\tilde{v}_a^m+\sum_{a\in A}\tau_a(\tilde{v}_a-\overline{v}_a)\\&+\frac{1}{\theta}\sum_{w\in W}\sum_{r\in R_w}\sum_{m=1}^{M}\ln\overline{f}_{rw}^m(\tilde{f}_{rw}^m-\overline{f}_{rw}^m)\end{aligned} \tag{4.21}$$

先来考虑式（4.21）右边第二项与第三项和的上界。类似 Han 和 Yang（2008）的研究，对任意的路段出行时间成本函数 $t_a=t_a(z_a)$、非负路段流量 $z_a\geqslant 0$ 和 VOT $\beta_m, m=1,2,\cdots,M$，定义如下的参数：

$$\gamma_a(t_a,z_a,\tau_a,\boldsymbol{\beta})=\frac{1}{\sum_{m=1}^{M}\beta_m z_a^m t_a(z_a)}\max_{v_a^m\geqslant 0}\left\{\sum_{m=1}^{M}\beta_m v_a^m[t_a(z_a)-t_a(v_a)]+\tau_a(v_a-z_a)\right\} \tag{4.22a}$$

不失一般性，假设 0/0=0 成立。为了保证 $\gamma_a(t_a,z_a,\tau_a,\boldsymbol{\beta})<1$，继续定义

$$\overline{\gamma}(C,\boldsymbol{\tau},\boldsymbol{\beta})=\sup_{t_a\in C,a\in A_2}\gamma_a(t_a,z_a,\tau_a,\boldsymbol{\beta}) \tag{4.22b}$$

式中，$A_2=\{a\in A\,|\,\gamma_a(t_a,z_a,\tau_a,\beta)<1\}$。

$$\tilde{\gamma}(C,\boldsymbol{\tau},\beta)=\sup_{t_a\in C}g(t_a,z_a,\tau_a,\boldsymbol{\beta}) \tag{4.22c}$$

式中，

$$g(t_a,z_a,\tau_a,\boldsymbol{\beta})=\max_{v_a^m\geqslant 0,a\notin A_2}h(x)=\frac{\sum_{m=1}^{M}\beta_m v_a^m[t_a(z_a)-t_a(v_a)]+\tau_a(v_a-z_a)}{\sum_{m=1}^{M}\beta_m v_a^m t_a(v_a)}$$

由式（4.22c）可得 $\tilde{\gamma}(C,\boldsymbol{\beta})>-1$。且知，当 $v_a^m\to+\infty$ 时，$h(x)\to-1$；当 $v_a^m\to 0$ 时，$h(x)\to+\infty$。

用 $\tilde{v}_a$、$\overline{v}_a$ 分别替代定义式（4.22a）中的 v_a、z_a，可得

$$\sum_{m=1}^{M}\beta_m\tilde{v}_a^m[t_a(\overline{v}_a)-t_a(\tilde{v}_a)]+\tau_a(\tilde{v}_a-\overline{v}_a)\leqslant\gamma_a(t_a,\overline{v}_a,\tau_a,\boldsymbol{\beta})\sum_{m=1}^{M}\beta_m\overline{v}_a^m t_a(\overline{v}_a) \tag{4.23}$$

则可知式（4.21）右边第二项与第三项的和满足

$$\begin{aligned}&\sum_{a\in A}\sum_{m=1}^{M}\beta_m\tilde{v}_a^m[t_a(\overline{v}_a)-t_a(\tilde{v}_a)]+\sum_{a\in A}\tau_a(\tilde{v}_a-\overline{v}_a)\\&=\sum_{a\in A_2}\sum_{m=1}^{M}\beta_m\tilde{v}_a^m[t_a(\overline{v}_a)-t_a(\tilde{v}_a)]+\sum_{a\in A_2}\tau_a(\tilde{v}_a-\overline{v}_a)\\&\quad+\sum_{a\notin A_2}\sum_{m=1}^{M}\beta_m\tilde{v}_a^m[t_a(\overline{v}_a)-t_a(\tilde{v}_a)]+\sum_{a\notin A_2}\tau_a(\tilde{v}_a-\overline{v}_a)\\&\leqslant\overline{\gamma}(C,\boldsymbol{\tau},\boldsymbol{\beta})T_{\mathrm{SUE}}^{\boldsymbol{\tau},c}(\overline{\boldsymbol{v}})+\tilde{\gamma}(C,\boldsymbol{\tau},\boldsymbol{\beta})T_{\mathrm{SO}}^{\boldsymbol{\tau},c}(\tilde{\boldsymbol{v}})\end{aligned}\tag{4.24}$$

式中，最后的不等式由定义式（4.22b）和式（4.22c）得到。

下面，寻求界定式（4.21）右边第四项的上界。由引理 2.10 可以得到

$$\sum_{r\in R_w}\ln\overline{f}_{rw}^m(\tilde{f}_{rw}^m-\overline{f}_{rw}^m)\leqslant k_w d_w^m\tag{4.25}$$

将式（4.24）、式（4.25）代入式（4.21），可得

$$T_{\mathrm{SUE}}^{\boldsymbol{\tau},c}(\overline{\boldsymbol{v}})\leqslant T_{\mathrm{SO}}^{\boldsymbol{\tau},c}(\tilde{\boldsymbol{v}})+\overline{\gamma}(C,\boldsymbol{\tau},\boldsymbol{\beta})T_{\mathrm{SUE}}^{\boldsymbol{\tau},c}(\overline{\boldsymbol{v}})+\tilde{\gamma}(C,\boldsymbol{\tau},\boldsymbol{\beta})T_{\mathrm{SO}}^{\boldsymbol{\tau},c}(\tilde{\boldsymbol{v}})+\frac{1}{\theta}\sum_{w\in W}\sum_{m=1}^{M}k_w d_w^m\tag{4.26}$$

令 $D=\sum_{w\in W}\sum_{m=1}^{M}d_w^m$ 表示路网中的总出行需求，$\overline{k}=\sum_{w\in W}\sum_{m=1}^{M}\left(\frac{d_w^m}{D}\right)k_w$，$\tilde{c}=\frac{T_{\mathrm{SO}}^{\boldsymbol{\tau},c}(\tilde{\boldsymbol{v}})}{D}$ 表示 SO 时整个路网中所有出行者的平均出行费用成本，有下面的定理成立。

定理 4.3　给定一个可分离路段出行时间成本函数类 C，其中路段出行时间成本函数 $t_a(v_a)$ 是路段总流量 v_a 的连续可微单调递增凸函数，$\overline{\boldsymbol{v}}$ 为费用度量出行决策准则下路段收费机制 $\boldsymbol{\tau}$ 下 SUE 路段流量向量，$\tilde{\boldsymbol{v}}$ 为费用度量出行决策准则下 SO 时路段流量向量，则在费用度量出行决策准则下，收费机制 $\boldsymbol{\tau}$ 下固定需求多用户类 SUE 相对 SO 的效率损失存在一个上界，即

$$\rho_{fx,M}^{\mathrm{SUE},\boldsymbol{\tau},c}=\frac{T_{\mathrm{SUE}}^{\boldsymbol{\tau},c}(\overline{\boldsymbol{v}})}{T_{\mathrm{SO}}^{\boldsymbol{\tau},c}(\tilde{\boldsymbol{v}})}\leqslant\frac{1+\tilde{\gamma}(C,\boldsymbol{\tau},\boldsymbol{\beta})+\dfrac{\overline{k}}{\theta\tilde{c}}}{1-\overline{\gamma}(C,\boldsymbol{\tau},\boldsymbol{\beta})}\tag{4.27}$$

定理 4.3 表明，在费用度量出行决策准则下，收费机制 $\boldsymbol{\tau}$ 下多用户类 SUE 相对 SO 的效率损失上界依赖 $\overline{\gamma}(C,\boldsymbol{\tau},\boldsymbol{\beta})$、$\tilde{\gamma}(C,\boldsymbol{\tau},\boldsymbol{\beta})$、$\theta$、$\overline{k}$和$\tilde{c}$ 等五个参数。同时，满足下面关系。

（1）效率损失上界是 $\overline{\gamma}(C,\boldsymbol{\tau},\boldsymbol{\beta})$、$\tilde{\gamma}(C,\boldsymbol{\tau},\boldsymbol{\beta})$ 的增函数，其中 $\overline{\gamma}(C,\boldsymbol{\tau},\boldsymbol{\beta})$、$\tilde{\gamma}(C,\boldsymbol{\tau},\boldsymbol{\beta})$ 是无量纲参数，它们和路段出行时间成本函数类 C、路段收费机制 $\boldsymbol{\tau}$ 以及用户类的 VOT $\boldsymbol{\beta}$ 相关；当路段收费机制 $\boldsymbol{\tau}$ 为零时，则 $\overline{\gamma}(C,\boldsymbol{\tau},\boldsymbol{\beta})$、$\tilde{\gamma}(C,\boldsymbol{\tau},\boldsymbol{\beta})$ 即为 $\overline{\gamma}(C,\boldsymbol{\beta})$、$\tilde{\gamma}(C,\boldsymbol{\beta})$，这样可得 $\rho_{fx,M}^{\mathrm{SUE},\boldsymbol{\tau},c}=\rho_{fx,M}^{\mathrm{SUE},c}\leqslant\frac{1+\tilde{\gamma}(C,\boldsymbol{\beta})+\frac{\overline{k}}{\theta\tilde{c}}}{1-\overline{\gamma}(C,\boldsymbol{\beta})}$，即 Yu 等（2009b）文献中的定理 2。

（2）效率损失上界是表示出行者对网络熟悉程度参数 θ 的减函数，当 $\theta\to+\infty$，SUE 交通分配模型就变成了确定性交通分配模型，此时有 $\rho_{fx,M}^{\mathrm{SUE},\boldsymbol{\tau},c}=\rho_{fx,M}^{\mathrm{UE},\boldsymbol{\tau},c}\leqslant\frac{1+\tilde{\gamma}(C,\boldsymbol{\tau},\boldsymbol{\beta})}{1-\overline{\gamma}(C,\boldsymbol{\tau},\boldsymbol{\beta})}$，这就是 Han 和 Yang（2008）文献中定理 3.2 的结论。

（3）效率损失上界是表示网络复杂程度参数 $\bar{k}$ 的增函数，$\bar{k}$ 是随着可行路径数目增加而增加的无量纲系数。若路网中所有 OD 对都只有一条路径，则 $k_w=0$，进而 $\bar{k}=0$，$\rho_{fx,M}^{\mathrm{SUE},\boldsymbol{\tau},c}=\rho_{fx,M}^{\mathrm{UE},\boldsymbol{\tau},c}\leqslant\dfrac{1+\tilde{\gamma}(C,\boldsymbol{\tau},\boldsymbol{\beta})}{1-\bar{\gamma}(C,\boldsymbol{\tau},\boldsymbol{\beta})}$。

（4）效率损失上界是路网中所有出行者平均出行费用 $\bar{c}$ 的减函数，这隐含着效率损失上界是总交通需求的增函数。

4.3 收费机制下随机用户均衡相对随机系统最优的效率损失

4.3.1 时间度量下的效率损失

令 $\bar{\boldsymbol{v}}\in\Omega_v^M,\bar{\boldsymbol{f}}\in\Omega_f^M$ 分别为收费机制 $\boldsymbol{\tau}$ 下固定需求多用户类 SUE 交通分配式（4.4）的路段、路径流量向量，则系统的总实际出行时间成本为 $T_{\mathrm{SUE}}^{\boldsymbol{\tau},t}(\bar{\boldsymbol{v}})=\sum\limits_{a\in A}t_a(\bar{v}_a)\bar{v}_a$，总理解出行时间成本为

$$F_{\mathrm{SUE}}^{\boldsymbol{\tau},t}(\bar{\boldsymbol{v}})=\sum_{a\in A}t_a(\bar{v}_a)\bar{v}_a+\sum_{a\in A}\sum_{m=1}^{M}\frac{\tau_a}{\beta_m}\bar{v}_a^m+\frac{1}{\theta}\sum_{w\in W}\sum_{r\in R_w}\sum_{m=1}^{M}\bar{f}_{rw}^m\ln\bar{f}_{rw}^m-\frac{1}{\theta}\sum_{w\in W}\sum_{m=1}^{M}d_w^m\ln d_w^m$$

令 $\hat{\boldsymbol{v}}\in\Omega_v^M,\hat{\boldsymbol{f}}\in\Omega_f^M$ 分别表示 SSO 问题式（4.6）的路段、路径流量向量，则 SSO 下系统的总理解出行时间成本为

$$F_{\mathrm{SSO}}^{\boldsymbol{\tau},t}(\hat{\boldsymbol{v}})=\sum_{a\in A}t_a(\hat{v}_a)\hat{v}_a+\sum_{a\in A}\sum_{m=1}^{M}\frac{\tau_a}{\beta_m}\hat{v}_a^m+\frac{1}{\theta}\sum_{w\in W}\sum_{r\in R_w}\sum_{m=1}^{M}\hat{f}_{rw}^m\ln\hat{f}_{rw}^m-\frac{1}{\theta}\sum_{w\in W}\sum_{m=1}^{M}d_w^m\ln d_w^m$$

那么，在时间度量出行决策准则下，收费机制 $\boldsymbol{\tau}$ 下多用户类 SUE 相对 SSO 的效率损失可以表示为它们对应的系统总理解出行时间成本之差，即

$$F_{\mathrm{SUE}}^{\boldsymbol{\tau},t}(\bar{\boldsymbol{v}})-F_{\mathrm{SSO}}^{\boldsymbol{\tau},t}(\hat{\boldsymbol{v}})\tag{4.28}$$

显然，$F_{\mathrm{SUE}}^{\boldsymbol{\tau},t}(\bar{\boldsymbol{v}})-F_{\mathrm{SSO}}^{\boldsymbol{\tau},t}(\hat{\boldsymbol{v}})>0$。下面来确定式（4.28）的上界。

在 VI 问题式（4.4）中，令 $\boldsymbol{v}=\hat{\boldsymbol{v}},\boldsymbol{f}=\hat{\boldsymbol{f}}$，则有

$$\sum_{a\in A}t_a(\bar{\boldsymbol{v}})(\hat{v}_a-\bar{v}_a)+\frac{1}{\theta}\sum_{w\in W}\sum_{r\in R_w}\sum_{m=1}^{M}\ln\bar{f}_{rw}^m(\hat{f}_{rw}^m-\bar{f}_{rw}^m)+\sum_{a\in A}\sum_{m=1}^{M}\frac{\tau_a}{\beta_m}(\hat{v}_a^m-\bar{v}_a^m)\geqslant 0\tag{4.29}$$

化简可得

$$F_{\mathrm{SUE}}^{\boldsymbol{\tau},t}(\bar{\boldsymbol{v}})\leqslant F_{\mathrm{SSO}}^{\boldsymbol{\tau},t}(\hat{\boldsymbol{v}})+\sum_{a\in A}[t_a(\bar{v}_a)-t_a(\hat{v}_a)]\hat{v}_a+\frac{1}{\theta}\sum_{w\in W}\sum_{r\in R_w}\sum_{m=1}^{M}\hat{f}_{rw}^m(\ln\bar{f}_{rw}^m-\ln\hat{f}_{rw}^m)\tag{4.30}$$

由文献（Guo et al.，2010），可得

$$\sum_{a\in A}[t_a(\bar{v}_a)-t_a(\hat{v}_a)]\hat{v}_a\leqslant\gamma(C)T_{\mathrm{SUE}}^{\boldsymbol{\tau},t}(\bar{\boldsymbol{v}})\tag{4.31}$$

式中，$\gamma(C)=\max\limits_{t_a\in C,z_a\geqslant 0}\max\limits_{v_a\geqslant 0}\dfrac{[t_a(z_a)-t_a(v_a)]v_a}{t_a(z_a)z_a}$。这里，假设 0/0=0 成立。

由 Gibbs 不等式可知式（4.30）右边第三项的最大值为零。故有如下定理。

定理 4.4　给定一个可分离路段出行时间成本函数类 C，其中路段出行时间成本函数 $t_a(v_a)$ 是路段总流量 v_a 的连续可微单调递增凸函数，则在时间度量出行决策准则下，收费机制 $\boldsymbol{\tau}$ 下固定需求多用户类 SUE 相对 SSO 时的效率损失存在一个上界，即

$$F_{\text{SUE}}^{\boldsymbol{\tau},t}(\overline{\boldsymbol{v}})-F_{\text{SSO}}^{\boldsymbol{\tau},t}(\hat{\boldsymbol{v}})\leqslant\gamma(C)T_{\text{SUE}}^{\boldsymbol{\tau},t}(\overline{\boldsymbol{v}}) \tag{4.32}$$

定理 4.4 表明，在时间度量出行决策准则下，收费机制 $\boldsymbol{\tau}$ 下多用户类 SUE 相对 SSO 的效率损失上界依赖于参数 $\gamma(C)$ 和系统的总实际出行时间成本 $T_{\text{SUE}}^{\boldsymbol{\tau},t}(\overline{\boldsymbol{v}})$。参数 $\gamma(C)$ 是与网络拓扑结构、出行者社会经济属性 $\boldsymbol{\beta}$ 无关的参量，它仅仅依赖于路段出行时间成本函数类 C，系统的总实际出行时间 $T_{\text{SUE}}^{\boldsymbol{\tau},t}(\overline{\boldsymbol{v}})$ 是一个与路段收费机制 $\boldsymbol{\tau}$ 相关的量，当 $\boldsymbol{\tau}$ 为零时，则式（4.32）就是 Yu 等（2009a）文献中的定理 1，若此时，路段出行时间成本函数为仿射函数，则可知 $\gamma(C)=0.25$，则有 $F_{\text{SUE}}^{\boldsymbol{\tau},t}(\overline{\boldsymbol{v}})-F_{\text{SSO}}^{\boldsymbol{\tau},t}(\hat{\boldsymbol{v}})\leqslant 0.25T_{\text{SUE}}^{\boldsymbol{\tau},t}(\overline{\boldsymbol{v}})$。

4.3.2　费用度量下的效率损失

令 $\overline{\boldsymbol{v}}\in\Omega_v^M,\overline{\boldsymbol{f}}\in\Omega_f^M$ 分别表示收费机制 $\boldsymbol{\tau}$ 下固定需求多用户类交通 SUE 交通分配问题式（4.5）的路段、路径流量向量，则系统的总实际出行费用成本为 $T_{\text{SUE}}^{\boldsymbol{\tau},c}(\overline{\boldsymbol{v}})=\sum_{a\in A}\sum_{m=1}^{M}\beta_m t_a(\overline{v}_a)\overline{v}_a^m$，总理解出行费用成本为

$$F_{\text{SUE}}^{\boldsymbol{\tau},c}(\overline{\boldsymbol{v}})=\sum_{a\in A}\sum_{m=1}^{M}\beta_m t_a(\overline{v}_a)\overline{v}_a^m+\sum_{a\in A}\tau_a\overline{v}_a+\frac{1}{\theta}\sum_{w\in W}\sum_{r\in R_w}\sum_{m=1}^{M}\overline{f}_{rw}^m\ln\overline{f}_{rw}^m-\frac{1}{\theta}\sum_{w\in W}\sum_{m=1}^{M}d_w^m\ln d_w^m$$

令 $\breve{\boldsymbol{v}}\in\Omega_v^M,\breve{\boldsymbol{f}}\in\Omega_f^M$ 表示费用度量出行决策准则下，SSO 问题式（4.7）的路段、路径流量向量，则系统的最小总理解出行费用成本为

$$F_{\text{SSO}}^{\boldsymbol{\tau},c}(\breve{\boldsymbol{v}})=\sum_{a\in A}\sum_{m=1}^{M}\beta_m t_a(\breve{v}_a)\breve{v}_a^m+\sum_{a\in A}\tau_a\breve{v}_a+\frac{1}{\theta}\sum_{w\in W}\sum_{r\in R_w}\sum_{m=1}^{M}\breve{f}_{rw}^m\ln\breve{f}_{rw}^m-\frac{1}{\theta}\sum_{w\in W}\sum_{m=1}^{M}d_w^m\ln d_w^m$$

那么，在费用度量出行决策准则下，收费机制 $\boldsymbol{\tau}$ 下固定需求多用户类 SUE 相对 SSO 的效率损失可表示为它们对应的系统总理解出行费用成本之差，即

$$F_{\text{SUE}}^{\boldsymbol{\tau},c}(\overline{\boldsymbol{v}})-F_{\text{SSO}}^{\boldsymbol{\tau},c}(\breve{\boldsymbol{v}}) \tag{4.33}$$

显然，$F_{\text{SUE}}^{\boldsymbol{\tau},c}(\overline{\boldsymbol{v}})-F_{\text{SSO}}^{\boldsymbol{\tau},c}(\breve{\boldsymbol{v}})>0$。下面来界定它的上界。

在 VI 问题式（4.5）中，令 $\boldsymbol{f}=\breve{\boldsymbol{f}}$，则有

$$\sum_{a\in A}\sum_{m=1}^{M}\beta_m t_a(\overline{\boldsymbol{v}})(\breve{v}_a^m-\overline{v}_a^m)+\frac{1}{\theta}\sum_{w\in W}\sum_{r\in R_w}\sum_{m=1}^{M}\ln\overline{f}_{rw}^m(\breve{f}_{rw}^m-\overline{f}_{rw}^m)+\sum_{a\in A}\tau_a(\breve{v}_a-\overline{v}_a)\geqslant 0 \tag{4.34}$$

即

$$F_{\text{SUE}}^{\boldsymbol{\tau},c}(\overline{\boldsymbol{v}})\leqslant F_{\text{SSO}}^{\boldsymbol{\tau},c}(\breve{\boldsymbol{v}})+\sum_{a\in A}\sum_{m=1}^{M}\beta_m[t_a(\overline{v}_a)-t_a(\breve{v}_a)]\breve{v}_a^m+\frac{1}{\theta}\sum_{w\in W}\sum_{r\in R_w}\sum_{m=1}^{M}\breve{f}_{rw}^m(\ln\overline{f}_{rw}^m-\ln\breve{f}_{rw}^m)$$

（4.35）

易知，

$$\sum_{a\in A}\sum_{m=1}^{M}\beta_m[t_a(\overline{v}_a)-t_a(\breve{v}_a)]\breve{v}_a^m \leqslant \gamma(C,\boldsymbol{\beta})T_{\mathrm{SUE}}^{\boldsymbol{\tau},c}(\overline{\boldsymbol{v}}) \tag{4.36}$$

式中，$\gamma(C,\beta)=\sup\limits_{t_a\in C,z_a\geqslant 0}\dfrac{1}{\sum\limits_{m=1}^{M}\beta_m z_a^m t_a(z_a)}\max\limits_{v_a^m\geqslant 0}\left\{\sum\limits_{m=1}^{M}\beta_m v_a^m[t_a(z_a)-t_a(v_a)]\right\}$

不失一般性，假设 0/0=0 成立。且由 Gibbs 不等式可知式（4.35）右边第三项的最大值为零，则可以得到如下定理。

定理 4.5　给定一个可分离路段出行时间成本函数类 C，其中路段出行时间成本函数 $t_a(v_a)$ 是路段总流量 v_a 的连续可微单调递增凸函数，则在费用度量出行决策准则下，收费机制 $\boldsymbol{\tau}$ 下固定需求多用户类 SUE 相对 SSO 时的效率损失存在一个上界，即

$$F_{\mathrm{SUE}}^{\boldsymbol{\tau},c}(\overline{\boldsymbol{v}})-F_{\mathrm{SSO}}^{\boldsymbol{\tau},c}(\breve{\boldsymbol{v}})\leqslant \gamma(C,\beta)T_{\mathrm{SUE}}^{\boldsymbol{\tau},c}(\overline{\boldsymbol{v}}) \tag{4.37}$$

定理 4.5 表明，在费用度量出行决策准则下，收费机制 $\boldsymbol{\tau}$ 下固定需求多用户类 SUE 相对 SSO 的效率损失上界仅仅依赖于参数 $\gamma(C,\boldsymbol{\beta})$ 和系统的实际出行费用成本 $T_{\mathrm{SUE}}^{\boldsymbol{\tau},c}(\overline{\boldsymbol{v}})$。其中，参数 $\gamma(C,\boldsymbol{\beta})$ 是和网络拓扑结构无关的量，但和出行者社会经济属性 $\boldsymbol{\beta}$、路段出行时间成本函数类 C 相关。系统的实际出行费用成本 $T_{\mathrm{SUE}}^{\boldsymbol{\tau},c}(\overline{\boldsymbol{v}})$ 是一个与路段收费机制 $\boldsymbol{\tau}$ 相关的量，当 $\boldsymbol{\tau}$ 为零时，则式（4.37）就是 Yu 等（2009a）文献中的定理 2。

4.4　本 章 小 结

本章系统地研究了在时间度量和费用度量出行决策准则下，当收费不是系统总出行成本一部分时，在收费机制下固定需求 SUE 分别相对 SO 和 SSO 的效率损失。研究结果表明，无论是在时间度量出行决策准则还是费用度量出行决策准则下，SUE 相对 SO 的效率损失不仅和路段出行时间成本函数类 C、出行者的社会经济属性 $\boldsymbol{\beta}$、路段的收费机制 $\boldsymbol{\tau}$ 有关，而且还和网络复杂程度、网络总出行需求以及用户对网络熟悉程度等因素有关。SUE 相对 SSO 的效率损失在时间度量出行决策准则下仅与出行时间成本函数类 C 以及系统总出行时间相关；在费用度量出行决策准则下，还和出行者的社会经济属性 $\boldsymbol{\beta}$ 有关。本章的结论以存在的结论为特例，值得注意的是本章得到的上界并不一定能保证是紧的。

第5章　固定需求下含利己用户混合交通均衡分配的效率损失

前面两章探讨了出行者社会经济属性不同、路径选择原则相同的多用户类随机交通均衡分配模型及其效率损失问题。从本章开始，根据出行者的理性进行分类，不同理性的出行者的路径选择原则存在着差异，在此基础上分析不同理性基础构成的混合交通均衡分配的效率损失。

经典的 Wardrop 路径博弈中，假设每个出行者是完全理性的，且单个出行者相对整个网络流量而言是微不足道的，以至于单个出行者策略的改变对其他出行者造成的影响可以忽略不计。近年来，随着研究的深入，经济学家和心理学家对完全理性的假设提出了怀疑，实验表明即使在受控的简单博弈中，博弈方也无法做到完全理性，他们的行为要么是利他的，要么是刻板的（Ledyard，1997；Levine，1998）。Wardrop（1952）假设，UE 原则下的所有用户都完全理性，任意一个出行者和其他出行者之间都是完全竞争的，SO 原则下的所有用户彼此之间都是完全合作的。这两种不同出行原则下的出行行为都是极端情形，即所有出行者完全竞争或者完全合作。现实网络中存在着多个非合作 CN 用户的情形，即属于同一用户的出行者之间完全合作，属于不同用户的出行者之间完全竞争，CN 用户的目的是在和其他用户博弈时最小化自身总出行成本（Haurie and Marcotte，1985）。

本章将研究含利己用户混合交通均衡分配的效率损失：首先，研究特定路段出行时间成本函数下利己-利他用户混合交通均衡分配的效率损失；其次，考虑多项式出行时间成本函数下 UE-CN 混合均衡交通分配的效率损失，分别运用放缩法和非线性规划的方法得到了 UE-CN 混合均衡交通分配的效率损失；最后，考虑收费机制下 UE-CN 混合交通均衡分配的效率损失，分别考虑收费作为（不作为）系统总成本一部分时的效率损失，并对这三类含利己用户混合交通均衡分配效率损失的影响因素进行了分析。

5.1　利己-利他用户混合交通均衡分配的模型及效率损失

5.1.1　利己-利他用户混合交通均衡分配模型

在利己-利他用户混合交通网络 $G=(N,A)$ 中，u 表示网络中的利己用户；i 表示利他用户；I 表示网络中利他用户集合；W^u 表示利己用户 u 的出行 OD 对集合；W^i、ϕ_i 分别表示利他用户 $i\in I$ 的出行 OD 对集合和利他系数；$W\equiv W^u\cup W^I$；v_a^u 表示利己用户 u 在路段 a 上的流量；$\boldsymbol{v}^u\equiv(\cdots,v_a^u,\cdots)$ 表示利己用户 u 的路段流量向量；v_a^i 表示利他用户 i 在路段 a 上的流量；$\boldsymbol{v}_a\equiv(v_a^u,v_a^1,\cdots,v_a^i,\cdots)$ 表示路段 a 上的流量向量；利他用户 i 的路段流量向

量表示为 $\boldsymbol{v}^i \equiv (\cdots, v_{a-1}^i, v_a^i, v_{a+1}^i, \cdots)$；$\boldsymbol{v}^I \equiv (\cdots, \boldsymbol{v}^{i-1}, \boldsymbol{v}^i, \boldsymbol{v}^{i+1}, \cdots)$；$\boldsymbol{v} \equiv (\boldsymbol{v}^u, \boldsymbol{v}^I)$；$v_a^I = \sum_{i \in I} v_a^i$ 表示路段 a 上所有利他用户的总流量；$v_a = v_a^u + v_a^I$ 表示路段 a 上的总流量；$t_a(v_a)$ 是可分离路段出行时间成本函数，且为路段总流量 v_a 的连续可微单调递增凸函数。

假设所有 OD 对的出行需求是固定的，则利己用户 u 的路段流量可行域 Ω_v^u 和利他用户 i 的路段流量可行域 Ω_v^i 分别为

$\Omega_v^u = \{\boldsymbol{v}^u \mid \boldsymbol{v}^u$满足约束条件式（5.1）～式（5.3）$\}$：

$$\sum_{r \in R_w} f_{rw} = d_w, \forall w \in W^u \tag{5.1}$$

$$v_a^u = \sum_{w \in W^u} \sum_{r \in R_w} f_{rw} \delta_{ar}^w, \quad \forall a \in A \tag{5.2}$$

$$f_{rw} \geqslant 0, r \in R_w, w \in W^u \tag{5.3}$$

$\Omega_v^i = \{\boldsymbol{v}^i \mid \boldsymbol{v}^i$满足约束条件式（5.4）～式（5.6）$\}, \forall i \in I$：

$$\sum_{r \in R_w} f_{rw} = d_w \quad \forall w \in W^i \tag{5.4}$$

$$v_a^i = \sum_{w \in W^i} \sum_{r \in R_w} f_{rw} \delta_{ar}^w, \quad \forall a \in A \tag{5.5}$$

$$f_{rw} \geqslant 0, r \in R_w, w \in W^i \tag{5.6}$$

设 $\Omega_v^{\text{UE-AU}} = \Omega_v^u \times \prod_{i \in I} \Omega_v^i$。本书在 Ledyard（1997），Chen 和 Kempe（2008）的基础上给出如下定义。

定义 5.1　利他系数为 $\phi(\phi \in [-1,1])$ 的用户选择路径 r 的目的是最小化自身出行时间成本 $t_r^\phi = (1-\phi)\sum_{a \in A} t_a(v_a)\delta_{ar} + \phi \sum_{a \in A} [t_a(v_a)v_a]' \delta_{ar} = (1-\phi)\sum_{a \in r} t_a(v_a) + \phi \sum_{a \in r} [t_a(v_a)v_a]'$，其中 $\sum_{a \in r} t_a(v_a)$ 是出行时间成本的利己项，$\sum_{a \in r} [t_a(v_a)v_a]'$ 是函数 $t_a(v_a)v_a$ 关于变量 v_a 的微分，是出行时间成本的利他项。因此，t_r^ϕ 可改写为 $t_r^\phi = \sum_{a \in r} t_a(v_a) + \phi \sum_{a \in r} v_a t_a'(v_a)$。

定义 5.1 表明，利他用户的理解出行时间成本是其实际的出行时间成本（利己项）与其认为自身出行会给其他用户带来的外部性（利他项）之和。显然，当利他系数 $\phi = 1$ 时，即用户是完全利他的，则其理解出行时间成本就是用户按照 SO 原则出行时的出行时间成本；当利他系数 $\phi = 0$ 时，即用户是完全理性的，则其理解出行时间成本就是按照 UE 原则出行时的出行时间成本；当利他系数 $\phi = -1$ 时，即用户是完全恶意的，则其理解出行时间成本比实际出行时间成本还小。因此，利他系数为 ϕ_i 的利他用户 $i \in I$ 在路段 a 上的理解出行时间成本可写成 $t_a^{\phi_i}(\boldsymbol{v}) = t_a(v_a) + \phi_i v_a t_a'(v_a)$。本节及以后相关研究都假设利他系数 $\phi_i \in [0,1]$。

对利己用户而言，其出行决策原则是在利他用户出行决策原则给定的情况下最小化自己的出行时间成本，等价于求解下面的最优化问题：

$$\min_{\boldsymbol{v}^u \in \Omega_v^u} \sum_{a\in A} \int_0^{v_a^u} t_a(v_a^I + x)\mathrm{d}x \tag{5.7}$$

这里，$v_a^I, a \in A$ 看成是常数。由 $t_a(v_a)$ 的假设，可知最优化问题式（5.7）有唯一解。

利他用户 $i \in I$ 的出行决策原则是在其他用户出行决策给定的情况下最小化自己的理解出行时间成本，即求解如下最优化问题：

$$\min_{\boldsymbol{v}^i \in \Omega_v^i} \sum_{a\in A} \int_0^{v_a^i} t_a^{\phi_i}(v_a^u + v_a^{-i} + x)\mathrm{d}x \tag{5.8}$$

式中，$v_a^{-i} = \sum_{j\in I, j\neq i} v_a^j$。视式（5.8）中的 v_a^u 和 $v_a^{-i}, a \in A, i \in I$ 为常数，$v_a^i, i \in I$ 为变量。由 $t_a(v_a)$ 的假设，可知最优化问题式（5.8）有唯一解.

同时满足最优化问题式（5.7）和式（5.8）的解称为利己-利他用户混合交通均衡解。同时求解最优化问题式（5.7）和式（5.8）等价于求解如下的 VI 问题。

引理 5.1　若可分离路段出行时间成本函数 $t_a(v_a)$ 是路段总流量 v_a 的连续可微单调递增凸函数，则向量 $\bar{\boldsymbol{v}} \in \Omega_v^{\text{UE-AU}}$ 是利己-利他用户混合交通均衡解当且仅当下面的 VI 成立：即寻找 $\bar{\boldsymbol{v}} \in \Omega_v^{\text{UE-AU}}$，使得任意的 $\boldsymbol{v} \in \Omega_v^{\text{UE-AU}}$，都满足

$$\sum_{a\in A}[t_a^u(\bar{v}_a)(v_a^u - \bar{v}_a^u) + \sum_{i\in I} t_a^{\phi_i}(\bar{v}_a)(v_a^i - \bar{v}_a^i)] \geqslant 0 \tag{5.9}$$

式中，$t_a^{\phi_i} = t_a(\bar{v}_a) + \phi_i \bar{v}_a t_a'(\bar{v}_a)$。

由于 $t_a(v_a)$ 是路段总流量 v_a 的单调递增凸函数，故 VI 问题式（5.9）有解（Kinderlehrer and Stampacchia，1986）。进一步，利己用户和利他用户选择路段 a 出行时各自的路段理解出行时间成本构成的向量为 $\boldsymbol{c}_a(v_a^u, \boldsymbol{v}_a^I) = [t_a(v_a), t_a(v_a) + \phi_i v_a t_a'(v_a), i \in I]$。如果向量 $\boldsymbol{c}_a(v_a^u, \boldsymbol{v}_a^I)$ 是路段 $a \in A$ 的单调映射，则 VI 问题式（5.9）至多有一个解（Kinderlehrer and Stampacchia，1986）.

设 $\bar{\boldsymbol{v}}$ 和 $\bar{v}_a$ 分别表示 VI 问题式（5.9）的路段流量向量和利己-利他用户混合交通均衡时的路段总流量，则系统的总实际出行时间成本为 $T_{\text{UE-AU}}(\bar{\boldsymbol{v}}) = \sum_{a\in A} t_a(\bar{v}_a)\bar{v}_a = \sum_{a\in A} t_a(\bar{v}_a)\bar{v}_a^u + \sum_{a\in A}\sum_{i\in I} t_a(\bar{v}_a)\bar{v}_a^i$。

设 $\tilde{\boldsymbol{v}}$ 和 $\tilde{v}_a$ 分别表示 SO 时的路段流量向量和路段总流量，即是如下最优化问题的解：

$$\min_{\boldsymbol{v}\in \Omega_v^{\text{UE-AU}}} \sum_{a\in A} t_a(v_a)v_a \tag{5.10}$$

由于 $t_a(v_a)$ 是路段总流量 v_a 的单调递增凸函数，故最优化问题式（5.10）关于路段总流量的解是唯一的。则，SO 下系统的总实际出行时间成本为 $T_{\text{UE-AU}}(\tilde{\boldsymbol{v}}) = \sum_{a\in A} t_a(\tilde{v}_a)\tilde{v}_a = \sum_{a\in A} t_a(\tilde{v}_a)\tilde{v}_a^u + \sum_{a\in A}\sum_{i\in I} t_a(\tilde{v}_a)\tilde{v}_a^i$。

定义利己-利他用户混合均衡交通分配的效率损失为

$$\rho_{fx,\text{mix}}^{\text{UE-AU}} = \frac{T_{\text{UE-AU}}(\bar{\boldsymbol{v}})}{T_{\text{UE-AU}}(\tilde{\boldsymbol{v}})} = \frac{\sum_{a\in A} t_a(\bar{v}_a)\bar{v}_a}{\sum_{a\in A} t_a(\tilde{v}_a)\tilde{v}_a} \tag{5.11}$$

易得，$\rho_{fx,\text{mix}}^{\text{UE-AU}} \geqslant 1$。下面来界定路段出行时间成本函数在特定条件下的效率损失上界。

5.1.2 利己-利他用户混合交通均衡分配的效率损失

在界定利己-利他用户混合均衡交通分配的效率损失上界前，先介绍如下的引理。

引理 5.2 假设路段出行时间成本函数$t_a(v_a)$是路段总流量v_a的连续可微单调递增凸函数，且对$\forall c\in[0,1]$满足$t_a(cx)\geqslant ct_a(x)$。则，对$\forall v_a\geqslant 0$，有$v_a t_a'(v_a)\leqslant t_a(v_a)$成立。

证：由 Karakostas 和 Kolliopoulos（2004）文献中的式（7），可知对任意的$v_a\geqslant 0$，有

$$v_a t_a'(v_a/2)\leqslant \int_0^{v_a} t_a'(x)\mathrm{d}x = t_a(v_a)-t_{a0}\leqslant t_a(v_a) \tag{5.12}$$

式（5.12）中第二个不等式成立原因是因为$t_{a0}=t_a(0)\geqslant 0$。又由于对任意的$c\in[0,1]$，不等式$t_a(cx)\geqslant ct_a(x)$成立，所以

$$t_a(v_a)\leqslant 2t_a(v_a/2) \tag{5.13}$$

由式（5.12）和式（5.13），可得$v_a t_a'(v_a/2)\leqslant 2t_a(v_a/2)$。用$v_a$取代$v_a t_a'(v_a/2)\leqslant 2t_a(v_a/2)$中的$v_a/2$，可得$v_a t_a'(v_a)\leqslant t_a(v_a)$成立。

设$\tilde{\boldsymbol{v}}$是最优化问题式（5.10）的解。在 VI 问题式（5.9）中用$\tilde{v}_a^u$、$\tilde{v}_a^i$分别取代v_a^u、v_a^i，则

$$\sum_{a\in A}[t_a(\bar{v}_a)(\tilde{v}_a^u-\bar{v}_a^u)+\sum_{i\in I} t_a^{\phi_i}(\bar{v}_a)(\tilde{v}_a^i-\bar{v}_a^i)]\geqslant 0 \tag{5.14}$$

即

$$\sum_{a\in A} t_a(\bar{v}_a)\bar{v}_a^u+\sum_{a\in A}\sum_{i\in I} t_a(\bar{v}_a)\bar{v}_a^i \leqslant \sum_{a\in A} t_a(\bar{v}_a)\tilde{v}_a^u+\sum_{a\in A}\sum_{i\in I} t_a(\bar{v}_a)\tilde{v}_a^i + \sum_{a\in A}\sum_{i\in I}\phi_i t_a'(\bar{v}_a)\bar{v}_a(\tilde{v}_a^i-\bar{v}_a^i) \tag{5.15}$$

故

$$\begin{aligned}
T_{\text{UE-AU}}(\bar{\boldsymbol{v}}) &\leqslant T_{\text{UE-AU}}(\tilde{\boldsymbol{v}})+\sum_{a\in A}\tilde{v}_a[t_a(\bar{v}_a)-t_a(\tilde{v}_a)]+\sum_{a\in A}\sum_{i\in I}\phi_i\bar{v}_a t_a'(\bar{v}_a)(\tilde{v}_a^i-\bar{v}_a^i)\\
&\leqslant T_{\text{UE-AU}}(\tilde{\boldsymbol{v}})+\max_{\boldsymbol{v}\in\Omega_v^{\text{UE-AU}}}\left\{\sum_{a\in A}\tilde{v}_a[t_a(\overline{v}_a)-t_a(\tilde{v}_a)]+\sum_{a\in A}\sum_{i\in I}\phi_i v_a t_a'(v_a)(v_a^i-v_a^i)\right\}\\
&\leqslant T_{\text{UE-AU}}(\tilde{\boldsymbol{v}})+\max_{\boldsymbol{v}\geqslant\boldsymbol{0}}\left\{\sum_{a\in A}\tilde{v}_a[t_a(\bar{v}_a)-t_a(\tilde{v}_a)]+\sum_{a\in A}\sum_{i\in I}\phi_i\bar{v}_a t_a'(\bar{v}_a)(\tilde{v}_a^i-\bar{v}_a^i)\right\}
\end{aligned} \tag{5.16}$$

由于可行域$\boldsymbol{v}\geqslant\boldsymbol{0}$比可行域$\Omega_v^{\text{UE-AU}}$大，故式（5.16）的最后一个不等式成立。下面，考虑式（5.16）最后一个不等式右边第二项的最大值，即考虑如下的非线性规划问题：

$$\max_{\boldsymbol{v}\geqslant\boldsymbol{0}}\left\{[t_a(\bar{v}_a)-t_a(v_a)]v_a+\sum_{i\in I}\phi_i\bar{v}_a t_a'(\bar{v}_a)(v_a^i-\bar{v}_a^i)\right\} \tag{5.17}$$

设 $F_{\text{UE-AU}}(\boldsymbol{v}_a)=[t_a(\overline{v}_a)-t_a(v_a)]v_a+\sum_{i\in I}\phi_i\overline{v}_a t_a'(\overline{v}_a)(v_a^i-\overline{v}_a^i)$。由于函数 $F_{\text{UE-AU}}(\boldsymbol{v}_a)$ 的 Hessian 矩阵是半负定矩阵，因此 $F_{\text{UE-AU}}(\boldsymbol{v}_a)$ 是关于 $v_a^u\geqslant 0, v_a^i\geqslant 0, i\in I$ 的凹函数。从而，$F_{\text{UE-AU}}(\boldsymbol{v}_a)$ 有唯一的全局最大值。设 λ_a^u ,$\lambda_a^i, a\in A$ 是约束 $v_a^u\geqslant 0, v_a^i\geqslant 0, i\in I$ 的 Lagrange 乘子，故可得式（5.17）的一阶最优性条件如下：

$$t_a(\overline{v}_a)-t_a(v_a)-v_a t_a'(v_a)+\lambda_a^u=0 \tag{5.18}$$

$$\lambda_a^u\geqslant 0,\ v_a^u\geqslant 0,\ \lambda_a^u v_a^u=0 \tag{5.19}$$

$$t_a(\overline{v}_a)-t_a(v_a)-v_a t_a'(v_a)+\phi_i\overline{v}_a t_a'(\overline{v}_a)+\lambda_a^i=0,\ i\in I \tag{5.20}$$

$$\lambda_a^i\geqslant 0,\ v_a^i\geqslant 0,\ \lambda_a^i v_a^i=0,\ i\in I \tag{5.21}$$

由式（5.18）可知，当式（5.17）取得最大值时一定有 $\lambda_a^u=0$ 或 $\lambda_a^u>0$。若 $\lambda_a^u=0$，由式（5.18），得

$$t_a(\overline{v}_a)=t_a(v_a)+v_a t_a'(v_a) \tag{5.22}$$

由于路段出行时间成本函数 $t_a(v_a)$ 是路段总流量 v_a 的递增凸函数，因此式（5.22）有唯一解。设其解为 $v_a=\eta_a\overline{v}_a,\eta_a\in[0,1]$。由式（5.20）易得 $\phi_i\overline{v}_a t_a'(\overline{v}_a)+\lambda_a^i=0$。从而有两种情形，即 $\phi_i=0,\lambda_a^i=0$ 或 $\overline{v}_a=0,\lambda_a^i=0$。如果 $\overline{v}_a=0,\lambda_a^i=0$，结合 $v_a=\eta_a\overline{v}_a$，可得 $F_{\text{UE-AU}}(\boldsymbol{v}_a)=0$。若 $\phi_i=0,\lambda_a^i=0$，则

$$F_{\text{UE-AU}}(\boldsymbol{v}_a)=[t_a(\overline{v}_a)-t_a(\eta_a\overline{v}_a)]\eta_a\overline{v}_a\leqslant[t_a(\overline{v}_a)-\eta_a t_a(\overline{v}_a)]\eta_a\overline{v}_a=[\eta_a-(\eta_a)^2]t_a(\overline{v}_a)\overline{v}_a$$

式中，不等式成立的原因是因为 $t_a(cx)\geqslant ct_a(x)$。设

$$\kappa_a=\eta_a-(\eta_a)^2 \tag{5.23}$$

若 $\lambda_a^u>0$，由式（5.19）可得 $v_a^u=0$。由式（5.20），可知如果 $\phi_{i_1}>\phi_{i_2}$，则有 $\lambda_a^{i_1}<\lambda_a^{i_2}$。再由式（5.21）可得 $v_a^{i_1}\geqslant v_a^{i_2}=0$。设 $\phi_{\overline{i}}$ 和 $\phi_{\underline{i}}$ 分别是路段 a 上存在正流量的最大和最小利他系数。从而有 $v_a=v_a^{\overline{i}}$ 和

$$t_a(\overline{v}_a)-t_a(v_a)-v_a t_a'(v_a)+\phi_{\overline{i}}\overline{v}_a t_a'(\overline{v}_a)=0 \tag{5.24}$$

由于 $t_a(v_a)$ 是路段总流量 v_a 的单调递增凸函数且 $\phi_{\overline{i}}\in[0,1]$，所以式（5.24）有唯一解。设 $v_a=v_a^{\overline{i}}=\xi_a\overline{v}_a,0\leqslant\xi_a\leqslant 1,\overline{v}_a^{\overline{i}}=\mu_a\overline{v}_a,0\leqslant\mu_a\leqslant 1,\overline{v}_a^u=\omega_a\overline{v}_a,0\leqslant\omega_a\leqslant 1,0\leqslant\mu_a+\omega_a\leqslant 1$。因此，

$$\begin{aligned}
F_{\text{UE-AU}}(\boldsymbol{v}_a)&=[t_a(\overline{v}_a)-t_a(v_a)]v_a+\sum_{i\in I}\phi_i\overline{v}_a t_a'(\overline{v}_a)(v_a^i-\overline{v}_a^i)\\
&=[t_a(\overline{v}_a)-t_a(\xi_a\overline{v}_a)]\xi_a\overline{v}_a+\phi_{\overline{i}}\overline{v}_a t_a'(\overline{v}_a)(\xi_a\overline{v}_a-\mu_a\overline{v}_a)-\sum_{i\in I,i\neq\overline{i}}\phi_i\overline{v}_a t_a'(\overline{v}_a)\overline{v}_a^i\\
&\leqslant[t_a(\overline{v}_a)-\xi_a t_a(\overline{v}_a)]\xi_a\overline{v}_a+\phi_{\overline{i}}\overline{v}_a t_a'(\overline{v}_a)(\xi_a-\mu_a)\overline{v}_a-\phi_{\underline{i}}\sum_{i\in I,i\neq\overline{i}}\overline{v}_a t_a'(\overline{v}_a)\overline{v}_a^i\\
&=[\phi_{\overline{i}}(\xi_a-\mu_a)-\phi_{\underline{i}}(1-\mu_a-\omega_a)](\overline{v}_a)^2 t_a'(\overline{v}_a)+(1-\xi_a)\xi_a t_a(\overline{v}_a)\overline{v}_a\\
&\leqslant\iota_a t_a(\overline{v}_a)\overline{v}_a
\end{aligned} \tag{5.25}$$

这里，

$$\iota_a=(1-\xi_a)\xi_a+\phi_{\overline{i}}(\xi_a-\mu_a)-\phi_{\underline{i}}(1-\mu_a-\omega_a) \tag{5.26}$$

式(5.25)中的第一个不等式成立是由于$\phi_i \geqslant \phi_{\tilde{i}}, \forall i \in I$及对任意的$c \in [0,1]$，有$t_a(cx) \geqslant ct_a(x)$。第二个不等式成立是由于引理 5.2。

定义

$$\zeta = \max_{a \in A}\{\kappa_a, \iota_a\} \tag{5.27}$$

由式（5.16）和式（5.27），可得

$$T_{\text{UE-AU}}(\bar{\boldsymbol{v}}) \leqslant T_{\text{UE-AU}}(\tilde{\boldsymbol{v}}) + \zeta T_{\text{UE-AU}}(\bar{\boldsymbol{v}}) \tag{5.28}$$

因此，可得如下定理：

定理 5.1　给定一个可分离路段出行时间成本函数类C，其中路段出行时间成本函数$t_a(v_a)$是路段总流量v_a的连续可微单调递增凸函数，且对$\forall c \in [0,1]$有$t_a(cx) \geqslant ct_a(x)$成立。$\bar{\boldsymbol{v}}$是 VI 问题式（5.9）的解，$\tilde{\boldsymbol{v}}$是最优化问题式（5.10）的解。因此，利己-利他用户混合交通均衡分配的效率损失存在上界，即

$$\rho_{fx,\text{mix}}^{\text{UE-AU}} = \frac{T_{\text{UE-AU}}(\bar{\boldsymbol{v}})}{T_{\text{UE-AU}}(\tilde{\boldsymbol{v}})} \leqslant \frac{1}{1-\zeta} \tag{5.29}$$

式中，ζ由式（5.23）、式（5.26）和式（5.27）给出。

5.1.3　数值算例

图 5.1 为利己-利他混合交通网络，包含四个节点和五条路段。其中，路段出行时间成本函数分别为$t_1 = 1.8,\ t_2 = 0.1v_2,\ t_3 = v_3, t_4 = 0.2v_4,\ t_5 = 2.7$。网络中有两个 OD 对，分别是（1, 4）和（2, 4），OD 流量为$d_{14} = 1,\ d_{24} = 1$。

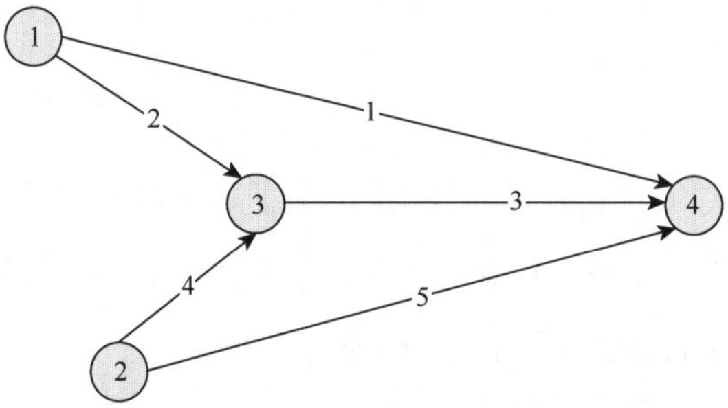

图 5.1　利己-利他用户混合交通网络

SO 时，路段的流量是如下最优化问题的解：

$$\min[1.8v_1 + 0.1{v_2}^2 + {v_3}^2 + 0.2{v_4}^2 + 2.7v_5]$$

$$\text{s.t.} \begin{cases} v_1 + v_2 = 1 \\ v_2 + v_4 = v_3 \\ v_4 + v_5 = 1 \\ v_i \geqslant 0,\ i = 1,\cdots,5 \end{cases}$$

解之，可得 $\tilde{v}_1=1,\ \tilde{v}_2=0,\ \tilde{v}_3=1,\tilde{v}_4=1,\ \tilde{v}_5=0$，系统总出行成本为 3.0。

下面，来界定利己-利他用户混合交通均衡分配的效率损失上界。假设 OD 对（1, 4）由利己用户控制（用“u”表示），OD 对（2, 4）由利他用户控制（用“ϕ”表示），利他用户的利他系数为 $\phi=0.5$。因此，利己-利他用户混合交通均衡等价于同时求解如下两个最优化问题：

$$\min z_1=\int_0^{v_1^u}1.8\mathrm{d}x+\int_0^{v_2^u}0.1x\mathrm{d}x+\int_0^{v_3^u}(v_3^\phi+x)\mathrm{d}x$$

$$\text{s.t.}\begin{cases}v_1^u+v_2^u=1\\ v_2^u=v_3^u\\ v_i^u\geqslant 0,\ i=1,2,3\end{cases}$$

和

$$\min z_2=\int_0^{v_3^\phi}(1.5v_3^u+1.5x)\mathrm{d}x+\int_0^{v_4^\phi}0.3x\mathrm{d}x+\int_0^{v_5^\phi}2.7\mathrm{d}x$$

$$\text{s.t.}\begin{cases}v_4^\phi+v_5^\phi=1\\ v_3^\phi=v_4^\phi\\ v_3^\phi,\ v_4^\phi,v_5^\phi\geqslant 0\end{cases}$$

则，可得利己-利他用户混合均衡交通分配的解为

$$\overline{v}_1^u=0,\ \overline{v}_2^u=1,\ \overline{v}_3^u=1,\overline{v}_4^u=0,\overline{v}_5^u=0$$

$$\overline{v}_1^\phi=0,\ \overline{v}_2^\phi=0,\ \overline{v}_3^\phi=0.6667,\overline{v}_4^\phi=0.6667,\overline{v}_5^\phi=0.3333$$

所以，路段总流量为 $\overline{v}_1=0,\ \overline{v}_2=1,\overline{v}_3=1.6667,\overline{v}_4=0.6667,\overline{v}_5=0.3333$，系统的总出行时间成本为 3.8667，效率损失为 1.2889。

由 η_a,ξ_a 的定义可知，当出行时间成本函数是仿射函数 $t_a(v_a)=t_{a0}+\alpha_a v_a$ 时，有 $\eta_a=\dfrac{1}{2},\xi_a=\dfrac{1+\phi_{\overline{i}}}{2}$，则有

$$\eta_1=\eta_2=\eta_3=\eta_4=\eta_5=0.5,\xi_1=\xi_2=0,\xi_3=\xi_4=\xi_5=0.75$$

由 μ_a,ω_a 的定义及混合均衡解，可得

$$\mu_1=\mu_2=0,\mu_3=0.4,\mu_4=\mu_5=1,\omega_1=\omega_2=1,\omega_3=0.6,\omega_4=\omega_5=0$$

由 $\kappa_a=\eta_a-(\eta_a)^2$，可知 $\kappa_1=\kappa_2=\kappa_3=\kappa_4=\kappa_5=0.25$。由

$$\iota_a=(1-\xi_a)\xi_a+\phi_{\overline{i}}(\xi_a-\mu_a)-\phi_{\tilde{i}}\left(1-\mu_a-\omega_a\right)$$

可知，$\iota_1=\iota_2=0,\iota_3=0.3625,\iota_4=\iota_5=0.0625$。由 $\zeta=\max\limits_{a\in A}\{\kappa_a,\iota_a\}$，可得 $\zeta=0.3625$，故知 $\rho_{fx,\text{mix}}^{\text{UE-AU}}=\dfrac{T_{\text{UE-AU}}(\overline{\boldsymbol{v}})}{T_{\text{UE-AU}}(\tilde{\boldsymbol{v}})}=1.2889\leqslant\dfrac{1}{1-\zeta}\doteq 1.5686$，满足定理 5.1 中的结论。

5.2 UE-CN 混合交通均衡分配的模型及效率损失

5.2.1 UE-CN 混合交通均衡分配模型

假设在有向交通网络 $G=(N,A)$ 中，存在着完全理性的利己用户和部分合作的 CN 用户。在前面定义的基础上，增加如下定义。k 表示 CN 用户；K 表示网络中 CN 用户集合；W^k 是 CN 用户 $k\in K$ 的 OD 对集合；v_a^k 表示 CN 用户 $k\in K$ 在路段 a 上的流量；$\boldsymbol{v}_a\equiv(v_a^u,\boldsymbol{v}_a^K)=(v_a^u,v_a^1,\cdots,v_a^k,\cdots)$ 表示路段 a 上的流量向量；$\boldsymbol{v}^k\equiv(\cdots,v_{a-1}^k,v_a^k,v_{a+1}^k,\cdots)$ 表示 CN 用户 k 的路段流量向量；$v_a^K=\sum\limits_{k\in K}v_a^k$ 表示路段 a 上所有 CN 用户的总流量；$\boldsymbol{v}^K\equiv(\cdots,\boldsymbol{v}^{k-1},\boldsymbol{v}^k,\boldsymbol{v}^{k+1},\cdots)$；$v_a=v_a^u+v_a^K$ 表示路段 a 上的总流量；设 $\boldsymbol{v}\equiv(\boldsymbol{v}^u,\boldsymbol{v}^K)$；假设路段出行时间成本函数 $t_a(v_a)$ 是路段流量可分离函数，并且是路段总流量 v_a 的连续可微单调递增凸函数。

假设所有 OD 对的流量是固定值，则利己用户的路段流量可行域 Ω_v^u 和 CN 用户 k 的路段流量可行域 Ω_v^k 分别为

$$\Omega_v^u=\left\{\boldsymbol{v}^u\mid v_a^u=\sum_{w\in W^u}\sum_{r\in R_w}f_{rw}\delta_{ar}^w,\ a\in A;\ \sum_{r\in R_w}f_{rw}=d_w;f_{rw}\geqslant 0,\ r\in R_w,\ w\in W^u\right\}\tag{5.30}$$

$$\Omega_v^k=\left\{\boldsymbol{v}^k\mid v_a^k=\sum_{w\in W^k}\sum_{r\in R_w}f_{rw}\delta_{ar}^w,\ a\in A;\ \sum_{r\in R_w}f_{rw}=d_w;f_{rw}\geqslant 0,\ r\in R_w,\ w\in W^k\right\},\ k\in K\tag{5.31}$$

定义 $\Omega_v^{\text{UE-CN}}=\Omega_v^u\times\prod\limits_{k\in K}\Omega_v^k$ 。对于利己用户而言，其出行决策原则是在 CN 用户出行决策给定的基础上极小化自己的出行时间成本，其求解等价于求解如下的最优化问题：

$$\min_{\boldsymbol{v}^u\in\Omega_v^u}\sum_{a\in A}\int_0^{v_a^u}t_a(v_a^K+x)\mathrm{d}x\tag{5.32}$$

式中，$v_a^K,a\in A$ 看作是固定值。由路段出行时间成本函数 $t_a(v_a)$ 的假设可知，最优化问题式（5.32）有唯一解。

CN 用户 $k\in K$ 的出行决策原则是在其他用户出行决策给定情况下极小化自己所在用户的总出行时间成本，即

$$\min_{\boldsymbol{v}^k\in\Omega_v^k}\sum_{a\in A}t_a(v_a^u+v_a^{-k}+v_a^k)v_a^k\tag{5.33}$$

式中，$v_a^u,v_a^{-k}=\sum\limits_{j\in K,j\neq k}v_a^j,a\in A,k\in K$ 看作是常数。由路段出行时间成本函数 $t_a(v_a)$ 的假设可知，最优化问题式（5.33）有唯一解。

同时满足最优化问题式（5.32）和式（5.33）的解称为 UE-CN 混合均衡解。同时求解最优化问题式（5.32）和式（5.33）可以表示为如下的 VI 问题（Harker，1988）。

引理 5.3 假设路段出行时间成本函数 $t_a(v_a)$ 是路段总流量 v_a 的连续可微单调递增凸

函数。向量 $\bar{\boldsymbol{v}}=(\bar{\boldsymbol{v}}^{u},\bar{\boldsymbol{v}}^{K})\in\Omega_{v}^{\text{UE-CN}}$ 是式（5.32）和式（5.33）的混合均衡解当且仅当下面的 VI 问题成立：即寻找 $\bar{\boldsymbol{v}}\in\Omega_{v}^{\text{UE-CN}}$，使得任意的 $\boldsymbol{v}\in\Omega_{v}^{\text{UE-CN}}$，都满足

$$\sum_{a\in A}\left\{t_{a}(\bar{v}_{a})(v_{a}^{u}-\bar{v}_{a}^{u})+\sum_{k\in K}[t_{a}(\bar{v}_{a})+\bar{v}_{a}^{k}t_{a}'(\bar{v}_{a})](v_{a}^{k}-\bar{v}_{a}^{k})\right\}\geqslant 0 \tag{5.34}$$

由于 $t_a(v_a)$ 是路段总流量 v_a 的连续可微单调递增凸函数，所以 VI 问题式（5.34）至少存在一个解。进一步，定义 UE 用户和 CN 用户在路段 $a\in A$ 上的路段理解出行时间成本向量为

$$\boldsymbol{c}_{a}(\boldsymbol{v}_{a})=[t_{a}(v_{a}),t_{a}(v_{a})+v_{a}^{1}t_{a}'(v_{a}),\cdots,\ t_{a}(v_{a})+v_{a}^{k}t_{a}'(v_{a}),\cdots] \tag{5.35}$$

对任意的路段 a，如果向量 $\boldsymbol{c}_a(\boldsymbol{v}_a)$ 是单调映射，则 VI 问题式（5.34）至多有一个解（Kinderlehree and Stampacchia，1986）。易得，若对任意的路段 a，路段出行时间成本函数 $t_a(v_a)$ 都是严格单调的仿射函数，则 VI 问题式（5.34）有唯一解。当路段出行时间成本函数是形如式（2.62）所示的多项式出行时间成本函数，Boulogne 等（2002）证明了此时的 UE-CN 混合均衡解的唯一性。

引理 5.4　假设路段出行时间成本函数是多项式函数，即 $t_a(v_a)=t_{a0}+\alpha_a(v_a)^p$，这里 $t_{a0}\geqslant 0,\alpha_a>0,0<p<p^*$，其中 t_{a0} 是路段 a 上固定的、非负的自由流出行时间成本，α_a 是特定的路段非负参数，且若 VI 问题式（5.34）中 CN 用户的数目是有限的，则 VI 问题式（5.34）有唯一解。这里，$p^*=(3|K|-1)/(|K|-1)$，其中 $|K|$ 表示网络中 CN 用户的数目。

设 $\bar{\boldsymbol{v}}=(\bar{\boldsymbol{v}}^{u},\bar{\boldsymbol{v}}^{K})$，$\bar{v}_a$ 分别表示 VI 问题式（5.34）的路段流量向量和 UE-CN 混合均衡解的路段总流量，则系统的总出行时间成本为

$$T_{\text{UE-CN}}(\bar{\boldsymbol{v}})=\sum_{a\in A}t_{a}(\bar{v}_{a})\bar{v}_{a}=\sum_{a\in A}t_{a}(\bar{v}_{a})\bar{v}_{a}^{u}+\sum_{a\in A}\sum_{k\in K}t_{a}(\bar{v}_{a})\bar{v}_{a}^{k}$$

设 $\tilde{\boldsymbol{v}}=(\tilde{\boldsymbol{v}}^{u},\tilde{\boldsymbol{v}}^{K})$，$\tilde{v}_a$ 分别表示如下最优化问题的路段流量向量和路段总流量：

$$\min_{\boldsymbol{v}\in\Omega_{v}^{\text{UE-CN}}}\sum_{a\in A}t_{a}(v_{a})v_{a} \tag{5.36}$$

由假设可知，路段出行时间成本函数 $t_a(v_a)$ 是路段总流量 v_a 的单调递增凸函数，则最优化问题式（5.36）存在关于路段总流量 v_a 的唯一解。用 $\tilde{v}_a$ 表示最优化问题式（5.36）的唯一路段总流量解。注意路段流量 $\tilde{v}_a^u$，$\tilde{v}_a^k$，$k\in K$，$a\in A$ 不一定唯一，但是 $\tilde{v}_a=\tilde{v}_a^u+\sum_{k\in K}\tilde{v}_a^k$ 一定唯一。这样，定义 UE-CN 混合均衡行为下的效率损失为

$$\rho_{fx,\text{mix}}^{\text{UE-CN}}=\frac{T_{\text{UE-CN}}(\bar{\boldsymbol{v}})}{T_{\text{UE-CN}}(\tilde{\boldsymbol{v}})}=\frac{\sum_{a\in A}t_{a}(\bar{v}_{a})\bar{v}_{a}}{\sum_{a\in A}t_{a}(\tilde{v}_{a})\tilde{v}_{a}} \tag{5.37}$$

由于 $T_{\text{UE-CN}}(\tilde{\boldsymbol{v}})$ 表示最小的系统总出行时间成本，$T_{\text{UE-CN}}(\bar{\boldsymbol{v}})$ 表示每个子系统最小的出行时间成本之和，因此 $\rho_{fx,\text{mix}}^{\text{UE-CN}}\geqslant 1$。下面来寻找 $\rho_{fx,\text{mix}}^{\text{UE-CN}}$ 的上界值。

5.2.2 UE-CN 混合交通均衡分配的效率损失

设 $\tilde{\boldsymbol{v}}=(\tilde{\boldsymbol{v}}^u,\tilde{\boldsymbol{v}}^K)$ 是最优化问题式（5.36）的解。由式（5.34）和 $\tilde{\boldsymbol{v}}^u\in\Omega_v^u,\tilde{\boldsymbol{v}}^k\in\Omega_v^k,k\in K$，得

$$\begin{aligned}T_{\text{UE-CN}}(\bar{\boldsymbol{v}})&\leqslant\sum_{a\in A}t_a(\bar{v}_a)\tilde{v}_a^u+\sum_{a\in A}\sum_{k\in K}t_a(\bar{v}_a)\tilde{v}_a^k+\sum_{a\in A}\sum_{k\in K}\bar{v}_a^k t_a'(\bar{v}_a)(\tilde{v}_a^k-\bar{v}_a^k)\\&=\sum_{a\in A}t_a(\bar{v}_a)\tilde{v}_a+\sum_{a\in A}\sum_{k\in K}\bar{v}_a^k t_a'(\bar{v}_a)(\tilde{v}_a^k-\bar{v}_a^k)\\&=\sum_{a\in A}t_a(\tilde{v}_a)\tilde{v}_a+\sum_{a\in A}[t_a(\bar{v}_a)-t_a(\tilde{v}_a)]\tilde{v}_a+\sum_{a\in A}\sum_{k\in K}\bar{v}_a^k t_a'(\bar{v}_a)(\tilde{v}_a^k-\bar{v}_a^k)\end{aligned}$$

因为 $v_a=v_a^u+\sum_{k\in K}v_a^k$。因此，若 $t_a(v_a)=t_{a0}+\alpha_a(v_a)^p$，则 $t_a'(v_a)=\alpha_a p(v_a)^{p-1}$，从而有

$$T_{\text{UE-CN}}(\bar{\boldsymbol{v}})\leqslant T_{\text{UE-CN}}(\tilde{\boldsymbol{v}})+\sum_{a\in A}\alpha_a[(\bar{v}_a)^p-(\tilde{v}_a)^p]\tilde{v}_a+\sum_{a\in A}\alpha_a p(\bar{v}_a)^{p-1}\sum_{k\in K}\bar{v}_a^k(\tilde{v}_a^k-\bar{v}_a^k)\quad(5.38)$$

如果可以界定式（5.38）右边第二项和第三项和的上界，则可得 UE-CN 混合均衡下的效率损失。下面分别运用放缩法和非线性规划方法来推导式（5.37）的上界。其中，放缩法的推导过程如下。

由不等式（5.38），可以得到

$$\begin{aligned}T_{\text{UE-CN}}(\bar{\boldsymbol{v}})&\leqslant T_{\text{UE-CN}}(\tilde{\boldsymbol{v}})\\&\quad+\max_{\boldsymbol{v}\in\Omega_v^{\text{UE-CN}}}\left\{\sum_{a\in A}\alpha_a[(\bar{v}_a)^p-(v_a)^p]v_a+\sum_{a\in A}\alpha_a p(\bar{v}_a)^{p-1}\sum_{k\in K}\bar{v}_a^k(v_a^k-\bar{v}_a^k)\right\}\\&\leqslant T_{\text{UE-CN}}(\tilde{\boldsymbol{v}})\\&\quad+\max_{v_a^u\geqslant0,\ v_a^k\geqslant0,\ k\in K,\ a\in A}\left\{\sum_{a\in A}\alpha_a[(\bar{v}_a)^p-(v_a)^p]v_a+\sum_{a\in A}\alpha_a p(\bar{v}_a)^{p-1}\sum_{k\in K}\bar{v}_a^k(v_a^k-\bar{v}_a^k)\right\}\end{aligned}\quad(5.39)$$

由于对任意的路段 a，可行域 $v_a^u\geqslant0$，$v_a^k\geqslant0,\ k\in K$ 比 $\Omega_v^{\text{UE-CN}}$ 大，因此式（5.39）最后一个不等式成立。

首先，下面的不等式成立：

$$\sum_{k\in K}\bar{v}_a^k(v_a^k-\bar{v}_a^k)\leqslant\sum_{k\in K}\frac{1}{4}(v_a^k)^2\leqslant\frac{1}{4}\left(\sum_{k\in K}v_a^k\right)^2\leqslant\frac{1}{4}(v_a)^2\quad(5.40)$$

式中，三个不等式成立的原因分别是 $\left(\frac{1}{2}v_a^k-\bar{v}_a^k\right)^2\geqslant0$，$\forall k\in K,v_a^k\geqslant0$ 和 $v_a=v_a^u+\sum_{k\in K}v_a^k$，$v_a^u\geqslant0$。另一方面，由于 $\alpha_a p(\bar{v}_a)^{p-1}\geqslant0$，所以式（5.39）等价于

$$T_{\text{UE-CN}}(\bar{\boldsymbol{v}})\leqslant T_{\text{UE-CN}}(\tilde{\boldsymbol{v}})+\max_{v_a\geqslant0}\left\{\sum_{a\in A}\alpha_0[(\bar{v}_a)^p-(v_a)^p)]v_a+\sum_{a\in A}\alpha_a p(\bar{v}_a)^{p-1}\frac{1}{4}(v_a)^2\right\}\quad(5.41)$$

其次，可证式（5.41）右边第二项存在着最大值并且最大值点满足 $v_a \in [0,\overline{v}_a]$。令

$$F_{\text{UE-CN}}(v_a)=(\overline{v}_a)^p v_a+\frac{p}{4}(\overline{v}_a)^{p-1}(v_a)^2-(v_a)^{p+1}, \quad v_a \in [0,+\infty)$$

显然，函数 $F_{\text{UE-CN}}(v_a)$ 在定义域内连续。因此，若 $v_a \geqslant \overline{v}_a$ 时，满足 $F'_{\text{UE-CN}}(v_a) \leqslant 0$，则说明式（5.41）右边第二项有最大值，且最大值点位于闭区间 $[0,\overline{v}_a]$。易知

$$F'_{\text{UE-CN}}(v_a)=(\overline{v}_a)^p+\frac{p}{2}(\overline{v}_a)^{p-1}v_a-(p+1)(v_a)^p$$

$$F''_{\text{UE-CN}}(v_a)=\frac{p}{2}(\overline{v}_a)^{p-1}-(p+1)p(v_a)^{p-1}$$

$$F'''_{\text{UE-CN}}(v_a)=-(p+1)p(p-1)(v_a)^{p-2}$$

当 $v_a \geqslant \overline{v}_a \geqslant 0$，可得 $F'''_{\text{UE-CN}}(v_a) \leqslant 0$，即 $F''_{\text{UE-CN}}(v_a)$ 在 $v_a \in [\overline{v}_a,+\infty)$ 是递减函数，故

$$F''_{\text{UE-CN}}(v_a) \leqslant F''_{\text{UE-CN}}(\overline{v}_a)=\frac{p}{2}(\overline{v}_a)^{p-1}-(p+1)p(\overline{v}_a)^{p-1}=-(p^2+p/2)(\overline{v}_a)^{p-1} \leqslant 0 \quad (5.42)$$

式（5.42）表明函数 $F'_{\text{UE-CN}}(v_a)$ 在区间 $[\overline{v}_a,+\infty)$ 上是递减函数。同时，由 $F'_{\text{UE-CN}}(\overline{v}_a)=-\dfrac{p}{2}(\overline{v}_a)^p \leqslant 0$ 可知，当 $v_a \geqslant \overline{v}_a$ 时，有 $F'_{\text{UE-CN}}(v_a) \leqslant F'_{\text{UE-CN}}(\overline{v}_a) \leqslant 0$。因此，可得式（5.41）右边第二项存在最大值，且最大值点 $v_a \in [0,\overline{v}_a]$。这样，式（5.41）可改写为

$$\begin{aligned}
T_{\text{UE-CN}}(\overline{\boldsymbol{v}}) &\leqslant T_{\text{UE-CN}}(\tilde{\boldsymbol{v}})+\max_{v_a \geqslant 0}\left\{\sum_{a\in A}\alpha_a[(\overline{v}_a)^p-(v_a)^p]v_a+\sum_{a\in A}\alpha_a p(\overline{v}_a)^{p-1}\frac{1}{4}(v_a)^2\right\} \\
&= T_{\text{UE-CN}}(\tilde{\boldsymbol{v}})+\max_{u\in[0,1]}\left\{\sum_{a\in A}\alpha_a[(\overline{v}_a)^p-u^p(\overline{v}_a)^p]u\overline{v}_a+\sum_{a\in A}\alpha_a p(\overline{v}_a)^{p-1}\frac{1}{4}(u\overline{v}_a)^2\right\} \\
&= T_{\text{UE-CN}}(\tilde{\boldsymbol{v}})+\max_{u\in[0,1]}\left(u+\frac{p}{4}u^2-u^{p+1}\right)\sum_{a\in A}\alpha_a(\overline{v}_a)^{p+1} \\
&\leqslant T_{\text{UE-CN}}(\tilde{\boldsymbol{v}})+\max_{u\in[0,1]}\left(u+\frac{p}{4}u^2-u^{p+1}\right)\sum_{a\in A}[\alpha_a(\overline{v}_a)^p+t_{a0}]\overline{v}_a \\
&= T_{\text{UE-CN}}(\tilde{\boldsymbol{v}})+\max_{u\in[0,1]}\left(u+\frac{p}{4}u^2-u^{p+1}\right)T_{\text{UE-CN}}(\overline{\boldsymbol{v}})
\end{aligned} \quad (5.43)$$

式中，第一个等式成立的条件是因为假设 $v_a=u\overline{v}_a, u\in[0,1]$。由式（5.37）可知，$\rho_{fx,\text{mix}}^{\text{UE-CN}} \geqslant 1$。因此，当 $\max\limits_{u\in[0,1]}\left(u+\dfrac{p}{4}u^2-u^{p+1}\right) \geqslant 1$ 时，定义 $\dfrac{1}{1-\max\limits_{u\in[0,1]}\left(u+\dfrac{p}{4}u^2-u^{p+1}\right)}=+\infty$。

定理 5.2　假设路段出行时间成本函数 $t_a(v_a)$ 是多项式函数，对应的最高次幂为 p，设 $\overline{\boldsymbol{v}}$ 是 VI 问题式（5.34）的解并且 $\tilde{\boldsymbol{v}}$ 是最优化问题式（5.36）的解。则 UE-CN 混合交通均衡分配的效率损失存在上界，即

$$\rho_{fx,\mathrm{mix}}^{\mathrm{UE-CN}} \leqslant \frac{1}{1-\max\limits_{u\in[0,1]}\left(u+\dfrac{p}{4}u^2-u^{p+1}\right)} \tag{5.44}$$

推论 5.1 如果路段出行时间成本函数是仿射函数，则 UE-CN 混合交通均衡分配的效率损失不超过$\dfrac{3}{2}$。

证：在定理 5.2 中，令 $p=1$，则 $\max\limits_{u\in[0,1]}\left(u+\dfrac{p}{4}u^2-u^{p+1}\right)=\max\limits_{u\in[0,1]}\left(u-\dfrac{3}{4}u^2\right)=\dfrac{1}{3}$。显然，当 u 等于$\dfrac{2}{3}$时取得最大值。由式（5.44）可得 $\rho_{fx,\mathrm{mix}}^{\mathrm{UE-CN}}\leqslant\dfrac{3}{2}$。

上面的分析表明，用放缩法得到的 UE-CN 混合均衡的效率损失上界和网络中 CN 用户的数目无关。下面，运用非线性规划方法进一步讨论 UE-CN 混合均衡的效率损失上界。为了得到式（5.38）右端第二项与第三项和的上界，先讨论如下的非线性规划问题：

$$\max_{\boldsymbol{v}_a\geqslant\boldsymbol{0}}\left\{\alpha_a[(\overline{v}_a)^p-(v_a)^p]v_a+\alpha_a p(\overline{v}_a)^{p-1}\sum_{k\in K}\overline{v}_a^k(v_a^k-\overline{v}_a^k)\right\},\ a\in A \tag{5.45}$$

设

$$G_{\mathrm{UE-CN}}(\boldsymbol{v}_a)=\alpha_a[(\overline{v}_a)^p-(v_a)^p]v_a+\alpha_a p(\overline{v}_a)^{p-1}\sum_{k\in K}\overline{v}_a^k(v_a^k-\overline{v}_a^k)$$

由于函数 $G_{\mathrm{UE-CN}}(\boldsymbol{v}_a)$ 的 Hessian 矩阵是半负定矩阵，故函数 $G_{\mathrm{UE-CN}}(\boldsymbol{v}_a)$ 在条件 $p>0$ 下是关于 $v_a^u\geqslant 0,\ v_a^k\geqslant 0,\ k\in K$ 的凹函数，从而 $G_{\mathrm{UE-CN}}(\boldsymbol{v}_a)$ 有全局最大值。令 $\lambda_a^u,\ \lambda_a^k,\ a\in A$ 分别为变量 $v_a^u,\ v_a^k,\ k\in K$ 的 Lagrange 乘子，则式（5.45）的一阶最优性条件如下：

$$\alpha_a(\overline{v}_a)^p-\alpha_a(p+1)(v_a)^p+\lambda_a^u=0 \tag{5.46a}$$

$$\lambda_a^u\geqslant 0,\ v_a^u\geqslant 0,\ \lambda_a^u v_a^u=0 \tag{5.46b}$$

$$\alpha_a(\overline{v}_a)^p-\alpha_a(p+1)(v_a)^p+\alpha_a p(\overline{v}_a)^{p-1}\overline{v}_a^k+\lambda_a^k=0,\ k\in K \tag{5.46c}$$

$$\lambda_a^k\geqslant 0,\ v_a^k\geqslant 0,\ \lambda_a^k v_a^k=0,\ k\in K \tag{5.46d}$$

由式（5.46a）和式（5.46b）可知 $v_a\geqslant\left(\dfrac{1}{p+1}\right)^{1/p}\overline{v}_a$。对任意给定的路段，可得非线性规划问题式（5.45）的极值点当且仅当在下面两个条件之一满足时成立，这两个条件分别是

$$v_a=\left(\frac{1}{p+1}\right)^{1/p}\overline{v}_a \tag{5.47a}$$

$$v_a>\left(\frac{1}{p+1}\right)^{1/p}\overline{v}_a \tag{5.47b}$$

如果式（5.47a）成立，由式（5.46a）和式（5.46b）易得 $\lambda_a^u=0,\ v_a^u\geqslant 0$。将式（5.47a）代入式（5.46c），可得

$$\alpha_a p(\overline{v}_a)^{p-1}\overline{v}_a^k+\lambda_a^k=0,\ k\in K \tag{5.48}$$

这意味着 $\overline{v}_a^k=0,\lambda_a^k=0,k\in K$，故

$$\begin{aligned}
&\alpha_a[(\overline{v}_a)^p-(v_a)^p]v_a+\alpha_a p(\overline{v}_a)^{p-1}\sum_{k\in K}\overline{v}_a^k(v_a^k-\overline{v}_a^k)\\
&=\alpha_a\left\{(\overline{v}_a)^p-\left[\left(\frac{1}{p+1}\right)^{1/p}\overline{v}_a\right]^p\right\}\left(\frac{1}{p+1}\right)^{1/p}\overline{v}_a\\
&=\alpha_a\left(\frac{p}{1+p}\right)\left(\frac{1}{1+p}\right)^{1/p}(\overline{v}_a)^{p+1}\\
&\leqslant\left(\frac{p}{1+p}\right)\left(\frac{1}{1+p}\right)^{1/p}t_a(\overline{v}_a)\overline{v}_a
\end{aligned}\tag{5.49}$$

式（5.49）中不等式成立的原因是对任意的 $a\in A,\ t_{a0}\geqslant 0$。

如果式（5.47b）成立，由式（5.46a）和式（5.46b）可得 $\lambda_a^u>0,\ v_a^u=0$。下面分两种不同的情形来探讨效率损失和参数 K 的关系。

情形 1：$|K|=1$。

此时，显然有 $v_a=v_a^{\mathrm{CN}}$，其中 v_a^{CN} 表示路段 a 上 CN 用户的流量。设 $\overline{v}_a^{\mathrm{CN}}=\kappa_a\overline{v}_a$，$0\leqslant\kappa_a\leqslant 1$，并定义若 $\overline{v}_a^{\mathrm{CN}}=\overline{v}_a=0$，则 $\kappa_a=1$。将 $\overline{v}_a^k=\overline{v}_a^{\mathrm{CN}}$ 代入式（5.46c），可得

$$v_a=v_a^{\mathrm{CN}}=\left(\frac{1+p\kappa_a}{1+p}\right)^{1/p}\overline{v}_a$$

由式（5.45），可得

$$\begin{aligned}
&\max_{v_a\geqslant 0}\ \{\alpha_a[(\overline{v}_a)^p-(v_a)^p]v_a+\alpha_a p(\overline{v}_a)^{p-1}\overline{v}_a^{\mathrm{CN}}(v_a^{\mathrm{CN}}-\overline{v}_a^{\mathrm{CN}})\}\\
&=\alpha_a(1-\kappa_a)\left(\frac{p}{1+p}\right)\left(\frac{1+p\kappa_a}{1+p}\right)^{1/p}(\overline{v}_a)^{p+1}+\alpha_a p\left[\left(\frac{1+p\kappa_a}{1+p}\right)^{1/p}-\kappa_a\right]\kappa_a(\overline{v}_a)^{p+1}\\
&=\alpha_a\eta_a(\overline{v}_a)^{p+1}\\
&\leqslant\eta_a t_a(\overline{v}_a)\overline{v}_a
\end{aligned}\tag{5.50}$$

这里，

$$\eta_a=(1-\kappa_a)\left(\frac{p}{1+p}\right)\left(\frac{1+p\kappa_a}{1+p}\right)^{1/p}+p\left[\left(\frac{1+p\kappa_a}{1+p}\right)^{1/p}-\kappa_a\right]\kappa_a$$

式（5.50）中不等式成立的原因是对任意的 $a\in A,\ t_{a0}\geqslant 0$。

情形 2：$|K|\geqslant 2$。

如果 $\overline{v}_a^{k_1}>\overline{v}_a^{k_2}$，则由式（5.46c）和式（5.46d），可知关系式 $\lambda_a^{k_1}<\lambda_a^{k_2}$ 和 $v_a^{k_1}\geqslant v_a^{k_2}=0$ 成立。对任意的 $a\in A$，令

$$\overline{v}_a^{\bar{k}}=\max_{k\in K}\overline{v}_a^k,\ \beta_a=\frac{\overline{v}_a^{\bar{k}}}{\overline{v}_a},\ \gamma_a=\frac{\overline{v}_a^u}{\overline{v}_a}$$

式中，$0 \leqslant \beta_a \leqslant 1, 0 \leqslant \gamma_a \leqslant 1, 0 \leqslant \beta_a + \gamma_a \leqslant 1$。由式（5.46c），易得 $v_a^{\bar{k}} > 0$ 和 $v_a^k = 0, k \neq \bar{k}$。由 $v_a^u = 0, v_a = \sum_{k \in K} v_a^k$，可得

$$v_a = v_a^{\bar{k}} = \left(\frac{p\beta_a + 1}{1+p}\right)^{1/p} \bar{v}_a,\ a \in A \tag{5.51}$$

由式（5.45）可得

$$\begin{aligned}
&\max_{v_a \geqslant 0} \left\{\alpha_a[(\bar{v}_a)^p - (v_a)^p]v_a + \alpha_a p(\bar{v}_a)^{p-1} \sum_{k \in K} \bar{v}_a^k (v_a^k - \bar{v}_a^k)\right\} \\
&= \alpha_a(1-\beta_a)\left(\frac{p}{1+p}\right)\left(\frac{1+p\beta_a}{1+p}\right)^{1/p} (\bar{v}_a)^{p+1} + \alpha_a p\left[\left(\frac{1+p\beta_a}{1+p}\right)^{1/p} - \beta_a\right]\beta_a(\bar{v}_a)^{p+1} \\
&\quad - \alpha_a p(\bar{v}_a)^{p-1} \sum_{k \in K, k \neq \bar{k}} (\bar{v}_a^k)^2 \\
&\leqslant \alpha_a \varsigma_a (\bar{v}_a)^{p+1} \\
&\leqslant \varsigma_a t_a(\bar{v}_a)\bar{v}_a
\end{aligned} \tag{5.52}$$

这里，

$$\varsigma_a = (1-\beta_a)\left(\frac{p}{1+p}\right)\left(\frac{1+p\beta_a}{1+p}\right)^{1/p} + p\left[\left(\frac{1+p\beta_a}{1+p}\right)^{1/p} - \beta_a\right]\beta_a - p\frac{(1-\beta_a-\gamma_a)^2}{|K|-1}$$

式（5.52）中两个不等式成立的原因分别是

$$\sum_{k \in K, k \neq \bar{k}} (\bar{v}_a^k)^2 \geqslant \frac{1}{|K|-1}\left(\sum_{k \in K, k \neq \bar{k}} \bar{v}_a^k\right)^2 = \frac{(1-\beta_a-\gamma_a)}{|K|-1}(\bar{v}_a)^2$$

和 $a \in A,\ t_{a0} \geqslant 0$。

本节主要关注交通网络中同时存在 UE 和 CN 用户。若 $|K|=1$，可知当式（5.45）取到极大值时，式（5.49）或式（5.50）中必有一个成立。令

$$\psi_a = \max\left\{\left(\frac{p}{1+p}\right)\left(\frac{1}{1+p}\right)^{1/p}, \eta_a\right\}$$

和 $\psi = \max_{a \in A} \psi_a$，则式（5.38）可以改写为

$$T_{\text{UE-CN}}(\bar{\boldsymbol{v}}) \leqslant T_{\text{UE-CN}}(\tilde{\boldsymbol{v}}) + \psi T_{\text{UE-CN}}(\bar{\boldsymbol{v}}) \tag{5.53}$$

若 $|K| \geqslant 2$，可知当式（5.45）取到极大值时，式（5.49）或式（5.52）中必有一个成立。令 $\xi_a = \max\left\{\left(\frac{p}{1+p}\right)\left(\frac{1}{1+p}\right)^{1/p}, \varsigma_a\right\}$ 和 $\xi = \max_{a \in A} \xi_a$，则式（5.38）可以改写为

$$T_{\text{UE-CN}}(\bar{\boldsymbol{v}}) \leqslant T_{\text{UE-CN}}(\tilde{\boldsymbol{v}}) + \xi T_{\text{UE-CN}}(\bar{\boldsymbol{v}}) \tag{5.54}$$

因此，可得如下的定理。

定理 5.3　假设路段出行时间成本函数 $t_a(v_a)$ 是式（2.62）所示的多项式函数，设 $\bar{\boldsymbol{v}}$ 是

VI 问题式（5.34）的解且 $\tilde{\boldsymbol{v}}$ 是最优化问题式（5.36）的解。因此，UE-CN 混合均衡的效率损失存在上界，即

（1）若 $|K|=1$，则 $\rho_{fx,\text{mix}}^{\text{UE-CN}} \leqslant \dfrac{1}{1-\psi}$；

（2）若 $|K| \geqslant 2$，则 $\rho_{fx,\text{mix}}^{\text{UE-CN}} \leqslant \dfrac{1}{1-\xi}$。

这里，K 表示网络中 CN 用户的集合，$|K|$ 表示 CN 用户的数目，其中参数 ψ 和 ξ 的定义如上。

5.2.3　数值算例

在图 5.2 所示的 UE-CN 混合交通网络中，各路段出行时间成本函数分别为 $t_1 = 1.8, t_2 = 0, t_3 = v_3, t_4 = 0, t_5 = 2.6$。网络中有 OD 对（1, 4）和 OD 对（2, 4）。假设两个 OD 对的出行需求分别为 $d_{14} = 1$ 和 $d_{24} = 1$。OD 对（1, 4）中有两条路径，路径 1 由路段 1 组成，路径 2 由路段 2 和路段 3 组成。OD 对（2, 4）有两条路径，路径 3 由路段 4 和路段 3 组成，路径 4 由路段 5 组成。

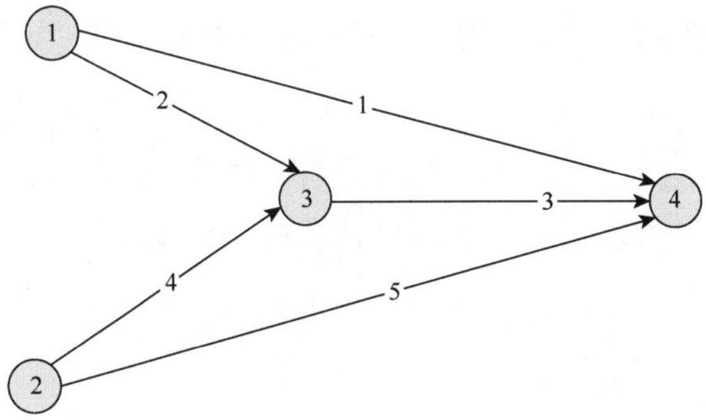

图 5.2　UE-CN 混合交通网络

路段 SO 流量可以通过求解下面的最优化问题得到：

$$\min 1.8v_1 + (v_3)^2 + 2.6v_5$$

$$\text{s.t.} \begin{cases} v_1 + v_2 = 1 \\ v_2 + v_4 = v_3 \\ v_4 + v_5 = 1 \\ v_i \geqslant 0,\ i = 1, 2, \cdots, 5 \end{cases}$$

通过计算，可得唯一的路段 SO 流量为 $\tilde{v}_1 = 1, \tilde{v}_2 = 0, \tilde{v}_3 = \tilde{v}_4 = 1, \tilde{v}_5 = 0$，系统的总出行时间成本为 2.8。

假设 OD 对（1, 4）由利己用户控制（用“u”表示），OD 对（2, 4）由 CN 用户控制（用“CN”表示），则 UE-CN 混合均衡解可通过同时求解下面两个最优化问题得到：

$$\min z_1 = \int_0^{v_1^u} 1.8\mathrm{d}x + \int_0^{v_2^u} 0\mathrm{d}x + \int_0^{v_3^u} 1.8(v_3^1 + x)\mathrm{d}x$$

$$\text{s.t.} \begin{cases} v_1^u + v_2^u = 1 \\ v_2^u = v_3^u \\ v_i^u \geqslant 0, i = 1,2,3 \end{cases}$$

和

$$\min z_2 = 2.6v_5^{\mathrm{CN}} + 0v_4^{\mathrm{CN}} + (v_3^u + v_3^{\mathrm{CN}})v_3^{\mathrm{CN}}$$

$$\text{s.t.} \begin{cases} v_4^{\mathrm{CN}} + v_5^{\mathrm{CN}} = 1 \\ v_4^{\mathrm{CN}} = v_3^{\mathrm{CN}} \\ v_3^{\mathrm{CN}}, v_4^{\mathrm{CN}}, v_5^{\mathrm{CN}} \geqslant 0 \end{cases}$$

即 $\min\limits_{0 \leqslant v_3^u \leqslant 1} z_1 = 1.8 - 1.8v_3^u + v_3^1 v_3^u + \frac{1}{2}(v_3^u)^2$ 和 $\min\limits_{0 \leqslant v_3^{\mathrm{CN}} \leqslant 1} z_2 = 2.6 - 2.6v_3^{\mathrm{CN}} + v_3^{\mathrm{CN}} v_3^u + (v_3^{\mathrm{CN}})^2$。由一阶必要性条件，可得 UE-CN 混合均衡解为

$$\overline{v}_1^{\mathrm{CN}} = 0,\ \overline{v}_2^{\mathrm{CN}} = 0,\ \overline{v}_3^{\mathrm{CN}} = 0.8,\ \overline{v}_4^{\mathrm{CN}} = 0.8,\ \overline{v}_5^{\mathrm{CN}} = 0.2$$

$$\overline{v}_1^u = 0,\ \overline{v}_2^u = 1,\ \overline{v}_3^u = 1,\ \overline{v}_4^u = 0,\ \overline{v}_5^u = 0$$

此时，各路段的总流量分别为 $\overline{v}_1 = 0,\ \overline{v}_2 = 1,\ \overline{v}_3 = 1.8,\ \overline{v}_4 = 0.8,\ \overline{v}_5 = 0.2$，系统的总出行时间成本为 3.76。可得，$\rho_{fx,\mathrm{mix}}^{\mathrm{UE-CN}} = 3.76/2.8 \doteq 1.3429$，满足推论 5.1。

在定义 $\overline{v}_a^{\mathrm{CN}} = \kappa_a \overline{v}_a$，$0 \leqslant \kappa_a \leqslant 1$（如果 $\overline{v}_a^{\mathrm{CN}} = \overline{v}_a = 0$，则 $\kappa_a = 1$）的基础上，可得

$$\kappa_1 = 1,\ \kappa_2 = 0,\ \kappa_3 = 0.4444,\ \kappa_4 = \kappa_5 = 1$$

又因 $p = 1$ 以及

$$\eta_a = (1-\kappa_a)\left(\frac{p}{1+p}\right)\left(\frac{1+p\kappa_a}{1+p}\right)^{1/p} + p\left[\left(\frac{1+p\kappa_a}{1+p}\right)^{1/p} - \kappa_a\right]\kappa_a$$

可得

$$\eta_1 = 0,\ \eta_2 = 0.25,\ \eta_3 = 0.3241,\ \eta_4 = \eta_5 = 0$$

由 $\psi_a = \max\left\{\left(\frac{p}{1+p}\right)\left(\frac{1}{1+p}\right)^{1/p}, \eta_a\right\}$ 和 $\psi = \max\limits_{a \in A} \psi_a$，可得

$$\psi_1 = \psi_2 = 0.25, \psi_3 = 0.3241, \psi_4 = \psi_5 = 0.25, \psi = 0.3241$$

这样，由定理 5.3 可得 $\rho_{fx,\mathrm{mix}}^{\mathrm{UE-CN}} \leqslant \frac{1}{1-\psi} \doteq 1.4795$。因此，放缩法的计算量比非线性规划方法的计算量少，但是非线性规划方法得到的上界要比放缩法得到的上界紧些。

5.3　收费机制下 UE-CN 混合交通均衡分配的模型及效率损失

5.3.1　收费机制下 UE-CN 混合交通均衡分配模型

假设所有 OD 对间的出行量是固定的，则收费机制 $\boldsymbol{\tau}$ 下 UE-CN 混合交通均衡分配中利己用户的路段流量可行域 Ω_v^u 如式（5.30）所示，CN 用户 k 的路段流量可行域 Ω_v^k 如式（5.31）所示，则 $\Omega_v^{\text{UE-CN}} = \Omega_v^u \times \prod_{k\in K} \Omega_v^k$。本节所指的路段 a 上收费 τ_a 为等价的出行时间成本。则在收费机制 $\boldsymbol{\tau}$ 下，UE 用户和 CN 用户在路段上的出行时间成本是路段实际出行时间成本与道路收费时间成本之和，根据 5.2.1 节中的引理 5.3 可得，收费机制 $\boldsymbol{\tau}$ 下 UE-CN 混合交通均衡分配的等价 VI 问题如下。

引理 5.5　如果路段出行时间成本函数 $t_a(v_a)$ 是路段总流量 v_a 的连续可微单调递增凸函数，则向量 $\bar{\boldsymbol{v}} = (\bar{\boldsymbol{v}}^u, \bar{\boldsymbol{v}}^K) \in \Omega_v^{\text{UE-CN}}$ 是收费机制 $\boldsymbol{\tau}$ 下的 UE-CN 混合均衡解当且仅当下面的 VI 问题成立：

$$\sum_{a\in A}\left\{\tilde{t}_a^u(\bar{\boldsymbol{v}})(v_a^u - \bar{v}_a^u) + \sum_{k\in K}\tilde{t}_a^k(\bar{\boldsymbol{v}})(v_a^k - \bar{v}_a^k)\right\} \geqslant 0, \forall \boldsymbol{v} \in \Omega_v^{\text{UE-CN}} \tag{5.55}$$

式中，$\tilde{t}_a^u(\boldsymbol{v}) = t_a(v_a) + \tau_a, \tilde{t}_a^k(\boldsymbol{v}) = t_a(v_a) + v_a^k t_a'(v_a) + \tau_a$。

由于 $t_a(v_a)$ 是连续可微单调递增凸函数，因此 VI 问题式（5.55）中的出行成本向量 $\tilde{\boldsymbol{c}}(\boldsymbol{v}) = [\tilde{t}_a^u(\boldsymbol{v}), \tilde{t}_a^k(\boldsymbol{v})], \forall k \in K$ 关于路段流量连续。易知，VI 问题式（5.55）的可行域 $\Omega_v^{\text{UE-CN}}$ 为有界非空闭凸集。因此，VI 问题式（5.55）存在最优解（Kinderlehrer and Stampacchia，1986）。进一步，如果 $\tilde{\boldsymbol{c}}(\boldsymbol{v})$ 是单调映射，则 VI 问题式（5.55）有唯一最优解（Kinderlehrer and Stampacchia，1986）。

依据是否把路段收费作为系统总出行时间成本的一部分，可以得到如下两个 SO 交通分配模型：

$$\min_{v\in\Omega_v^{\text{UE-CN}}} T_{\text{UE-CN}}^{\boldsymbol{\tau}}(\boldsymbol{v}) = \sum_{a\in A} t_a(v_a)v_a \tag{5.56}$$

$$\min_{v\in\Omega_v^{\text{UE-CN}}} \tilde{T}_{\text{UE-CN}}^{\boldsymbol{\tau}}(\boldsymbol{v}) = \sum_{a\in A} [t_a(v_a) + \tau_a]v_a \tag{5.57}$$

如果 $t_a(v_a)$ 是路段总流量 v_a 的单调递增凸函数，则最优化问题式（5.56）和式（5.57）存在唯一解。设 $\hat{\boldsymbol{v}}$ 和 $\tilde{\boldsymbol{v}}$ 分别为最优化问题式（5.56）和式（5.57）的最优解，则可以分别得到 SO 时 UE-CN 混合交通网络的系统总出行时间成本为

$$T_{\text{UE-CN}}^{\boldsymbol{\tau}}(\hat{\boldsymbol{v}}) = \sum_{a\in A} t_a(\hat{v}_a)\hat{v}_a = \sum_{a\in A} t_a(\hat{v}_a)\hat{v}_a^u + \sum_{a\in A}\sum_{k\in K} t_a(\hat{v}_a)\hat{v}_a^k$$

$$\tilde{T}_{\text{UE-CN}}^{\boldsymbol{\tau}}(\tilde{\boldsymbol{v}}) = \sum_{a\in A} [t_a(\tilde{v}_a) + \tau_a]\tilde{v}_a = \sum_{a\in A} t_a(\tilde{v}_a)\tilde{v}_a^u + \sum_{a\in A}\sum_{k\in K} t_a(\tilde{v}_a)\tilde{v}_a^k + \sum_{a\in A}\tau_a\tilde{v}_a$$

设 $\bar{\boldsymbol{v}}$ 为 VI 问题式（5.55）的最优解。依据是否把路段收费作为系统总出行时间成本的一部分，分别定义收费机制 $\boldsymbol{\tau}$ 下 UE-CN 混合交通均衡分配的效率损失为

$$\rho_{fx,\text{mix}}^{\text{UE-CN},\boldsymbol{\tau}}=\frac{T_{\text{UE-CN}}^{\boldsymbol{\tau}}(\overline{\boldsymbol{v}})}{T_{\text{UE-CN}}^{\boldsymbol{\tau}}(\hat{\boldsymbol{v}})}=\frac{\sum\limits_{a\in A}t_a(\overline{v}_a)\overline{v}_a}{\sum\limits_{a\in A}t_a(\hat{v}_a)\hat{v}_a}$$

$$\tilde{\rho}_{fx,\text{mix}}^{\text{UE-CN},\boldsymbol{\tau}}=\frac{\tilde{T}_{\text{UE-CN}}^{\boldsymbol{\tau}}(\overline{\boldsymbol{v}})}{\tilde{T}_{\text{UE-CN}}^{\boldsymbol{\tau}}(\tilde{\boldsymbol{v}})}=\frac{\sum\limits_{a\in A}[t_a(\overline{v}_a)+\tau_a]\overline{v}_a}{\sum\limits_{a\in A}[t_a(\tilde{v}_a)+\tau_a]\tilde{v}_a}$$

易得，$\rho_{fx,\text{mix}}^{\text{UE-CN},\boldsymbol{\tau}},\tilde{\rho}_{fx,\text{mix}}^{\text{UE-CN},\boldsymbol{\tau}}\geqslant 1$。本节后面的讨论，假设路段出行时间成本函数$t_a(v_a)$是路段总流量$v_a$的连续可微单调递增凸函数，且对任意的$c\in[0,1]$，有$t_a(cx)\geqslant ct_a(x)$成立。

5.3.2　收费作为系统总出行成本一部分时的效率损失

$\overline{\boldsymbol{v}}$为收费机制$\boldsymbol{\tau}$下UE-CN混合均衡式（5.55）的最优解，$\tilde{\boldsymbol{v}}\in\Omega_v^{\text{UE-CN}}$是最优化问题式（5.57）的解。在VI问题式（5.55）中，用$\tilde{\boldsymbol{v}}$代替$\boldsymbol{v}$，可得

$$\begin{aligned}\tilde{T}_{\text{UE-CN}}^{\boldsymbol{\tau}}(\overline{\boldsymbol{v}})&\leqslant\sum_{a\in A}t_a(\overline{v}_a)\tilde{v}_a^u+\sum_{a\in A}\sum_{k\in K}t_a(\overline{v}_a)\tilde{v}_a^k+\sum_{a\in A}\tau_a\tilde{v}_a+\sum_{a\in A}\sum_{k\in K}\overline{v}_a^k t_a'(\overline{v}_a)(\tilde{v}_a^k-\overline{v}_a^k)\\&=\sum_{a\in A}t_a(\tilde{v}_a)\tilde{v}_a+\sum_{a\in A}\tau_a\tilde{v}_a+\sum_{a\in A}[t_a(\overline{v}_a)-t_a(\tilde{v}_a)]\tilde{v}_a+\sum_{a\in A}\sum_{k\in K}\overline{v}_a^k t_a'(\overline{v}_a)(\tilde{v}_a^k-\overline{v}_a^k)\\&\leqslant\tilde{T}_{\text{UE-CN}}^{\boldsymbol{\tau}}(\tilde{\boldsymbol{v}})+\max_{\boldsymbol{v}\in\Omega_v^{\text{UE-CN}}}\left\{\sum_{a\in A}[t_a(\overline{v}_a)-t_a(v_a)]v_a+\sum_{a\in A}t_a'(\overline{v}_a)\sum_{k\in K}\overline{v}_a^k(v_a^k-\overline{v}_a^k)\right\}\\&\leqslant\tilde{T}_{\text{UE-CN}}^{\boldsymbol{\tau}}(\tilde{\boldsymbol{v}})+\max_{\boldsymbol{v}\geqslant\boldsymbol{0}}\left\{\sum_{a\in A}[t_a(\overline{v}_a)-t_a(v_a)]v_a+\sum_{a\in A}t_a'(\overline{v}_a)\sum_{k\in K}\overline{v}_a^k(v_a^k-\overline{v}_a^k)\right\}\end{aligned}\tag{5.58}$$

由$\left(\frac{1}{2}v_a^k-\overline{v}_a^k\right)^2\geqslant 0,\forall k\in K,v_a^k\geqslant 0$和$v_a=v_a^u+\sum\limits_{k\in K}v_a^k,v_a^u\geqslant 0$，可得

$$\sum_{k\in K}\overline{v}_a^k(v_a^k-\overline{v}_a^k)\leqslant\sum_{k\in K}\frac{1}{4}(v_a^k)^2\leqslant\frac{1}{4}\left(\sum_{k\in K}v_a^k\right)^2\leqslant\frac{1}{4}(v_a)^2$$

再由$t_a'(\overline{v}_a)\geqslant 0$可知，式（5.58）等价于

$$\tilde{T}_{\text{UE-CN}}^{\boldsymbol{\tau}}(\overline{\boldsymbol{v}})\leqslant\tilde{T}_{\text{UE-CN}}^{\boldsymbol{\tau}}(\tilde{\boldsymbol{v}})+\max_{v_a\geqslant 0}\left\{\sum_{a\in A}[t_a(\overline{v}_a)-t_a(v_a)]v_a+\frac{1}{4}\sum_{a\in A}t_a'(\overline{v}_a)(v_a)^2\right\}\tag{5.59}$$

令

$$H_{\text{UE-CN}}^{\boldsymbol{\tau}}(v_a)=[t_a(\overline{v}_a)-t_a(v_a)]v_a+\frac{1}{4}t_a'(\overline{v}_a)(v_a)^2,v_a\in[0,+\infty)$$

函数$H_{\text{UE-CN}}^{\boldsymbol{\tau}}(v_a)$在定义域内连续可微，有

$$\frac{\mathrm{d}H_{\text{UE-CN}}^{\boldsymbol{\tau}}(v_a)}{\mathrm{d}v_a}=t_a(\overline{v}_a)-t_a(v_a)-v_a t_a'(v_a)+\frac{1}{2}v_a t_a'(\overline{v}_a)$$

当 $v_a \geqslant \bar{v}_a$ 时，由 $t_a(v_a)$ 为路段总流量 v_a 的单调递增凸函数，可知 $t'_a(v_a) \geqslant t'_a(\bar{v}_a) \geqslant 0$，因而 $\mathrm{d}H^{\boldsymbol{\tau}}_{\text{UE-CN}}(v_a)/\mathrm{d}v_a \leqslant 0$，即函数 $\mathrm{d}H^{\boldsymbol{\tau}}_{\text{UE-CN}}(v_a)/\mathrm{d}v_a$ 在区间 $v_a \in [\bar{v}_a, +\infty)$ 内递减。因此，式（5.59）右边第二项有最大值，且最大值点位于区间 $[0, \bar{v}_a]$ 内。

由式（5.59）可得

$$
\begin{aligned}
\tilde{T}^{\boldsymbol{\tau}}_{\text{UE-CN}}(\bar{\boldsymbol{v}}) &\leqslant \tilde{T}^{\boldsymbol{\tau}}_{\text{UE-CN}}(\tilde{\boldsymbol{v}}) + \max_{v_a \geqslant 0}\left\{\sum_{a\in A}[t_a(\bar{v}_a) - t_a(v_a)]v_a + \frac{1}{4}\sum_{a\in A} t'_a(\bar{v}_a)(v_a)^2\right\} \\
&= \tilde{T}^{\boldsymbol{\tau}}_{\text{UE-CN}}(\tilde{\boldsymbol{v}}) + \max_{u\in[0,1]}\left\{\sum_{a\in A}[t_a(\bar{v}_a) - t_a(u\bar{v}_a)]u\bar{v}_a + \frac{1}{4}\sum_{a\in A} t'_a(\bar{v}_a)(u\bar{v}_a)^2\right\} \\
&\leqslant \tilde{T}^{\boldsymbol{\tau}}_{\text{UE-CN}}(\tilde{\boldsymbol{v}}) + \max_{u\in[0,1]}\left\{\sum_{a\in A}[t_a(\bar{v}_a) - ut_a(\bar{v}_a)]u\bar{v}_a + \frac{u^2}{4}\sum_{a\in A} t'_a(\bar{v}_a)(\bar{v}_a)^2\right\} \\
&\leqslant \tilde{T}^{\boldsymbol{\tau}}_{\text{UE-CN}}(\tilde{\boldsymbol{v}}) + \max_{u\in[0,1]}\left\{\sum_{a\in A}(u-u^2)t_a(\bar{v}_a)\bar{v}_a + \frac{u^2}{4}\sum_{a\in A} t_a(\bar{v}_a)\bar{v}_a\right\} \\
&= \tilde{T}^{\boldsymbol{\tau}}_{\text{UE-CN}}(\tilde{\boldsymbol{v}}) + \max_{u\in[0,1]}\left(u - \frac{3}{4}u^2\right)\sum_{a\in A} t_a(\bar{v}_a)\bar{v}_a \\
&\leqslant \tilde{T}^{\boldsymbol{\tau}}_{\text{UE-CN}}(\tilde{\boldsymbol{v}}) + \frac{1}{3}\tilde{T}^{\boldsymbol{\tau}}_{\text{UE-CN}}(\bar{\boldsymbol{v}})
\end{aligned}
\tag{5.60}
$$

式中，第一个等式成立的条件是最大值点满足 $v_a = u\bar{v}_a, u \in [0,1]$。第二个不等式成立是因为对任意的 $c \in [0,1]$，都有 $t_a(cx) \geqslant ct_a(x)$。第三个不等式由引理 5.2 得到。最后一个不等式成立是因为 $\max\limits_{u\in[0,1]}\left(u - \frac{3}{4}u^2\right) = \frac{1}{3}$ 以及 $\sum\limits_{a\in A} t_a(\bar{v}_a)\bar{v}_a \leqslant \sum\limits_{a\in A}[t_a(\bar{v}_a) + \tau_a]\bar{v}_a = \tilde{T}^{\boldsymbol{\tau}}_{\text{UE-CN}}(\bar{\boldsymbol{v}})$。于是，可得如下定理。

定理 5.4　给定一个可分离路段出行时间成本函数类 C，其中路段出行时间成本函数 $t_a(v_a)$ 是路段总流量 v_a 的连续可微单调递增凸函数，且对任意的 $c \in [0,1]$，有 $t_a(cx) \geqslant c\ t_a(x)$ 成立。设 $\bar{\boldsymbol{v}}$ 和 $\tilde{\boldsymbol{v}}$ 分别为 VI 问题式（5.55）和最优化问题式（5.57）的解，则当收费作为系统总出行成本一部分时，收费机制 $\boldsymbol{\tau}$ 下 UE-CN 混合交通均衡分配的效率损失存在上界，即

$$
\tilde{\rho}^{\text{UE-CN},\boldsymbol{\tau}}_{fx,\text{mix}} = \frac{\tilde{T}^{\boldsymbol{\tau}}_{\text{UE-CN}}(\bar{\boldsymbol{v}})}{\tilde{T}^{\boldsymbol{\tau}}_{\text{UE-CN}}(\tilde{\boldsymbol{v}})} \leqslant \frac{3}{2}
$$

证明：由（5.60）式，可得 $\tilde{T}^{\boldsymbol{\tau}}_{\text{UE-CN}}(\bar{\boldsymbol{v}}) \leqslant \tilde{T}^{\boldsymbol{\tau}}_{\text{UE-CN}}(\tilde{\boldsymbol{v}}) + \frac{1}{3}\tilde{T}^{\boldsymbol{\tau}}_{\text{UE-CN}}(\bar{\boldsymbol{v}})$，故 $\tilde{\rho}^{\text{UE-CN},\boldsymbol{\tau}}_{fx,\text{mix}} \leqslant \frac{3}{2}$。

定理 5.4 表明，路段收费作为系统总出行时间成本一部分时，如果路段出行时间成本函数满足特定的条件，则此时的效率损失上界为 1.5。

5.3.3　收费不作为系统总出行成本一部分时的效率损失

由于 $\bar{\boldsymbol{v}}$ 为路段收费机制 $\boldsymbol{\tau}$ 下 UE-CN 混合交通均衡分配问题式（5.55）的最优解，故 $\hat{\boldsymbol{v}} \in \Omega^{\text{UE-CN}}_{v}$ 是最优化问题式（5.56）的解。在式（5.55）中用 $\hat{\boldsymbol{v}}$ 代替 $\boldsymbol{v}$，可得

$$\begin{aligned}T_{\text{UE-CN}}^{\boldsymbol{\tau}}(\bar{\boldsymbol{v}}) &\leqslant \sum_{a\in A} t_a(\bar{v}_a)\hat{v}_a^u + \sum_{a\in A}\sum_{k\in K} t_a(\bar{v}_a)\hat{v}_a^k + \sum_{a\in A}\sum_{k\in K} \bar{v}_a^k t_a'(\bar{v}_a)(\hat{v}_a^k - \bar{v}_a^k) + \sum_{a\in A}\tau_a(\hat{v}_a - \bar{v}_a)\\ &= \sum_{a\in A} t_a(\bar{v}_a)\hat{v}_a + \sum_{a\in A}\sum_{k\in K} \bar{v}_a^k t_a'(\bar{v}_a)(\hat{v}_a^k - \bar{v}_a^k) + \sum_{a\in A}\tau_a(\hat{v}_a - \bar{v}_a)\\ &= T_{\text{UE-CN}}^{\boldsymbol{\tau}}(\hat{\boldsymbol{v}}) + \sum_{a\in A}[t_a(\bar{v}_a) - t_a(\hat{v}_a)]\hat{v}_a + \sum_{a\in A}\sum_{k\in K} \bar{v}_a^k t_a'(\bar{v}_a)(\hat{v}_a^k - \bar{v}_a^k) + \sum_{a\in A}\tau_a(\hat{v}_a - \bar{v}_a)\end{aligned} \tag{5.61}$$

要得到$\rho_{fx,\,\text{mix}}^{\text{UE-CN},\boldsymbol{\tau}}$的上界，只需得到式（5.61）右边后三项和的最大值。定义函数

$$F_{\text{UE-CN}}^{\boldsymbol{\tau}}(\boldsymbol{v}) = \sum_{a\in A}[t_a(\bar{v}_a) - t_a(v_a)]v_a + \sum_{a\in A} t_a'(\bar{v}_a)\sum_{k\in K}\bar{v}_a^k(v_a^k - \bar{v}_a^k) + \sum_{a\in A}\tau_a(v_a - \bar{v}_a),\ \boldsymbol{v}\in\Omega_v^{\text{UE-CN}}$$

下面，首先证明函数$F_{\text{UE-CN}}^{\boldsymbol{\tau}}(\boldsymbol{v})$在$\boldsymbol{v}\in\Omega_v^{\text{UE-CN}}$上存在最大值。由于可行域$\Omega_v^{\text{UE-CN}}$为凸集，故只需证明函数$F_{\text{UE-CN}}^{\boldsymbol{\tau}}(\boldsymbol{v})$在$\boldsymbol{v}\in\Omega_v^{\text{UE-CN}}$上是凹函数即可。由于$t_a(v_a)$是路段总流量$v_a$的凸函数，故$v_a t_a(v_a)$也是凸函数。因此，对$\forall c\in[0,1], \forall \boldsymbol{v}^{\text{I}}, \boldsymbol{v}^{\text{II}} \in \Omega_v^{\text{UE-CN}}$，有

$$c v_a^{\text{I}} t_a(v_a^{\text{I}}) + (1-c)v_a^{\text{II}} t_a(v_a^{\text{II}}) \geqslant [c v_a^{\text{I}} + (1-c)v_a^{\text{II}}]t_a[c v_a^{\text{I}} + (1-c)v_a^{\text{II}}]$$

成立。于是，

$$\begin{aligned}&cF_{\text{UE-CN}}^{\boldsymbol{\tau}}(\boldsymbol{v}^{\text{I}}) + (1-c)F_{\text{UE-CN}}^{\boldsymbol{\tau}}(\boldsymbol{v}^{\text{II}})\\ &= c\left\{\sum_{a\in A}[t_a(\bar{v}_a) - t_a(v_a^{\text{I}})]v_a^{\text{I}} + \sum_{a\in A} t_a'(\bar{v}_a)\sum_{k\in K}\bar{v}_a^k(v_a^{\text{I},k} - \bar{v}_a^k) + \sum_{a\in A}\tau_a(v_a^{\text{I}} - \bar{v}_a)\right\} +\\ &\quad (1-c)\left\{\sum_{a\in A}[t_a(\bar{v}_a) - t_a(v_a^{\text{II}})]v_a^{\text{II}} + \sum_{a\in A} t_a'(\bar{v}_a)\sum_{k\in K}\bar{v}_a^k(v_a^{\text{II},k} - \bar{v}_a^k) + \sum_{a\in A}\tau_a(v_a^{\text{II}} - \bar{v}_a)\right\}\\ &= \sum_{a\in A} t_a(\bar{v}_a)[c v_a^{\text{I}} + (1-c)v_a^{\text{II}}] - \sum_{a\in A} c v_a^{\text{I}} t_a(v_a^{\text{I}}) + (1-c)v_a^{\text{II}} t_a(v_a^{\text{II}}) +\\ &\quad \sum_{a\in A} t_a'(\bar{v}_a)\sum_{k\in K}\bar{v}_a^k[c v_a^{\text{I},k} + (1-c)v_a^{\text{II},k}] - \sum_{a\in A} t_a'(\bar{v}_a)\sum_{k\in K}(\bar{v}_a^k)^2 + \sum_{a\in A}\tau_a[(c v_a^{\text{I}} + (1-c)v_a^{\text{II}}) - \bar{v}_a]\\ &\leqslant \sum_{a\in A} t_a(\bar{v}_a)[c v_a^{\text{I}} + (1-c)v_a^{\text{II}}] - \sum_{a\in A} t_a[c v_a^{\text{I}} + (1-c)v_a^{\text{II}}][c v_a^{\text{I}} + (1-c)v_a^{\text{II}}] +\\ &\quad \sum_{a\in A} t_a'(\bar{v}_a)\sum_{k\in K}\bar{v}_a^k[c v_a^{\text{I},k} + (1-c)v_a^{\text{II},k}] - \sum_{a\in A} t_a'(\bar{v}_a)\sum_{k\in K}(\bar{v}_a^k)^2 + \sum_{a\in A}\tau_a\{[c v_a^{\text{I}} + (1-c)v_a^{\text{II}}] - \bar{v}_a\}\\ &= F_{\text{UE-CN}}^{\boldsymbol{\tau}}[c\boldsymbol{v}^{\text{I}} + (1-c)\boldsymbol{v}^{\text{II}}]\end{aligned}$$

可见，函数$F_{\text{UE-CN}}^{\boldsymbol{\tau}}(\boldsymbol{v})$在$\boldsymbol{v}\in\Omega_v^{\text{UE-CN}}$上是凹函数。

定义路段集合$A_1 = \{a\in A: 0\leqslant \tau_a \leqslant \bar{v}_a t_a'(\bar{v}_a)\}$和$A_2 = \{a\in A: \tau_a > \bar{v}_a t_a'(\bar{v}_a)\}$。依据定义有$A_1 \cup A_2 = A$。在$A_1$和$A_2$上，分别定义

$$\begin{aligned}\gamma_{1,\text{UE-CN}}^{\boldsymbol{\tau}}(C,\boldsymbol{\tau}) &= \max_{t_a\in C,\, a\in A_1} \gamma_a(t_a, \bar{v}_a, \tau_a)\\ &= \max_{v_a^u\geqslant 0,\, v_a^k\geqslant 0} \frac{[t_a(\bar{v}_a) - t_a(v_a)]v_a + \sum_{k\in K}\bar{v}_a^k t_a'(\bar{v}_a)(v_a^k - \bar{v}_a^k) + \tau_a(v_a - \bar{v}_a)}{t_a(\bar{v}_a)\bar{v}_a}\end{aligned} \tag{5.62}$$

$$\gamma_{2,\mathrm{UE-CN}}^{\boldsymbol{\tau}}(C,\boldsymbol{\tau})=\max_{t_a\in C,\, a\in A_2}\gamma_a(t_a,\overline{v}_a,\tau_a)$$
$$=\max_{v_a^u\geqslant 0,\, v_a^k\geqslant 0}\frac{[t_a(\overline{v}_a)-t_a(v_a)]v_a+\sum_{k\in K}\overline{v}_a^k t_a'(\overline{v}_a)(v_a^k-\overline{v}_a^k)+\tau_a(v_a-\overline{v}_a)}{t_a(v_a)v_a} \tag{5.63}$$

不失一般性，假定 0/0 = 0 成立。对任意给定的路段出行时间成本函数类 C，用 $\hat{v}_a$ 分别替代式（5.62）和式（5.63）中的 v_a，可得

$$\begin{aligned}&\sum_{a\in A}[(t_a(\overline{v}_a)-t_a(\hat{v}_a)]\hat{v}_a+\sum_{a\in A}t_a'(\overline{v}_a)\sum_{k\in K}\overline{v}_a^k(\hat{v}_a^k-\overline{v}_a^k)+\sum_{a\in A}\tau_a(\hat{v}_a-\overline{v}_a)\\&\leqslant\gamma_{1,\mathrm{UE-CN}}^{\boldsymbol{\tau}}(C,\boldsymbol{\tau})T_{\mathrm{UE-CN}}^{\boldsymbol{\tau}}(\overline{\boldsymbol{v}})+\gamma_{2,\mathrm{UE-CN}}^{\boldsymbol{\tau}}(C,\boldsymbol{\tau})T_{\mathrm{UE-CN}}^{\boldsymbol{\tau}}(\hat{\boldsymbol{v}})\end{aligned} \tag{5.64}$$

定理 5.5　给定一个可分离路段出行时间成本函数类 C，其中路段出行时间成本函数 $t_a(v_a)$ 是路段总流量 v_a 的连续可微单调递增凸函数，$\overline{\boldsymbol{v}}$ 为 VI 问题式（5.55）的解，$\hat{\boldsymbol{v}}$ 是最优化问题式（5.56）的解。则当收费不作为系统总出行成本一部分时，收费机制 $\boldsymbol{\tau}$ 下 UE-CN 混合交通均衡分配的效率损失存在上界，即

$$\rho_{fx,\,\mathrm{mix}}^{\mathrm{UE-CN},\boldsymbol{\tau}}=\frac{T_{\mathrm{UE-CN}}^{\boldsymbol{\tau}}(\overline{\boldsymbol{v}})}{T_{\mathrm{UE-CN}}^{\boldsymbol{\tau}}(\hat{\boldsymbol{v}})}\leqslant\frac{1+\gamma_{2,\mathrm{UE-CN}}^{\boldsymbol{\tau}}(C,\boldsymbol{\tau})}{1-\gamma_{1,\mathrm{UE-CN}}^{\boldsymbol{\tau}}(C,\boldsymbol{\tau})}$$

证明：由式（5.61）和式（5.64），可得

$$T_{\mathrm{UE-CN}}^{\boldsymbol{\tau}}(\overline{\boldsymbol{v}})\leqslant T_{\mathrm{UE-CN}}^{\boldsymbol{\tau}}(\hat{\boldsymbol{v}})+\gamma_{1,\mathrm{UE-CN}}^{\boldsymbol{\tau}}(C,\boldsymbol{\tau})T_{\mathrm{UE-CN}}^{\boldsymbol{\tau}}(\overline{\boldsymbol{v}})+\gamma_{2,\mathrm{UE-CN}}^{\boldsymbol{\tau}}(C,\boldsymbol{\tau})T_{\mathrm{UE-CN}}^{\boldsymbol{\tau}}(\hat{\boldsymbol{v}})$$

故 $\rho_{fx,\,\mathrm{mix}}^{\mathrm{UE-CN},\boldsymbol{\tau}}=\dfrac{T_{\mathrm{UE-CN}}^{\boldsymbol{\tau}}(\overline{\boldsymbol{v}})}{T_{\mathrm{UE-CN}}^{\boldsymbol{\tau}}(\hat{\boldsymbol{v}})}\leqslant\dfrac{1+\gamma_{2,\mathrm{UE-CN}}^{\boldsymbol{\tau}}(C,\boldsymbol{\tau})}{1-\gamma_{1,\mathrm{UE-CN}}^{\boldsymbol{\tau}}(C,\boldsymbol{\tau})}$。

定理 5.5 表明，路段收费不作为系统总出行成本一部分时，收费机制 $\boldsymbol{\tau}$ 下 UE-CN 混合交通均衡分配的效率损失上界依赖于 $\gamma_{1,\mathrm{UE-CN}}^{\boldsymbol{\tau}}(C,\boldsymbol{\tau})$ 和 $\gamma_{2,\mathrm{UE-CN}}^{\boldsymbol{\tau}}(C,\boldsymbol{\tau})$ 两个参数，且是这两个参数的增函数。$\gamma_{1,\mathrm{UE-CN}}^{\boldsymbol{\tau}}(C,\boldsymbol{\tau})$ 和 $\gamma_{2,\mathrm{UE-CN}}^{\boldsymbol{\tau}}(C,\boldsymbol{\tau})$ 是无量纲参数，与路段出行时间成本函数类 C 和路段收费机制 $\boldsymbol{\tau}$ 相关。当 $\boldsymbol{\tau}$ 为零向量时，可知 $\gamma_{2,\mathrm{UE-CN}}^{\boldsymbol{\tau}}(C,\boldsymbol{\tau})$ 为零，$\gamma_{1,\mathrm{UE-CN}}^{\boldsymbol{\tau}}(C,\boldsymbol{\tau})$ 是一个只与路段出行时间成本函数类 C 相关的参数，且有 $\rho_{fx,\,\mathrm{mix}}^{\mathrm{UE-CN},\boldsymbol{\tau}}\leqslant\dfrac{1}{1-\gamma_{1,\mathrm{UE-CN}}^{\boldsymbol{\tau}}(C,\boldsymbol{\tau})}$。

5.4　本章小结

本章研究固定需求下含利己用户混合交通均衡分配的效率损失问题。首先，研究了同时存在利己用户和利他用户混合交通均衡分配的效率损失问题。运用解析推导的方法得到了出行时间成本函数在满足一定条件下时该类混合交通均衡分配的效率损失上界。研究发现，效率损失上界和系统的最大、最小利他系数以及路段出行时间成本函数类 C 相关。其次，探讨了同时存在着 UE 用户和 CN 用户混合交通均衡分配的效率损失问题，运用放缩法和非线性规划方法分别得到路段出行时间成本函数为多项式函数的效率损失上界。结果表明，放缩法得到的上界和 CN 用户的数目无关，非线性规划方法得到的上界和 CN 用户

的数目相关。数值实验表明解析结果是合理的，放缩法和非线性规划方法相比计算简单，但是上界相对粗糙。最后，运用解析推导的方法研究了在收费机制下，UE-CN 混合交通均衡分配的效率损失问题，分别考虑了收费是否作为系统总出行成本一部分时的效率损失上界问题。研究发现，当收费作为系统总出行成本一部分时，如果路段出行时间成本函数满足特定的条件，则效率损失上界是一个固定值；当收费不作为系统总出行成本一部分时，UE-CN 混合交通均衡分配的效率损失上界和路段出行时间成本函数类 C 、路段收费机制 $\boldsymbol{\tau}$ 相关。

第 6 章　固定需求下含利他用户混合交通均衡分配的效率损失

囚徒困境的例子表明，从完全理性出发的行为并不能真正实现个人利益的最大化，因而完全理性这一理论假设受到了广泛的批评。其中的一个批评意见是理性的决策者在博弈时会存在着利他行为，如 Sen（1977）观察到了“理性的傻子”（rational fool）。Sen（1987）指出，在现实中将完全理性作为理性行为的必要条件是不合理的。于是，利他行为作为一种完全理性的弱化假设应运而生，学者们从以下五个方面对利他经济学进行了研究：利他行为出现的原因（Hoffman，1981；Frank，1987）；利他主义演进的动态性质（Simon，1990；Samuelson，1993；Stark，1993，2000）；利他行为与理性的关系（Kolm，1983；Khalil，1990）；利他主义和资源分配的关系（Kolm，1983）；互惠利他理论（Kolm，2000）。交通均衡分配理论中的 Braess 诡异现象表明，交通系统的 Nash 均衡不是最优状态，即出行者在完全理性基础上选择出行路径，可能会导致路网的整体运行水平降低。近年来，学者们从不同方面对经典的 Wardrop 路径博弈进行了深入研究，其中的一个热点就是弱化出行者的理性，探讨出行者在利他行为下的交通均衡分配及其相关问题。Chen 和 Kempe（2008）考虑了利他行为下交通均衡分配的效率损失。

本章对含利他用户混合交通均衡分配的效率损失进行了研究，首先，探讨了一致利他交通均衡分配的效率损失；其次，探讨了收费机制下一致利他交通均衡分配的效率损失；再次，界定了非一致利他交通均衡分配的效率损失上界；最后，考虑了由利他用户和 Logit 型随机用户构成的混合交通均衡分配的效率损失。

6.1　一致利他交通均衡分配的模型及效率损失

6.1.1　一致利他交通均衡分配模型

由第 2 章可知，若 $\bar{\boldsymbol{v}}$ 是 UE 交通分配问题式（2.14）的路段流量向量，则对应的系统总出行时间成本为 $T_{\mathrm{UE}}(\bar{\boldsymbol{v}})=\sum_{a\in A}\bar{v}_a t_a(\bar{v}_a)$。若 $\tilde{\boldsymbol{v}}$ 是 SO 问题式（2.42）的路段流量向量，则对应的系统最小总出行时间成本为 $T_{\mathrm{SO}}(\tilde{\boldsymbol{v}})=\sum_{a\in A}\tilde{v}_a t_a(\tilde{v}_a)$。定义 $\rho_{fx}^{\mathrm{UE}}=\dfrac{T_{\mathrm{UE}}(\bar{\boldsymbol{v}})}{T_{\mathrm{SO}}(\tilde{\boldsymbol{v}})}$ 为固定需求下 UE 的效率损失。虽然在出行者完全理性情形下，界定 UE 的效率损失 ρ_{fx}^{UE} 上界相对简单。但是，实验表明即使在简单的路径博弈中，出行者的路径选择行为也无法做到完全理性。

在 Ledyard（1997）、Chen 和 Kempe（2008）的基础上，我们给出了ϕ利他的定义，详情可参见定义 5.1。

若交通网络中所有出行者都是ϕ利他，则称该网络的交通均衡分配问题为一致ϕ利他交通均衡分配，其路段流量可行域Ω^{ϕ}和固定需求下确定性交通分配的路段流量可行域Ω_v相同，即有$\Omega^{\phi}=\Omega_v$成立。这样，若一致ϕ利他交通均衡分配的路段流量向量为$\boldsymbol{v}$时，出行者选择路段a的理解出行时间成本为$t_a^{\phi}(\boldsymbol{v})=t_a(v_a)+\phi v_a t_a'(v_a)$。$\boldsymbol{t}^{\phi}(\overline{\boldsymbol{v}})$表示一致$\phi$利他交通均衡分配的路段出行时间成本向量。注意，$\phi=0$对应的出行者为完全理性情形；$\phi=1$对应的是完全利他情形；$\phi=-1$对应的是出行者完全恶意情形。根据式（2.14），可得一致ϕ利他交通均衡分配问题的等价 VI 模型如下。

引理 6.1　假设路段出行时间成本函数$t_a(v_a)$是路段总流量v_a的连续可微单调递增凸函数，则一致ϕ利他交通均衡分配问题可以表示为如下 VI 问题。即寻找$\overline{\boldsymbol{v}}\in\Omega^{\phi}$，使得任意的$\boldsymbol{v}\in\Omega^{\phi}$，都满足

$$\langle \boldsymbol{t}^{\phi}(\overline{\boldsymbol{v}}),\boldsymbol{v}-\overline{\boldsymbol{v}}\rangle\geqslant 0 \tag{6.1}$$

6.1.2　一致利他交通均衡分配的效率损失

下面，我们考虑一致ϕ利他交通均衡分配的效率损失。设$\overline{\boldsymbol{v}}\in\Omega^{\phi}$是 VI 问题式（6.1）的解，$\tilde{\boldsymbol{v}}\in\Omega^{\phi}$是 VI 问题式（2.42）的解。定义

$$\rho_{fx}^{\mathrm{AU},\phi}=\frac{T_{\mathrm{AU},\phi}(\overline{\boldsymbol{v}})}{T_{\mathrm{AU},\phi}(\tilde{\boldsymbol{v}})} \tag{6.2}$$

式中，$T_{\mathrm{AU},\phi}(\overline{\boldsymbol{v}})=\sum_{a\in A}t_a(\overline{v}_a)\overline{v}_a$，$T_{\mathrm{AU},\phi}(\tilde{\boldsymbol{v}})=\sum_{a\in A}t_a(\tilde{v}_a)\tilde{v}_a$是系统最小总出行时间成本。显然，$\rho_{fx}^{\mathrm{AU},\phi}\geqslant 1$。

在式（6.1）中，用$\tilde{\boldsymbol{v}}$代替$\boldsymbol{v}$，可得

$$\sum_{a\in A}\langle t_a^{\phi}(\overline{v}_a),\tilde{v}_a-\overline{v}_a\rangle\geqslant 0 \tag{6.3}$$

则

$$\sum_{a\in A}t_a(\overline{v}_a)\overline{v}_a\leqslant\sum_{a\in A}t_a(\overline{v}_a)\tilde{v}_a+\phi\sum_{a\in A}\overline{v}_a t_a'(\overline{v}_a)(\tilde{v}_a-\overline{v}_a) \tag{6.4}$$

从而有

$$T_{\mathrm{AU},\phi}(\overline{\boldsymbol{v}})\leqslant T_{\mathrm{AU},\phi}(\tilde{\boldsymbol{v}})+\sum_{a\in A}\tilde{v}_a[t_a(\overline{v}_a)-t_a(\tilde{v}_a)]+\phi\sum_{a\in A}\overline{v}_a t_a'(\overline{v}_a)(\tilde{v}_a-\overline{v}_a) \tag{6.5}$$

若可得式（6.5）右边第二项与第三项和的上界，则可以界定一致ϕ利他交通均衡分配问题的效率损失上界。定义参数如下：

$$\gamma_a(t_a,\overline{v}_a,\phi)=\max_{v_a\geqslant 0}\frac{[t_a(\overline{v}_a)-t_a(v_a)]v_a+\phi\overline{v}_a t_a'(\overline{v}_a)(v_a-\overline{v}_a)}{t_a(\overline{v}_a)\overline{v}_a} \tag{6.6}$$

注意到上式右边分母是给定且固定的，故只需求解下面关于v_a的一维最优化问题：

$$\max_{v_a \geqslant 0} F_{\mathrm{AU},\phi}(v_a)=[t_a(\overline{v}_a)-t_a(v_a)]v_a+\phi\overline{v}_a t_a'(\overline{v}_a)(v_a-\overline{v}_a) \tag{6.7}$$

由于$t_a(v_a)$是路段总流量v_a的连续可微单调递增凸函数，所以函数$F_{\mathrm{AU},\phi}(v_a)$是关于$v_a$的凹函数。由一阶最优性条件，令$\mathrm{d}F_{\mathrm{AU},\phi}(v_a)/\mathrm{d}v_a=0$，可知

$$t_a(v_a)+v_a t_a'(v_a)=t_a(\overline{v}_a)+\phi\overline{v}_a t_a'(\overline{v}_a) \tag{6.8}$$

这样，可得式（6.8）有唯一最优解v_a^{opt}。对任意给定的路段成本函数类C，设

$$\gamma(C,\phi)=\max_{t_a\in C,a\in A}\gamma_a(t_a,\overline{v}_a,\phi) \tag{6.9}$$

考虑到式（6.6）和式（6.9），式（6.5）可改写为

$$T_{\mathrm{AU},\phi}(\overline{\boldsymbol{v}})\leqslant T_{\mathrm{AU},\phi}(\tilde{\boldsymbol{v}})+\gamma(C,\phi)T_{\mathrm{AU},\phi}(\overline{\boldsymbol{v}}) \tag{6.10}$$

因此，有如下的定理。

定理 6.1　给定一个可分离路段出行时间成本函数类C，其中路段出行时间成本函数$t_a(v_a)$是路段总流量v_a的连续可微单调递增凸函数。因此，一致ϕ利他交通均衡分配的效率损失存在上界，即

$$\rho_{fx}^{\mathrm{AU},\phi}\leqslant\frac{1}{1-\gamma(C,\phi)} \tag{6.11}$$

定理6.1表明，一致ϕ利他交通均衡分配问题的效率损失上界是参数$\gamma(C,\phi)$的增函数，此参数依赖一致利他系数ϕ和路段出行时间成本函数类C。显然，当$\phi=0$时，有$\rho_{fx}^{\mathrm{AU},\phi}=\rho_{fx}^{\mathrm{UE}}\leqslant\dfrac{1}{1-\gamma(C)}$；当$\phi=1$时，由式（6.8）可知，$v_a^{\mathrm{opt}}=\overline{v}_a$，进而由式（6.6）和式（6.9）可知，$\gamma(C,1)=0$，效率损失上界为1。显然，若交通系统中的所有出行者都是完全利他的，则导致系统最优，交通网络中不存在着效率损失。

定理6.1中的效率损失上界是一致ϕ利他交通均衡分配问题中最坏情形下的效率损失上界，实际上的效率损失上界比它还要小。因为在交通网络中，自由流出行时间成本并不是一个可以忽略的因素。考虑到这点，引进一个类似Correa等（2004）文献中的参数来改进均衡的效率损失。

定理 6.2　对任意可分离连续可微单调递增的凸函数类C，若对任意的路段$a\in A$，存在正常数$0\leqslant\eta(\overline{\boldsymbol{v}})\leqslant 1$，使得$t_{a0}=t_{a0}(0)\geqslant\eta(\overline{\boldsymbol{v}})t_a(\overline{v}_a)$成立，这里，$\overline{\boldsymbol{v}}$是一致$\phi$利他交通均衡分配问题的均衡路段流量向量。则，一致$\phi$利他交通均衡分配的效率损失存在上界，即

$$\rho_{fx}^{\mathrm{AU},\phi}\leqslant\frac{1}{1-[1-\eta(\overline{\boldsymbol{v}})]\gamma(C,\phi)} \tag{6.12}$$

6.1.3　多项式出行时间成本函数下的效率损失

下面来考虑路段出行时间成本函数是形如式（2.62）所示的多项式出行时间成本函数时，一致ϕ利他交通均衡分配的效率损失。

将式（2.62）代入式（6.8），可得

$$t_{a0}+\alpha_a(v_a^{\mathrm{opt}})^p+v_a^{\mathrm{opt}}\alpha_a p(v_a^{\mathrm{opt}})^{p-1}=t_{a0}+\alpha_a(\overline{v}_a)^p+\phi\overline{v}_a\alpha_a p(\overline{v}_a)^{p-1} \tag{6.13}$$

则有

$$v_a^{\text{opt}} = \left(\frac{1+p\phi}{1+p}\right)^{1/p} \overline{v}_a \tag{6.14}$$

这样，可得

$$\begin{aligned}
\gamma(C,\phi) &= \max_{t_a \in C, a\in A} \gamma_a(t_a, \overline{v}_a, \phi) \\
&= \max_{t_a \in C, a\in A,\ v_a \geqslant 0} \max \frac{[t_a(\overline{v}_a) - t_a(v_a)]v_a + \phi \overline{v}_a t'_a(\overline{v}_a)(v_a - \overline{v}_a)}{t_a(\overline{v}_a)\overline{v}_a} \\
&= \max_{t_a \in C, a\in A,} \frac{\left[\left(\frac{1+p\phi}{1+p}\right)^{1/p}\left(1+p\phi - \frac{1+p\phi}{1+p}\right) - p\phi\right]}{t_{a0} + \alpha_a(\overline{v}_a)^p} \alpha_a(\overline{v}_a)^p \\
&\leqslant \left(\frac{1+p\phi}{1+p}\right)^{1/p}\left(1+p\phi - \frac{1+p\phi}{1+p}\right) - p\phi
\end{aligned} \tag{6.15}$$

最后一个不等式成立的原因是因为对所有的路段 $a \in A$ ，都有 $t_{a0} \geqslant 0$ 。

由式（6.11）知在多项式路段出行时间成本函数下，一致 ϕ 利他交通均衡分配的效率损失为

$$\rho_{fx}^{\text{AU},\phi} = \left[1+p\phi - \left(\frac{1+p\phi}{1+p}\right)^{1/p}\left(1+p\phi - \frac{1+p\phi}{1+p}\right)\right]^{-1} \tag{6.16}$$

如果 $\phi = 0$，则

$$\gamma(C,0) \leqslant \left(\frac{p}{1+p}\right)\left(\frac{1}{1+p}\right)^{1/p}, \rho_{fx}^{\text{AU},\phi} = p_{fx}^{\text{UE}} \leqslant \left[1 - \left(\frac{p}{1+p}\right)\left(\frac{1}{1+p}\right)^{1/p}\right]^{-1} \tag{6.17}$$

这就是 Yang 和 Huang（2005）的结论。

如果 $p=1$，则 $\rho_{fx}^{\text{AU},\phi} \leqslant \dfrac{4}{3+2\phi-\phi^2}$ ，显然当 $\phi \in (0,1]$ 时，对应的效率损失上界比 4/3 小，即出行者的利他行为有助于降低系统的效率损失。当 $p=1$ 且 $\phi = 0$ 时，系统的效率损失上界为 4/3，这就是 Roughgarden 和 Tardos（2002）的结论。数值实验表明，$\rho_{fx}^{\text{AU},\phi}$ 的上界是利他系数 ϕ 在区间[0, 1]上的减函数，即随着利他系数的增加，效率损失将减少。

6.2　收费机制下一致利他交通均衡分配的模型及效率损失

6.2.1　收费机制下一致利他交通均衡分配模型

假设在一致 ϕ 利他交通网络中，实施收费机制 $\boldsymbol{\tau}$ 。其中，τ_a 是路段 $a \in A$ 上与实际收费等价的出行时间成本。由定义 5.1 知，在收费机制 $\boldsymbol{\tau}$ 下，一致 ϕ 利他交通网络中，出行者

在路段 a 上的理解出行成本由三部分组成，即出行者的利己项、利他项和路段收费之和，其表达式为 $t_a^{\phi}(\boldsymbol{v})+\tau_a=t_a(v_a)+\phi v_a t_a'(v_a)+\tau_a$。记一致 ϕ 利他用户的理解出行时间成本向量为 $\boldsymbol{t}^{\phi}(\boldsymbol{v})=(\cdots,t_a^{\phi}(\boldsymbol{v}),\cdots)$。

由引理 6.1，易得如下引理。

引理 6.2　设路段出行时间成本函数 $t_a(v_a)$ 是路段总流量 v_a 的连续可微单调递增凸函数。则在收费机制 $\boldsymbol{\tau}$ 下，一致 ϕ 利他交通均衡分配问题可以表示为如下 VI 问题，即寻找 $\bar{\boldsymbol{v}}\in\Omega^{\phi}$，使得任意的 $\boldsymbol{v}\in\Omega^{\phi}$，都满足

$$\langle \boldsymbol{t}^{\phi}(\bar{\boldsymbol{v}})+\boldsymbol{\tau},\boldsymbol{v}-\bar{\boldsymbol{v}}\rangle\geqslant 0 \tag{6.18}$$

6.2.2　收费机制下一致利他交通均衡分配的效率损失

本节考虑在收费机制 $\boldsymbol{\tau}$ 下，一致 ϕ 利他交通均衡分配的效率损失。$\bar{\boldsymbol{v}}\in\Omega^{\phi}$ 是 VI 问题式(6.18)的解，$\tilde{\boldsymbol{v}}\in\Omega^{\phi}$ 是 VI 问题式（2.42）的解。定义

$$\rho_{fx}^{\mathrm{AU},\phi,\boldsymbol{\tau}}=\frac{T_{\mathrm{AU},\phi}^{\boldsymbol{\tau}}(\bar{\boldsymbol{v}})}{T_{\mathrm{AU},\phi}^{\boldsymbol{\tau}}(\tilde{\boldsymbol{v}})} \tag{6.19}$$

这里，$T_{\mathrm{AU},\phi}^{\boldsymbol{\tau}}(\bar{\boldsymbol{v}})=\sum_{a\in A}t_a(\bar{v}_a)\bar{v}_a, T_{\mathrm{AU},\phi}^{\boldsymbol{\tau}}(\tilde{\boldsymbol{v}})=\sum_{a\in A}t_a(\tilde{v}_a)\tilde{v}_a$ 是系统最小总出行成本。显然，$\rho_{fx}^{\mathrm{AU},\phi,\boldsymbol{\tau}}\geqslant 1$。

在 VI 问题式（6.18）中，用 $\tilde{\boldsymbol{v}}$ 替代 $\boldsymbol{v}$，则有

$$\sum_{a\in A}\langle t_a^{\phi}(\bar{v}_a)+\tau_a,\tilde{v}_a-\bar{v}_a\rangle\geqslant 0 \tag{6.20}$$

即

$$\sum_{a\in A}t_a(\bar{v}_a)\bar{v}_a\leqslant\sum_{a\in A}t_a(\bar{v}_a)\tilde{v}_a+\sum_{a\in A}[\phi\bar{v}_a t_a'(\bar{v}_a)+\tau_a](\tilde{v}_a-\bar{v}_a) \tag{6.21}$$

因此有

$$T_{\mathrm{AU},\phi}^{\boldsymbol{\tau}}(\bar{\boldsymbol{v}})\leqslant T_{\mathrm{AU},\phi}^{\boldsymbol{\tau}}(\tilde{\boldsymbol{v}})+\sum_{a\in A}\tilde{v}_a[t_a(\bar{v}_a)-t_a(\tilde{v}_a)]+\sum_{a\in A}[\phi\bar{v}_a t_a'(\bar{v}_a)+\tau_a](\tilde{v}_a-\bar{v}_a) \tag{6.22}$$

如果我们能得到上式右端第二项和第三项之和的上界，则可得在收费机制 $\boldsymbol{\tau}$ 下，一致 ϕ 利他交通均衡分配的效率损失。为此，定义如下参数：

（1）如果 $0\leqslant\tau_a\leqslant(1-\phi)\bar{v}_a t_a'(\bar{v}_a)$，定义

$$\gamma_a(t_a,\bar{v}_a,\tau_a,\phi)=\max_{v_a\geqslant 0}\frac{[t_a(\bar{v}_a)-t_a(v_a)]v_a+[\phi\bar{v}_a t_a'(\bar{v}_a)+\tau_a](v_a-\bar{v}_a)}{t_a(\bar{v}_a)\bar{v}_a} \tag{6.23a}$$

（2）如果 $\tau_a>(1-\phi)\bar{v}_a t_a'(\bar{v}_a)$，定义

$$\gamma_a(t_a,\bar{v}_a,\tau_a,\phi)=\max_{v_a\geqslant 0}\frac{[t_a(\bar{v}_a)-t_a(v_a)]v_a+[\phi\bar{v}_a t_a'(\bar{v}_a)+\tau_a](v_a-\bar{v}_a)}{t_a(v_a)v_a} \tag{6.23b}$$

首先，考虑 $0\leqslant\tau_a\leqslant(1-\phi)\bar{v}_a t_a'(\bar{v}_a)$ 的情形，由于式（6.23a）的分母是给定的，故只需考虑如下关于变量 v_a 的一维最优化问题：

$$\max_{v_a\geqslant 0}F_{\mathrm{AU},\phi}^{\boldsymbol{\tau}}(v_a)=[t_a(\bar{v}_a)-t_a(v_a)]v_a+[\phi\bar{v}_a t_a'(\bar{v}_a)+\tau_a](v_a-\bar{v}_a) \tag{6.24}$$

因为 $t_a(v_a)$ 是连续可微单调递增凸函数，因此 $F^{\tau}_{\mathrm{AU},\phi}(v_a)$ 是变量 v_a 的凹函数。令 $\mathrm{d}F^{\tau}_{\mathrm{AU},\phi}(v_a)/\mathrm{d}v_a=0$，则

$$t_a(v_a)+v_a t'_a(v_a)=t_a(\overline{v}_a)+\phi\overline{v}_a t'_a(\overline{v}_a)+\tau_a \tag{6.25}$$

由于 $t_a(v_a)$ 是凸函数，故式（6.25）左边是变量 v_a 的单调递增函数，同时式（6.25）右边的值不超过 $t_a(\overline{v}_a)+\overline{v}_a t'_a(\overline{v}_a)$，因此可知式（6.25）有唯一最优解 v_a^{opt}。

下面考虑 $\tau_a>(1-\phi)\overline{v}_a t'_a(\overline{v}_a)$ 的情形，定义

$$\begin{aligned}G^{\tau}_{\mathrm{AU},\phi}(v_a)&=\frac{[t_a(\overline{v}_a)-t_a(v_a)]v_a+[\phi\overline{v}_a t'_a(\overline{v}_a)+\tau_a](v_a-\overline{v}_a)}{t_a(v_a)v_a}\\&=-1+\frac{\{t_a(\overline{v}_a)+[\phi\overline{v}_a t'_a(\overline{v}_a)+\tau_a]\}v_a-[\phi\overline{v}_a t'_a(\overline{v}_a)+\tau_a]\overline{v}_a}{t_a(v_a)v_a}\end{aligned}$$

显然，函数 $G^{\tau}_{\mathrm{AU},\phi}(v_a)$ 关于变量 $v_a>0$ 是连续可微函数。可知，当 $v_a\to+\infty$ 时，有 $G^{\tau}_{\mathrm{AU},\phi}(v_a)\to-1$；当 $v_a\to 0$ 时，有 $G^{\tau}_{\mathrm{AU},\phi}(v_a)\to+\infty$。因此，必存在区间 $(0,+\infty)$ 内的点使得 $G^{\tau}_{\mathrm{AU},\phi}(v_a)=0$。令

$$\mathrm{d}G^{\tau}_{\mathrm{AU},\phi}(v_a)/\mathrm{d}v_a=0$$

可得

$$\begin{aligned}&\{[t_a(\overline{v}_a)+\phi\overline{v}_a t'_a(\overline{v}_a)+\tau_a]v_a-[\phi\overline{v}_a t'_a(\overline{v}_a)+\tau_a]\overline{v}_a\}[t_a(v_a)+v_a t'_a(v_a)]\\&-[t_a(\overline{v}_a)+\phi\overline{v}_a t'_a(\overline{v}_a)+\tau_a]v_a t_a(v_a)=0\end{aligned}$$

即

$$\frac{t_a(\overline{v}_a)+\phi\overline{v}_a t'_a(\overline{v}_a)+\tau_a}{[\phi\overline{v}_a t'_a(\overline{v}_a)+\tau_a]\overline{v}_a}=\frac{t_a(v_a)+v_a t'_a(v_a)}{(v_a)^2 t'_a(v_a)} \tag{6.26}$$

进而，对式（6.26）右端微分，可得

$$\mathrm{d}\left[\frac{t_a(v_a)+v_a t'_a(v_a)}{(v_a)^2 t'_a(v_a)}\right]/\mathrm{d}v_a=\frac{-2v_a t_a(v_a)t'_a(v_a)-(v_a)^2 t_a(v_a)t''_a(v_a)}{[(v_a)^2 t'_a(v_a)]^2}<0$$

因此，式（6.26）有唯一解。所以，目标函数为 $G^{\tau}_{\mathrm{AU},\phi}(v_a)$ 的最大化问题存在着唯一正数解。对于给定的路段出行时间成本函数类 C（如线性成本函数，给定最高次幂的多项式出行时间成本函数）和路段收费机制 $\boldsymbol{\tau}$，定义

$$\gamma(C,\boldsymbol{\tau},\phi)=\max_{t_a\in C,a\in A}\gamma_a(t_a,\overline{v}_a,\tau_a,\phi) \tag{6.27}$$

定理 6.3 给定一个可分离路段出行时间成本函数类 C，其中路段出行时间成本函数 $t_a(v_a)$ 是路段总流量 v_a 的连续可微单调递增凸函数，$\overline{\boldsymbol{v}}$ 是路段收费机制 $\boldsymbol{\tau}$ 下一致 ϕ 利他交通均衡分配问题的路段流量向量，$\tilde{\boldsymbol{v}}$ 是 SO 时的路段流量向量。则有

（1）当 $0\leqslant\tau_a\leqslant(1-\phi)\overline{v}_a t'_a(\overline{v}_a)$，有

$$\rho_{fx}^{\mathrm{AU},\phi,\boldsymbol{\tau}}\leqslant\frac{1}{1-\gamma(C,\boldsymbol{\tau},\phi)} \tag{6.28a}$$

（2）当 $\tau_a>(1-\phi)\overline{v}_a t'_a(\overline{v}_a)$，有

$$\rho_{fx}^{\mathrm{AU},\phi,\tau} \leqslant 1+\gamma(C,\boldsymbol{\tau},\phi) \tag{6.28b}$$

证明：先考虑 $0 \leqslant \tau_a \leqslant (1-\phi)\bar{v}_a t_a'(\bar{v}_a), \forall a \in A$ 的情形。根据定义式（6.23a）和式（6.27），可得

$$\begin{aligned}&\sum_{a\in A}[t_a(\bar{v}_a)-t_a(v_a)]v_a+\sum_{a\in A}[\phi\bar{v}_a t_a'(\bar{v}_a)+\tau_a](v_a-\bar{v}_a)\\&\leqslant \sum_{a\in A}\gamma_a(t_a,\bar{v}_a,\tau_a,\phi)t_a(\bar{v}_a)\bar{v}_a\\&\leqslant \sum_{a\in A}\gamma(C,\boldsymbol{\tau},\phi)t_a(\bar{v}_a)\bar{v}_a\\&=\gamma(C,\boldsymbol{\tau},\phi)T_{\mathrm{AU},\phi}^{\boldsymbol{\tau}}(\bar{\boldsymbol{v}})\end{aligned} \tag{6.29}$$

式（6.29）中，令 $\boldsymbol{v}=\tilde{\boldsymbol{v}}$ 并代入式（6.22），可得 $T_{\mathrm{AU},\phi}^{\boldsymbol{\tau}}(\bar{\boldsymbol{v}}) \leqslant T_{\mathrm{AU},\phi}^{\boldsymbol{\tau}}(\tilde{\boldsymbol{v}})+\gamma(C,\boldsymbol{\tau},\phi)T_{\mathrm{AU},\phi}^{\boldsymbol{\tau}}(\bar{\boldsymbol{v}})$，从而证明式（6.28a）成立。类似可证明，当 $\tau_a > (1-\phi)\bar{v}_a t_a'(\bar{v}_a), \forall a \in A$ 时，式（6.28b）成立。

定理 6.3 表明，效率损失上界依赖参数 $\gamma(C,\boldsymbol{\tau},\phi)$，该参数不仅和一致利他系数 ϕ 相关，而且和路段出行时间成本函数类 C 和路段收费机制 $\boldsymbol{\tau}$ 相关。

值得注意的是，式（6.28a）和式（6.28b）假设网络中所有路段的路段收费都不大于或者都不小于该路段的整体外部性和所考虑外部性之差，这在现实中明显是不可行的。令 A_1 和 A_2 分别表示路段收费不大于或不小于该路段整体外部性和所考虑外部性之差的所有路段构成的集合，即

$$A_1=\{a \mid 0 \leqslant \tau_a \leqslant (1-\phi)\bar{v}_a t_a'(\bar{v}_a), \forall a \in A\}$$
$$A_2=\{a \mid \tau_a > (1-\phi)\bar{v}_a t_a'(\bar{v}_a), \forall a \in A\}$$

根据分类，定义

（1）若 $0 \leqslant \tau_a \leqslant (1-\phi)\bar{v}_a t_a'(\bar{v}_a), \forall a \in A_1$，则 $\gamma_1(C,\boldsymbol{\tau},\phi)=\max\limits_{t_a\in C, a\in A_1}\gamma_a(t_a,\bar{v}_a,\tau_a,\phi)$

（2）若 $\tau_a > (1-\phi)\bar{v}_a t_a'(\bar{v}_a), \forall a \in A_2$，则 $\gamma_2(C,\boldsymbol{\tau},\phi)=\max\limits_{t_a\in C, a\in A_2}\gamma_a(t_a,\bar{v}_a,\tau_a,\phi)$

（1）中的 $\gamma_a(t_a,\bar{v}_a,\tau_a,\phi)$ 由式（6.23a）和 $a \in A_1$ 确定，（2）中的 $\gamma_a(t_a,\bar{v}_a,\tau_a,\phi)$ 由式（6.23b）和 $a \in A_2$ 确定。这样，由式（6.22）可得

$$T_{\mathrm{AU},\phi}^{\boldsymbol{\tau}}(\bar{\boldsymbol{v}}) \leqslant T_{\mathrm{AU},\phi}^{\boldsymbol{\tau}}(\tilde{\boldsymbol{v}})+\gamma_1(C,\boldsymbol{\tau},\phi)T_{\mathrm{AU},\phi}^{\boldsymbol{\tau}}(\bar{\boldsymbol{v}})+\gamma_2(C,\boldsymbol{\tau},\phi)T_{\mathrm{AU},\phi}^{\boldsymbol{\tau}}(\tilde{\boldsymbol{v}})$$

因此，有

$$T_{\mathrm{AU},\phi}^{\boldsymbol{\tau}}(\bar{\boldsymbol{v}}) \leqslant \frac{1+\gamma_2(C,\boldsymbol{\tau},\phi)}{1-\gamma_1(C,\boldsymbol{\tau},\phi)}T_{\mathrm{AU},\phi}^{\boldsymbol{\tau}}(\tilde{\boldsymbol{v}})$$

即

$$\rho_{fx}^{\mathrm{AU},\phi,\tau} \leqslant \frac{1+\gamma_2(C,\boldsymbol{\tau},\phi)}{1-\gamma_1(C,\boldsymbol{\tau},\phi)}$$

由此，可得如下定理。

定理 6.4　给定一个可分离路段出行时间成本函数类 C，其中路段出行时间成本函数 $t_a(v_a)$ 是路段总流量 v_a 的连续可微单调递增凸函数，$\bar{\boldsymbol{v}}$ 是路段收费机制 $\boldsymbol{\tau}$ 下一致 ϕ 利他交通均衡分配问题的路段流量向量，$\tilde{\boldsymbol{v}}$ 是 SO 时的路段流量向量。则有

$$\rho_{fx}^{\mathrm{AU},\phi,\tau} \leqslant \frac{1+\gamma_2(C,\boldsymbol{\tau},\phi)}{1-\gamma_1(C,\boldsymbol{\tau},\phi)} \tag{6.30}$$

定理 6.4 表明，收费机制 $\boldsymbol{\tau}$ 下一致 ϕ 利他交通均衡分配的效率损失上界依赖参数 $\gamma_1(C,\boldsymbol{\tau},\phi)$ 和 $\gamma_2(C,\boldsymbol{\tau},\phi)$，且是参数 $\gamma_1(C,\boldsymbol{\tau},\phi)$ 和 $\gamma_2(C,\boldsymbol{\tau},\phi)$ 的单调增函数，参数 $\gamma_1(C,\boldsymbol{\tau},\phi)$ 和 $\gamma_2(C,\boldsymbol{\tau},\phi)$ 不仅和一致利他系数 ϕ 相关，而且和路段出行时间成本函数类 C 和路段收费机制 $\boldsymbol{\tau}$ 相关。

6.2.3 多项式出行时间成本函数下的效率损失

下面考虑出行时间成本函数为式（2.62）所示的多项式出行时间成本函数下的效率损失。对于给定的路段收费 τ_a，当 $0\leqslant \tau_a \leqslant (1-\phi)\overline{v}_a t'_a(\overline{v}_a), a\in A_1$，将多项式出行时间成本函数式（2.62）代入式（6.25），可得

$$\alpha_a(v_a^{\text{opt}})^p + v_a^{\text{opt}}\alpha_a p(v_a^{\text{opt}})^{p-1} = \alpha_a(\overline{v}_a)^p + \phi\overline{v}_a\alpha_a p(\overline{v}_a)^{p-1} + \tau_a \tag{6.31}$$

因而，

$$v_a^{\text{opt}} = \left[\frac{\alpha_a(1+p\phi)(\overline{v}_a)^p + \tau_a}{\alpha_a(1+p)}\right]^{1/p} \tag{6.32}$$

令

$$\tau_a = \kappa_a[\overline{v}_a t'_a(\overline{v}_a)] = \kappa_a\alpha_a p(\overline{v}_a)^p \tag{6.33}$$

则，式（6.32）可改写为

$$v_a^{\text{opt}} = \left(\frac{1+p\phi+p\kappa_a}{1+p}\right)^{1/p}\overline{v}_a$$

式中，κ_a 满足 $0\leqslant\kappa_a\leqslant 1-\phi, a\in A_1$。因此，由定义式（6.23a）可得

$$\begin{aligned}
\gamma_a(t_a,\overline{v}_a,\tau_a,\phi) &= \max_{v_a\geqslant 0}\frac{[t_a(\overline{v}_a)-t_a(v_a)]v_a + [\phi\overline{v}_a t'_a(\overline{v}_a)+\tau_a](v_a-\overline{v}_a)}{t_a(\overline{v}_a)\overline{v}_a} \\
&= \frac{[t_a(\overline{v}_a)-t_a(v_a^{\text{opt}})]v_a^{\text{opt}} + [\phi\overline{v}_a t'_a(\overline{v}_a)+\tau_a](v_a^{\text{opt}}-\overline{v}_a)}{t_a(\overline{v}_a)\overline{v}_a} \\
&= \frac{\left(1-\dfrac{1+p\phi+p\kappa_a}{1+p}\right)\alpha_a(\overline{v}_a)^p\left(\dfrac{1+p\phi+p\kappa_a}{1+p}\right)^{1/p}\overline{v}_a}{\overline{v}_a[t_{a0}+\alpha_a(\overline{v}_a)^p]} \\
&\quad + \frac{\left(\left(\dfrac{1+p\phi+p\kappa_a}{1+p}\right)^{1/p}-1\right)\overline{v}_a\alpha_a p(\phi+\kappa_a)(\overline{v}_a)^p}{\overline{v}_a[t_{a0}+\alpha_a(\overline{v}_a)^p]} \\
&= \frac{\dfrac{(1+p\phi+p\kappa_a)p}{1+p}\left(\dfrac{1+p\phi+p\kappa_a}{1+p}\right)^{1/p} - p\phi - p\kappa_a}{t_{a0}+\alpha_a(\overline{v}_a)^p}\alpha_a(\overline{v}_a)^p
\end{aligned}$$

及

$$\begin{aligned}
&\gamma_1(C,\boldsymbol{\tau},\phi)\\
&=\max_{t_a\in C,a\in A_1}\gamma_a(t_a,\overline{v}_a,\tau_a,\phi)\\
&=\max_{t_a\in C,a\in A_1}\frac{\alpha_a(\overline{v}_a)^p}{t_{a0}+\alpha_a(\overline{v}_a)^p}\left(\frac{(1+p\phi+p\kappa_a)p}{1+p}\left(\frac{1+p\phi+p\kappa_a}{1+p}\right)^{1/p}-p\phi-p\kappa_a\right)\\
&\leqslant\max_{t_a\in C,a\in A_1}\frac{(1+p\phi+p\kappa_a)p}{1+p}\left(\frac{1+p\phi+p\kappa_a}{1+p}\right)^{1/p}-p\phi-p\kappa_a
\end{aligned}$$

因为对 $\forall a\in A$ 都有 $t_{a0}\geqslant 0$，故上面最后一个不等式成立。

当 $\tau_a>(1-\phi)\overline{v}_a t'_a(\overline{v}_a),a\in A_2$ 或 κ_a 满足 $\kappa_a>1-\phi,a\in A_2$ 时，由定义式（6.23b）可得

$$\begin{aligned}
&\gamma_a(t_a,\overline{v}_a,\phi,\tau_a)\\
&=\max_{v_a\geqslant 0}\frac{[t_a(\overline{v}_a)-t_a(v_a)]v_a+[\phi\overline{v}_a t'_a(\overline{v}_a)+\tau_a](v_a-\overline{v}_a)}{t_a(v_a)v_a}\\
&=\max_{v_a\geqslant 0}\frac{\alpha_a[(\overline{v}_a)^p-(v_a)^p]v_a+[\alpha_a p\phi\overline{v}_a(\overline{v}_a)^{p-1}+\tau_a](v_a-\overline{v}_a)}{[t_{a0}+\alpha_a(v_a)^p]v_a}\\
&\leqslant\max_{v_a\geqslant 0}\frac{\alpha_a[(\overline{v}_a)^p-(v_a)^p]v_a+[\alpha_a p\phi(\overline{v}_a)^p+\tau_a](v_a-\overline{v}_a)}{\alpha_a(v_a)^{p+1}}
\end{aligned}\tag{6.34}$$

式（6.34）中，不等式成立的原因是分子为正且对于 $\forall a\in A$ 都有 $t_{a0}\geqslant 0$。因此，对特定的多项式出行时间成本函数和给定的利他系数时，在路段出行总流量 v_a 满足下面不等式

$$\alpha_a[(\overline{v}_a)^p-(v_a)^p]v_a+[\alpha_a p\phi(\overline{v}_a)^p+\tau_a](v_a-\overline{v}_a)>0$$

的情况下，只要取 $t_{a0}=0$ 就可以得到 $\gamma_a(t_a,\overline{v}_a,\phi,\tau_a)$ 的最大值。

下面，来求最优化问题式（6.34）的最优解 v_a^{opt}。定义

$$H^{\boldsymbol{\tau}}_{\text{AU},\phi}(v_a)=\frac{\alpha_a[(\overline{v}_a)^p-(v_a)^p]v_a+[\alpha_a p\phi(\overline{v}_a)^p+\tau_a](v_a-\overline{v}_a)}{\alpha_a(v_a)^{p+1}}\tag{6.35}$$

令 $\mathrm{d}H^{\boldsymbol{\tau}}_{\text{AU},\phi}(v_a)/\mathrm{d}v_a=0$，可得

$$\frac{(1+p\phi+p\kappa_a)(\overline{v}_a)^p}{(p\phi+p\kappa_a)(\overline{v}_a)^{p+1}}=\frac{(1+p)(v_a^{\text{opt}})^p}{p(v_a^{\text{opt}})^{p+1}}$$

这里 κ_a 的定义见式（6.33）。求解上面的方程，可得

$$v_a^{\text{opt}}=\left(\frac{1+p}{p}\right)\left(\frac{p\phi+p\kappa_a}{1+p\phi+p\kappa_a}\right)\overline{v}_a\tag{6.36}$$

因此，由式（6.34）可得

$$\begin{aligned}
&\gamma_a(t_a,\overline{v}_a,\tau_a,\phi)\\
&\leqslant(\phi+\kappa_a)\left(\frac{\overline{v}_a}{v_a^{\text{opt}}}\right)^{p+1}-1\\
&=(\phi+\kappa_a)\left[\left(\frac{p}{1+p}\right)\left(\frac{1+p\phi+p\kappa_a}{p\phi+p\kappa_a}\right)\right]^{p+1}-1
\end{aligned}\tag{6.37}$$

以及

$$\begin{aligned}&\gamma_2(C,\boldsymbol{\tau},\phi)\\&=\max_{t_a\in C,a\in A_2}\gamma_a(t_a,\overline{v}_a,\tau_a,\phi)\\&\leqslant\max_{t_a\in C,a\in A_2}(\phi+\kappa_a)\left[\left(\frac{p}{1+p}\right)\left(\frac{1+p\phi+p\kappa_a}{p\phi+p\kappa_a}\right)\right]^{p+1}-1\end{aligned}\tag{6.38}$$

进一步，假设在第二最优收费机制下，网络中所有路段 $a\in A$ 都取 $\kappa_a=\kappa$，则有

①若 $0\leqslant\kappa\leqslant1-\phi$，则 $\gamma(C,\boldsymbol{\tau},\phi)=p\left(\dfrac{1+p\phi+p\kappa}{1+p}\right)^{1+1/p}-p\phi-p\kappa$；

②若 $\kappa>1-\phi$，则 $\gamma(C,\boldsymbol{\tau},\phi)=(\phi+\kappa)\left(\left(\dfrac{p}{1+p}\right)\left(\dfrac{1+p\phi+p\kappa}{p\phi+p\kappa}\right)\right)^{p+1}-1$。

可得，在第二收费机制 $\boldsymbol{\tau}$ 下，多项式出行时间成本函数与效率损失的关系如图 6.1 和图 6.2 所示。在图 6.1 中，固定利他系数 $\phi=0.2$，则可知，效率损失上界是多项式出行时间成本函数最高次幂 p 的单调递增函数；当 $\kappa>1-\phi$（或 $\kappa\leqslant1-\phi$）时，效率损失上界是 κ 的单调递增（或单调递减）函数。在图 6.2 中，固定 $\kappa=0.4$，则可知，效率损失上界是多项式出行时间成本函数最高次幂 p 的单调递增函数；当 $\phi>1-\kappa$（或 $\phi\leqslant1-\kappa$）时，效率损失上界是 ϕ 的单调递增（或单调递减）函数。

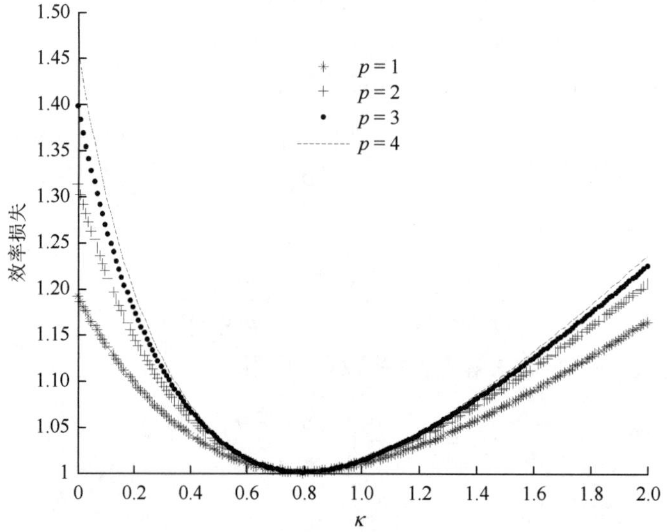

图 6.1　$\phi=0.2$ 时多项式出行时间成本函数的效率损失与参数 κ 的关系

显然，若 $\kappa=0$ 或者没有路段收费时，则有 $\gamma(C,\boldsymbol{\tau},\phi)=\gamma(C,\phi)=p\left(\dfrac{1+p\phi}{1+p}\right)^{1+1/p}-p\phi$。这就是 Yu 和 Huang（2009）中的结论；如果 $\phi=0$，即网络中所有出行者都是利己用户，则

①若 $0 \leqslant \kappa \leqslant 1$，则 $\gamma(C,\boldsymbol{\tau},\phi) = \gamma(C,\boldsymbol{\tau}) = p\left(\dfrac{1+p\kappa}{1+p}\right)^{1+1/p} - p\kappa$

②若 $\kappa > 1$，则 $\gamma(C,\boldsymbol{\tau},\phi)=\kappa\left[\left(\dfrac{p}{1+p}\right)\left(\dfrac{1+p\kappa}{p\kappa}\right)\right]^{p+1} - 1$。

这就是 Yang 等（2010）的结论。

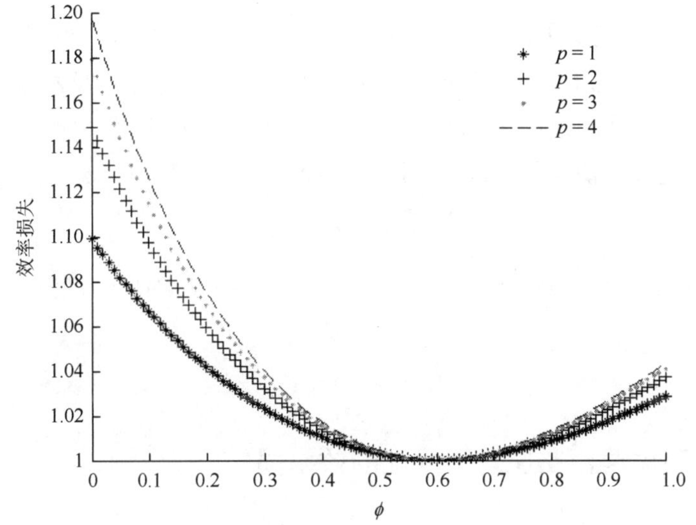

图 6.2　$\kappa = 0.4$ 时多项式出行时间成本函数的效率损失与参数 ϕ 的关系

6.3　非一致利他混合交通均衡分配的模型及效率损失

6.3.1　非一致利他混合交通均衡分配模型

设有向交通网络 $G=(N,A)$ 是由利他系数不同的出行者构成的混合交通网络，第 i 类利他用户的利他系数为 $\phi_i, 0 \leqslant \phi_i \leqslant 1, i \in I$。利他用户 i 在 OD 对 w 间所有路径的集合为 R_w^i；利他用户 i 在 OD 对 $w \in W^i$ 间的流量 d_w^i 是常数；设 v_a^i 是利他用户 i 在路段 a 上的流量，$v_a = \sum_{i \in I} v_a^i$，$f_{rw}^i$ 表示利他用户 i 在 OD 对 $w \in W^i$ 间路径 $r \in R_w^i$ 上的流量。本节假设，路段出行时间成本函数 $t_a(v_a)$ 是路段总流量 v_a 的连续可微单调递增凸函数，且对 $\forall c \in [0,1]$，有 $t_a(cx) \geqslant c t_a(x)$。

则下面的关系式成立：

$$\sum_{r \in R_w^i} f_{rw}^i = d_w^i, \forall w \in W^i, i \in I \tag{6.39a}$$

$$f_{rw}^i \geqslant 0, \forall r \in R_w^i, w \in W^i, i \in I \tag{6.39b}$$

$$v_a^i = \sum_{w \in W^i} \sum_{r \in R_w^i} f_{rw}^i \delta_{ar}^w, \forall a \in A, i \in I \tag{6.39c}$$

$$v_a = \sum_{i \in I} v_a^i, \forall a \in A \tag{6.39d}$$

则，利他用户 i 的可行路段流量集为

$$\Omega_v^i = \{(v_a^i : a \in A) |\ \ v_a^i 满足式（6.39a）\sim 式（6.39d)\}$$

系统的路段流量可行域为

$$\Omega_v^{\text{NAU}} = \prod_{i \in I} \Omega_v^i = \left\{ \left(v_a = \sum_{i \in I} v_a^i : a \in A \right) \middle| \ v_a^i 满足式(6.39a)\sim式(6.39d) \right\}$$

显然，Ω_v^i、Ω_v^{NAU} 都是有界的闭凸集。

由 5.1 节中的定义 5.1，可得利他系数为 ϕ_i 的利他用户选择路段 a 的理解出行成本为 $t_a^{\phi_i}(\boldsymbol{v}) = t_a(v_a) + \phi_i v_a t_a'(v_a)$。根据式（6.1)，可得非一致利他交通均衡分配问题等价于求解下面的 VI 问题，即存在均衡路段流量 $\bar{\boldsymbol{v}}^i \in \Omega_v^i, \bar{\boldsymbol{v}} \in \Omega_v^{\text{NAU}}$，对任意的 $\boldsymbol{v}^i \in \Omega_v^i, \boldsymbol{v} \in \Omega_v^{\text{NAU}}$，都满足

$$\sum_{a \in A} \sum_{i \in I} \langle t_a^{\phi_i}(\bar{\boldsymbol{v}}), v_a^i - \bar{v}_a^i \rangle \geqslant 0 \tag{6.40}$$

当路段均衡流为 $\bar{\boldsymbol{v}} \in \Omega_v^{\text{NAU}}$ 时，对应的系统总出行时间成本为 $T_{\text{NAU}} = \sum_{a \in A} t_a(\bar{v}_a)\bar{v}_a = \sum_{a \in A} \sum_{i \in I} t_a(\bar{v}_a)\bar{v}_a^i$。

6.3.2 非一致利他混合交通均衡分配的效率损失

下面，考虑非一致利他混合交通均衡分配的效率损失。设 $\bar{\boldsymbol{v}} \in \Omega_v^{\text{NAU}}$ 是 VI 问题式（6.40）的解，$\tilde{\boldsymbol{v}} \in \Omega_v^{\text{NAU}}$ 是 VI 问题式（2.48）的解。定义

$$\rho_{fx,\text{mix}}^{\text{NAU}} = \frac{T_{\text{NAU}}(\bar{\boldsymbol{v}})}{T_{\text{NAU}}(\tilde{\boldsymbol{v}})} \tag{6.41}$$

式中，$T_{\text{NAU}}(\bar{\boldsymbol{v}}) = \sum_{a \in A} t_a(\bar{v}_a)\bar{v}_a = \sum_{a \in A}\sum_{i \in I} t_a(\bar{v}_a)\bar{v}_a^i, T_{\text{NAU}}(\tilde{\boldsymbol{v}}) = \sum_{a \in A} t_a(\tilde{v}_a)\tilde{v}_a = \sum_{a \in A}\sum_{i \in I} t_a(\tilde{v}_a)\tilde{v}_a^i$ 分别是均衡时系统的总出行时间成本和系统最小总出行时间成本。故，$\rho_{fx,\text{mix}}^{\text{NAU}} \geqslant 1$。

设 $\tilde{\boldsymbol{v}}$ 是 SO 时的路段流量，在 VI 问题式（6.40）中，用 $\tilde{\boldsymbol{v}}$ 代替 $\boldsymbol{v}$，则有

$$\sum_{a \in A} \sum_{i \in I} \langle t_a^{\phi_i}(\bar{\boldsymbol{v}}), \tilde{v}_a^i - \bar{v}_a^i \rangle \geqslant 0 \tag{6.42}$$

即

$$\sum_{a \in A} \sum_{i \in I} t_a(\bar{v}_a)\bar{v}_a^i \leqslant \sum_{a \in A} \sum_{i \in I} t_a(\bar{v}_a)\tilde{v}_a^i + \sum_{a \in A} \sum_{i \in I} \phi_i t_a'(\bar{v}_a)\bar{v}_a(\tilde{v}_a^i - \bar{v}_a^i) \tag{6.43}$$

从而有

$$\begin{aligned} T_{\text{NAU}}(\bar{\boldsymbol{v}}) &\leqslant T_{\text{NAU}}(\tilde{\boldsymbol{v}}) + \sum_{a \in A} \tilde{v}_a[t_a(\bar{v}_a) - t_a(\tilde{v}_a)] + \sum_{a \in A} \sum_{i \in I} \phi_i \bar{v}_a t_a'(\bar{v}_a)(\tilde{v}_a^i - \bar{v}_a^i) \\ &\leqslant T_{\text{NAU}}(\tilde{\boldsymbol{v}}) + \max_{v_a^i \in \Omega_v^i, i \in I} \left\{ \sum_{a \in A} \tilde{v}_a[t_a(\bar{v}_a) - t_a(\tilde{v}_a)] + \sum_{a \in A} \sum_{i \in I} \phi_i \bar{v}_a t_a'(\bar{v}_a)(\tilde{v}_a^i - \bar{v}_a^i) \right\} \\ &\leqslant T_{\text{NAU}}(\tilde{\boldsymbol{v}}) + \max_{v_a^i \geqslant 0, i \in I} \left\{ \sum_{a \in A} \tilde{v}_a[t_a(\bar{v}_a) - t_a(\tilde{v}_a)] + \sum_{a \in A} \sum_{i \in I} \phi_i \bar{v}_a t_a'(\bar{v}_a)(\tilde{v}_a^i - \bar{v}_a^i) \right\} \end{aligned} \tag{6.44}$$

由于可行域 $\boldsymbol{v}_a^i \geqslant 0, i \in I$ 比可行域 Ω_v^i 大，故式（6.44）中的最后一个不等式成立。下面，考虑式（6.44）最后一个不等式右边第二项的最大值，即考虑下面的非线性规划问题：

$$\max_{v_a^i \geqslant 0, i \in I} \left\{ [t_a(\overline{v}_a) - t_a(v_a)]v_a + \sum_{i \in I} \phi_i \overline{v}_a t_a'(\overline{v}_a)(v_a^i - \overline{v}_a^i) \right\} \tag{6.45}$$

令

$$H_{\mathrm{NAU}}(\boldsymbol{v}) = [t_a(\overline{v}_a) - t_a(v_a)]v_a + \sum_{i \in I} \phi_i \overline{v}_a t_a'(\overline{v}_a)(v_a^i - \overline{v}_a^i)$$

由于 $H_{\mathrm{NAU}}(\boldsymbol{v})$ 是关于 $v_a^i \geqslant 0, i \in I$ 的凹函数，故非线性规划问题式（6.45）存在极大值。设约束 $v_a^i \geqslant 0, i \in I, a \in A$ 的 Lagrange 乘子为 λ_a^i，则非线性规划问题式（6.45）的一阶最优性条件为

$$t_a(\overline{v}_a) - t_a(v_a) - v_a t_a'(v_a) + \phi_i \overline{v}_a t_a'(\overline{v}_a) + \lambda_a^i = 0, i \in I \tag{6.46a}$$

$$\lambda_a^i \geqslant 0, v_a^i \geqslant 0, \lambda_a^i v_a^i = 0, i \in I \tag{6.46b}$$

由式（6.46a），可得若 $\phi_1 > \phi_2$，则 $\lambda_a^1 < \lambda_a^2$。再由式（6.46b），可知 $v_a^1 \geqslant v_a^2 = 0$。设 $\phi_{\bar{i}}$ 是 VI 问题式（6.40）有均衡解时，路段 a 上存在正流量时的最大利他系数。由上面的分析以及式（6.46a）知 $v_a = v_a^{\bar{i}}$ 且

$$t_a(\overline{v}_a) - t_a(v_a) - v_a t_a'(v_a) + \phi_{\bar{i}} \overline{v}_a t_a'(\overline{v}_a) = 0 \tag{6.47}$$

由路段出行时间成本函数 $t_a(v_a)$ 为 v_a 的单调递增凸函数且 $0 \leqslant \phi_{\bar{i}} \leqslant 1$，可知，式（6.47）存在着唯一的解，不妨设 $v_a = v_a^{\bar{i}} = \xi_a \overline{v}_a, 0 \leqslant \xi_a \leqslant 1, \forall a \in A$。同时，令 $\overline{v}_a^{\bar{i}} = \eta_a \overline{v}_a, 0 \leqslant \eta_a \leqslant 1, \forall a \in A$，则有

$$\begin{aligned}
&\max_{v_a^i \geqslant 0, i \in I} \left\{ [t_a(\overline{v}_a) - t_a(v_a)]v_a + \sum_{i \in I} \phi_i \overline{v}_a t_a'(\overline{v}_a)(v_a^i - \overline{v}_a^i) \right\} \\
&= [t_a(\overline{v}_a) - t_a(\xi_a \overline{v}_a)]\xi_a \overline{v}_a + \phi_{\bar{i}} \overline{v}_a t_a'(\overline{v}_a)(\xi_a - \eta_a)\overline{v}_a - \sum_{i \in I, i \neq \bar{i}} \phi_i \overline{v}_a t_a'(\overline{v}_a)\overline{v}_a^i \\
&\leqslant [t_a(\overline{v}_a) - \xi_a t_a(\overline{v}_a)]\xi_a \overline{v}_a + \phi_{\bar{i}} \overline{v}_a t_a'(\overline{v}_a)(\xi_a - \eta_a)\overline{v}_a - (\phi_i)_{\min} \sum_{i \in I, i \neq \bar{i}} \overline{v}_a t_a'(\overline{v}_a)\overline{v}_a^i \\
&= (1 - \xi_a)\xi_a t_a(\overline{v}_a)\overline{v}_a + [\phi_{\bar{i}}(\xi_a - \eta_a) - (\phi_i)_{\min}(1 - \eta_a)](\overline{v}_a)^2 t_a'(\overline{v}_a) \\
&\leqslant \zeta_a t_a(\overline{v}_a)\overline{v}_a
\end{aligned} \tag{6.48}$$

其中

$$\zeta_a = (1 - \xi_a)\xi_a + \phi_{\bar{i}}(\xi_a - \eta_a) - (\phi_i)_{\min}(1 - \eta_a) \tag{6.49}$$

式（6.48）中的第一个不等式成立是由于对任意的 $c \in [0,1]$，有 $t_a(cx) \geqslant ct_a(x)$。第二个不等式成立是由于引理 5.2。

定义

$$\zeta = \max_{a \in A} \zeta_a \tag{6.50}$$

由式（6.44）和式（6.50），可得

$$T_{\mathrm{NAU}}(\overline{\boldsymbol{v}}) \leqslant T_{\mathrm{NAU}}(\tilde{\boldsymbol{v}}) + \zeta T_{\mathrm{NAU}}(\overline{\boldsymbol{v}})$$

因此，可得如下关于非一致利他行为下交通分配的效率损失上界定理。

定理 6.5　给定一个可分离路段出行时间成本函数类 C，其中路段出行时间成本函数 $t_a(v_a)$ 是路段总流量 v_a 的连续可微单调递增凸函数，且对任意的 $c \in [0,1]$，有 $t_a(cx) \geqslant ct_a(x)$

成立。$\boldsymbol{v} \in \Omega_v^{\mathrm{NAU}}$ 是 VI 问题式（6.40）的解，$\tilde{\boldsymbol{v}} \in \Omega_v^{\mathrm{NAU}}$ 是 SO 问题式（2.48）的解。则，非一致利他混合交通均衡分配的效率损失存在上界，即

$$\rho_{fx,\mathrm{mix}}^{\mathrm{NAU}} = \frac{T_{\mathrm{NAU}}(\overline{\boldsymbol{v}})}{T_{\mathrm{NAU}}(\tilde{\boldsymbol{v}})} \leqslant \frac{1}{1-\zeta} \tag{6.51}$$

式中，ζ 由式（6.49）和式（6.50）给出。

6.3.3 特殊情形下的效率损失

式（6.51）给出的效率损失取决于出行类的利他系数 ϕ_i 和出行时间成本函数类 C。下面可以推断出式（6.51）给出的结论是现有文献中相关结论的一般形式。

如果网络中所有用户的利他系数相等，即 $\phi_i = \phi$，则非一致利他混合交通均衡分配问题退化为一致 ϕ 利他交通均衡分配问题。显然，此情形下可将式（6.44）改写为

$$T_{\mathrm{NAU}}(\overline{\boldsymbol{v}}) \leqslant T_{\mathrm{NAU}}(\tilde{\boldsymbol{v}}) + \max_{\boldsymbol{v} \geqslant \boldsymbol{0}} \left\{ \sum_{a\in A} \tilde{v}_a [t_a(\overline{v}_a) - t_a(\tilde{v}_a)] + \sum_{a\in A} \phi \overline{v}_a t_a'(\overline{v}_a)(\tilde{v}_a - \overline{v}_a) \right\} \tag{6.52}$$

采取式（6.6）定义的参数 $\gamma_a(t_a, \overline{v}_a, \phi)$ 和式（6.9）定义的参数 $\gamma(C, \phi)$，则此时式（6.51）就是 Yu 等（2009a）的结论，即本书 6.1 节中的结论式（6.11）。

若路段出行时间成本函数为仿射函数，且出行者是完全理性的利己用户。在式（6.47）中，令 $\phi_i = 0, t_a(v_a) = t_{a0} + \alpha_a v_a$，可得 $v_a = \overline{v}_a / 2$。从而可知，对交通网络中的任意路段 a 都有 $\zeta_a = 0.5$。由式（6.49）可得，对任意的路段 $a \in A$，都有 $\zeta_a = 0.25$。由式（6.50），可得 $\zeta_a = 0.25$。这样，由式（6.51）得此时的效率损失上界为 4/3，这就是 Roughgarden 和 Tardos（2002）著名的结论。

6.4 利他用户和 Logit 型随机用户混合交通均衡分配的模型及效率损失

6.4.1 利他用户和 Logit 型随机用户混合交通均衡分配模型

设 $G = (N, A)$ 为利他用户和 Logit 型随机用户构成的有向交通网络，其中利他用户的利他系数相同，记为 ϕ。网络中的出行需求划分系数为 λ，即每个 OD 对 $w \in W$ 上，利他用户流量占该 OD 对总流量 d_w 的比例都为 λ。f_{rw}^{AU}、f_{rw}^{SUE} 分别表示利他用户和 Logit 型随机用户在路径 $r \in R_w$ 上的流量，利他用户和 Logit 型随机用户路径流量向量分别记为 $\boldsymbol{f}^{\mathrm{AU}}$、$\boldsymbol{f}^{\mathrm{SUE}}$。$v_a^{\mathrm{AU}}$、$v_a^{\mathrm{SUE}}$ 分别表示利他用户和 Logit 型随机用户在路段 a 上的路段流量，$\boldsymbol{v}^{\mathrm{AU}}$、$\boldsymbol{v}^{\mathrm{SUE}}$ 分别表示利他用户和 Logit 型随机用户的路段流量向量，向量 $\boldsymbol{v}_a = (\boldsymbol{v}_a^{\mathrm{AU}}, \boldsymbol{v}_a^{\mathrm{SUE}})$ 表示路段 a 上的路段流量向量，且 $v_a = v_a^{\mathrm{AU}} + v_a^{\mathrm{SUE}}$ 是路段 a 上的总流量，路段出行时间成本函数 $t_a(v_a)$ 是可分离函数，且为路段总流量 v_a 的连续可微单调递增凸函数。用户在路径 $r \in R_w$ 上的实际出行时间成本为 $c_{rw}^{\mathrm{SUE}}(\boldsymbol{f}) = \sum_{a\in A} t_a(v_a^{\mathrm{AU}} + v_a^{\mathrm{SUE}}) \delta_{ar}^w, r \in R_w, w \in W$，Logit 型随机用户在

路径 $r\in R_w$ 上的理解出行时间成本是一个心理感受值，可能大于也可能小于实际出行时间成本 $c_{rw}^{\text{SUE}}(\boldsymbol{f})$，用 $C_{rw}^{\text{SUE}}(\boldsymbol{f})$ 表示。

网络的流量守恒条件和非负约束条件如下：

$$v_a^{\text{AU}}=\sum_{w\in W}\sum_{r\in R_w}f_{rw}^{\text{AU}}\delta_{ar}^w,a\in A \tag{6.53}$$

$$\sum_{r\in R_w}f_{rw}^{\text{AU}}=\lambda d_w,\forall w\in W \qquad (\mu_w^{\text{AU}}) \tag{6.54}$$

$$f_{rw}^{\text{AU}}\geqslant 0,r\in R_w,w\in W \tag{6.55}$$

$$v_a^{\text{SUE}}=\sum_{w\in W}\sum_{r\in R_w}f_{rw}^{\text{SUE}}\delta_{ar}^w,\forall a\in A \tag{6.56}$$

$$\sum_{r\in R_w}f_{rw}^{\text{SUE}}=(1-\lambda)d_w,\forall w\in W \qquad (\mu_w^{\text{SUE}}) \tag{6.57}$$

$$f_{rw}^{\text{SUE}}\geqslant 0,r\in R_w,w\in W \tag{6.58}$$

这里，μ_w^{AU}、μ_w^{SUE} 分别表示式（6.54）和式（6.57）的 Lagrange 乘子。假定

$$\Omega_f^{\text{AU}}=\{\boldsymbol{f}^{\text{AU}}\mid\boldsymbol{f}^{\text{AU}}\text{满足式(6.53)}\sim\text{式(6.55)}\},\Omega_v^{\text{AU}}=\{\boldsymbol{v}^{\text{AU}}\mid\exists\boldsymbol{f}^{\text{AU}}\text{满足式(6.53)}\sim\text{式(6.55)}\}$$

$$\Omega_f^{\text{SUE}}=\{\boldsymbol{f}^{\text{SUE}}\mid\boldsymbol{f}^{\text{SUE}}\text{满足式(6.56)}\sim\text{式(6.58)}\},\Omega_v^{\text{SUE}}=\{\boldsymbol{v}^{\text{SUE}}\mid\exists\boldsymbol{f}^{\text{SUE}}\text{满足式(6.56)}\sim\text{式(6.58)}\}$$

显然，Ω_f^{AU}、Ω_v^{AU}、Ω_f^{SUE}、Ω_v^{SUE} 都是闭凸集。令 $\Omega_f^{\text{AU-SUE}}=\Omega_f^{\text{AU}}\times\Omega_f^{\text{SUE}},\Omega_v^{\text{AU-SUE}}=\Omega_v^{\text{AU}}\times\Omega_v^{\text{SUE}}$。

同前，可知利他用户的理解出行时间成本可以认为是其实际的出行时间成本（利己项）与其认为自身出行会给其他用户带来的外部性（利他项）之和。利他系数为 ϕ 的利他用户，在路段 a 上的理解出行时间成本为 $t_a^{\phi}(\boldsymbol{v})=t_a(v_a)+\phi v_a t_a'(v_a)$。本节假定利他用户具有相同的利他系数 ϕ，且 $\phi\in[0,1]$。

利他用户的出行决策原则是在 Logit 型随机用户出行决策给定的情况下最小化自己的理解出行时间成本，其求解等价于求解如下的优化问题：

$$\min_{\boldsymbol{f}^{\text{AU}}\in\Omega_f^{\text{AU}}}\sum_{a\in A}\int_0^{v_a^{\text{AU}}}t_a^{\phi}(v_a^{\text{SUE}}+x)\mathrm{d}x \tag{6.59}$$

式中，$v_a^{\text{SUE}},a\in A$ 看作是常数。根据路段出行时间成本函数 $t_a(v_a)$ 的假设可知，最优化问题式（6.59）有唯一解。

令 P_{rw}^{SUE} 表示 Logit 型随机用户选择路径 $r\in R_w$ 的概率，类似 2.1.2 节所示的方法，可得在所考虑的混合交通网络中，Logit 型随机用户的选择概率和路径流量分别为

$$P_{rw}^{\text{SUE}}=\frac{\exp(-\theta c_{rw}^{\text{SUE}})}{\sum_{l\in W}\exp(-\theta c_{lw}^{\text{SUE}})},r\in R_w,w\in W \tag{6.60a}$$

$$f_{rw}^{\text{SUE}}=(1-\lambda)d_w P_{rw}^{\text{SUE}},r\in R_w,w\in W \tag{6.60b}$$

利他用户根据 UE 原则选择自身理解出行时间成本最小的路径出行，Logit 型随机用户根据 SUE 原则选择自身理解出行时间成本最小的路径出行。因此，在利他用户和 Logit 型随机用户交通网络处于混合均衡状态时，每一个利他用户或者 Logit 型随机用户都不能通过单方面调整自己的路径选择降低自身的理解出行时间成本。从而，利他用户和 Logit 型随机用户交通网络的混合均衡条件可表示为

$$(c_{rw}^{\mathrm{AU}}-\mu_w^{\mathrm{AU}})f_{rw}^{\mathrm{AU}}=0, c_{rw}^{\mathrm{AU}}-\mu_w^{\mathrm{AU}}\geqslant 0, r\in R_w, w\in W \tag{6.61}$$

$$f_{rw}^{\mathrm{SUE}}=(1-\lambda)d_w\frac{\exp(-\theta c_{rw}^{\mathrm{SUE}})}{\sum\limits_{l\in R_w}\exp(-\theta c_{lw}^{\mathrm{SUE}})}, r\in R_w, w\in W \tag{6.62}$$

满足式（6.53）～式（6.58）。这里，μ_w^{AU} 表示混合均衡时利他用户在 OD 对 w 间的最小路径理解出行时间成本。故，利他用户和 Logit 型随机用户混合交通均衡分配可表示为如下的 VI 问题。

引理 6.3 设在利他用户和 Logit 型随机用户混合交通网络中，路段出行时间成本函数 $t_a(v_a)$ 是可分离函数，且为路段总流量 v_a 的连续可微单调递增凸函数。因此，利他用户和 Logit 型随机用户混合交通均衡分配等价于寻找 $\bar{\boldsymbol{f}}=(\bar{\boldsymbol{f}}^{\mathrm{AU}},\bar{\boldsymbol{f}}^{\mathrm{SUE}})\in\Omega_f^{\mathrm{AU-SUE}}$，使得任意的 $\bar{\boldsymbol{f}}=(\bar{\boldsymbol{f}}^{\mathrm{AU}},\bar{\boldsymbol{f}}^{\mathrm{SUE}})\in\Omega_f^{\mathrm{AU-SUE}}$，都满足

$$\sum_{w\in W}\sum_{r\in R_w}c_{rw}^{\mathrm{AU}}(\bar{\boldsymbol{f}})(f_{rw}^{\mathrm{AU}}-\bar{f}_{rw}^{\mathrm{AU}})+\sum_{w\in W}\sum_{r\in R_w}\left[c_{rw}^{\mathrm{SUE}}(\bar{\boldsymbol{f}}^{\mathrm{SUE}})+\frac{1}{\theta}\ln\frac{\bar{f}_{rw}^{\mathrm{SUE}}}{(1-\lambda)d_w}\right](f_{rw}^{\mathrm{SUE}}-\bar{f}_{rw}^{\mathrm{SUE}})\geqslant 0 \tag{6.63}$$

证：如果 $\bar{\boldsymbol{f}}=(\bar{\boldsymbol{f}}^{\mathrm{AU}},\bar{\boldsymbol{f}}^{\mathrm{SUE}})\in\Omega_f^{\mathrm{AU-SUE}}$ 是利他用户和 Logit 型随机用户混合交通均衡，则

$$[c_{rw}^{\mathrm{AU}}(\bar{\boldsymbol{f}})-\mu_w^{\mathrm{AU}}]f_{rw}^{\mathrm{AU}}=0, c_{rw}^{\mathrm{AU}}(\bar{\boldsymbol{f}})-\mu_w^{\mathrm{AU}}\geqslant 0, r\in R_w, w\in W \tag{6.64}$$

$$\bar{f}_{rw}^{\mathrm{SUE}}=(1-\lambda)d_w\frac{\exp(-\theta c_{rw}^{\mathrm{SUE}})}{\sum\limits_{l\in R_w}\exp(-\theta c_{lw}^{\mathrm{SUE}})}, r\in R_w, w\in W \tag{6.65}$$

根据 VI 问题和互补问题的关系，可知式（6.64）可改写为

$$c_{rw}^{\mathrm{AU}}(\bar{\boldsymbol{f}})(f_{rw}^{\mathrm{AU}}-\bar{f}_{rw}^{\mathrm{AU}})\geqslant 0, r\in R_w, w\in W \tag{6.66}$$

由黄海军（1994）可知，式（6.65）可改写为

$$c_{rw}^{\mathrm{SUE}}(\bar{\boldsymbol{f}})+\frac{1}{\theta}\ln\frac{f_{rw}^{\mathrm{SUE}}}{(1-\lambda)d_w}-S(c^w)=0, r\in R_w, w\in W \tag{6.67}$$

式中，c^w 是 OD 对 $w\in W$ 间的路径出行时间成本，$S(c^w)$ 是期望最小理解出行时间成本。因此，$\bar{\boldsymbol{f}}^{\mathrm{SUE}}$ 是如下 VI 问题的解：

$$\sum_{w\in W}\sum_{r\in R_w}\left[c_{rw}^{\mathrm{SUE}}(\bar{\boldsymbol{f}})+\frac{1}{\theta}\ln\frac{\bar{f}_{rw}^{\mathrm{SUE}}}{(1-\lambda)d_w}-S(c^w)\right](f_{rw}^{\mathrm{SUE}}-\bar{f}_{rw}^{\mathrm{SUE}})\geqslant 0, \forall\boldsymbol{f}^{\mathrm{SUE}}\in\Omega_f^{\mathrm{SUE}} \tag{6.68}$$

即

$$\begin{aligned}&\sum_{w\in W}\sum_{r\in R_w}\left[c_{rw}^{\mathrm{SUE}}(\bar{\boldsymbol{f}})+\frac{1}{\theta}\ln\frac{\bar{f}_{rw}^{\mathrm{SUE}}}{(1-\lambda)d_w}\right](f_{rw}^{\mathrm{SUE}}-\bar{f}_{rw}^{\mathrm{SUE}})\\&\quad-\sum_{w\in W}\sum_{r\in R_w}S(c^w)(f_{rw}^{\mathrm{SUE}}-\bar{f}_{rw}^{\mathrm{SUE}})\geqslant 0, \forall\bar{\boldsymbol{f}}^{\mathrm{SUE}}\in\Omega_f^{\mathrm{SUE}}\end{aligned} \tag{6.69}$$

根据流量守恒条件及 OD 流量为常数，可知式（6.69）的第二项等于零。故

$$\sum_{w\in W}\sum_{r\in R_w}\left[c_{rw}^{\mathrm{SUE}}(\bar{\boldsymbol{f}})+\frac{1}{\theta}\ln\frac{\bar{f}_{rw}^{\mathrm{SUE}}}{(1-\lambda)d_w}\right](f_{rw}^{\mathrm{SUE}}-\bar{f}_{rw}^{\mathrm{SUE}})\geqslant 0, \forall\bar{\boldsymbol{f}}^{\mathrm{SUE}}\in\Omega_f^{\mathrm{SUE}} \tag{6.70}$$

因此，$\bar{\boldsymbol{f}}=(\bar{\boldsymbol{f}}^{\mathrm{AU}},\bar{\boldsymbol{f}}^{\mathrm{SUE}})$ 是式（6.63）的解。

若 $\bar{\boldsymbol{f}}=(\bar{\boldsymbol{f}}^{\mathrm{AU}},\bar{\boldsymbol{f}}^{\mathrm{SUE}})$ 是式（6.63）的解，由 VI 问题的 KKT 条件，可知：

$$[c_{rw}^{\mathrm{AU}}(\bar{\boldsymbol{f}})-\mu_w^{\mathrm{AU}}]\bar{f}_{rw}^{\mathrm{AU}}=0, c_{rw}^{\mathrm{AU}}(\bar{\boldsymbol{f}})-\mu_w^{\mathrm{AU}}\geqslant 0, r\in R_w, w\in W \tag{6.71}$$

$$\sum_{r\in R_w}\bar{f}_{rw}^{\mathrm{AU}}=\lambda d_w, w\in W \tag{6.72}$$

$$\bar{f}_{rw}^{\mathrm{AU}}\geqslant 0, r\in R_w, w\in W \tag{6.73}$$

$$\left[c_{rw}^{\mathrm{SUE}}(\bar{\boldsymbol{f}})+\frac{1}{\theta}\ln\frac{\bar{f}_{rw}^{\mathrm{SUE}}}{(1-\lambda)d_w}-\mu_w^{\mathrm{SUE}}\right]\bar{f}_{rw}^{\mathrm{SUE}}=0, r\in R_w, w\in W \tag{6.74}$$

$$c_{rw}^{\mathrm{SUE}}(\bar{\boldsymbol{f}})+\frac{1}{\theta}\ln\frac{\bar{f}_{rw}^{\mathrm{SUE}}}{(1-\lambda)d_w}-\mu_w^{\mathrm{SUE}}\geqslant 0, r\in R_w, w\in W \tag{6.75}$$

$$\sum_{r\in R_w}\bar{f}_{rw}^{\mathrm{SUE}}=(1-\lambda)d_w, w\in W \tag{6.76}$$

$$\bar{f}_{rw}^{\mathrm{SUE}}\geqslant 0, r\in R_w, w\in W \tag{6.77}$$

式（6.71）和式（6.74）中的 μ_w^{AU}、μ_w^{SUE} 分别是式（6.54）和式（6.57）的 Lagrange 乘子。对所有的 $\bar{f}_{rw}^{\mathrm{SUE}}>0, r\in R_w, w\in W$，由式（6.74）得

$$c_{rw}^{\mathrm{SUE}}(\bar{\boldsymbol{f}})+\frac{1}{\theta}\ln\frac{\bar{f}_{rw}^{\mathrm{SUE}}}{(1-\lambda)d_w}-\mu_w^{\mathrm{SUE}}=0, r\in R_w w\in W \tag{6.78}$$

因此

$$\bar{f}_{rw}^{\mathrm{SUE}}=(1-\lambda)d_w\exp[\theta\mu_w^{\mathrm{SUE}}-\theta c_{rw}^{\mathrm{SUE}}(\bar{\boldsymbol{f}})], r\in R_w, w\in W \tag{6.79}$$

对式（6.79）进行求和，结合流量守恒条件，则有

$$\mu_w^{\mathrm{SUE}}=\frac{1}{\theta}\ln\frac{1}{\sum_{l\in R_w}\exp(-\theta c_{lw}^{\mathrm{SUE}})} \tag{6.80}$$

将式（6.80）代入式（6.78），可得

$$f_{rw}^{\mathrm{SUE}}=(1-\lambda)d_w\frac{\exp(-\theta c_{rw}^{\mathrm{SUE}})}{\sum_{l\in R_w}\exp(-\theta c_{lw}^{\mathrm{SUE}})}, r\in R_w, w\in W \tag{6.81}$$

6.4.2　利他用户和 Logit 型随机用户混合交通均衡分配的效率损失

下面考虑利他用户和 Logit 型随机用户混合交通均衡分配的效率损失。设 $\tilde{\boldsymbol{v}}=(\tilde{\boldsymbol{v}}^{\mathrm{AU}}, \tilde{\boldsymbol{v}}^{\mathrm{SUE}})\in\Omega_v^{\mathrm{AU-SUE}}$ 和 $\tilde{v}_a$ 分别是如下优化问题的路段流量向量和路段总流量：

$$\min_{v\in\Omega_v^{\mathrm{AU-SUE}}}\sum_{a\in A}t_a(v_a)v_a \tag{6.82}$$

则，$T_{\mathrm{AU-SUE}}(\tilde{\boldsymbol{v}})=\sum_{a\in A}t_a(\tilde{v}_a)\tilde{v}_a$ 是混合交通网络的最小总出行时间成本，即 $T_{\mathrm{AU-SUE}}(\tilde{\boldsymbol{v}})$ 是 SO 时的系统总出行时间成本。设 $\boldsymbol{f}=(\bar{\boldsymbol{f}}^{\mathrm{AU}}, \bar{\boldsymbol{f}}^{\mathrm{SUE}})\in\Omega_f^{\mathrm{AU-SUE}}$ 是 VI 问题（6.63）式对应的路径流量向量，则对应的路段流量向量为 $\bar{\boldsymbol{v}}=(\bar{\boldsymbol{v}}^{\mathrm{AU}}, \bar{\boldsymbol{v}}^{\mathrm{SUE}})\in\Omega_v^{\mathrm{AU-SUE}}$，此时混合交通网络的总出行时间成本为 $T_{\mathrm{AU-SUE}}(\bar{\boldsymbol{v}})=\sum_{a\in A}t_a(\bar{v}_a)\bar{v}_a$。根据 Koutsoupias 和 Papadimitriou（1999）的定义，上述混合交通均衡行为的效率损失可表示为

$$\rho_{fx,\text{mix}}^{\text{AU-SUE}} = \frac{T_{\text{AU-SUE}}(\bar{\boldsymbol{v}})}{T_{\text{AU-SUE}}(\tilde{\boldsymbol{v}})} \tag{6.83}$$

显然，$\rho_{fx,\text{mix}}^{\text{AU-SUE}} \geqslant 1$。根据出行需求划分的假设，可知 SO 时的路径流量向量 $\tilde{\boldsymbol{f}}$ 和路段流量向量 $\tilde{\boldsymbol{v}}$ 分别可分解为 $\tilde{\boldsymbol{f}}^{\text{AU}} = \lambda\tilde{\boldsymbol{f}}, \tilde{\boldsymbol{f}}^{\text{SUE}} = (1-\lambda)\tilde{\boldsymbol{f}}, \tilde{\boldsymbol{v}}^{\text{AU}} = \lambda\tilde{\boldsymbol{v}}, \tilde{\boldsymbol{v}}^{\text{SUE}} = (1-\lambda)\tilde{\boldsymbol{v}}$。在式（6.63）中，用 $\tilde{f}_{rw}^{\text{AU}}$ 代替 f_{rw}^{AU}，用 $\tilde{f}_{rw}^{\text{SUE}}$ 代替 f_{rw}^{SUE}。则有

$$\sum_{w\in W}\sum_{r\in R_w} c_{rw}^{\text{AU}}(\bar{\boldsymbol{f}})(\tilde{f}_{rw}^{\text{AU}} - \bar{f}_{rw}^{\text{AU}}) + \sum_{w\in W}\sum_{r\in R_w}\left[c_{rw}^{\text{SUE}}(\bar{\boldsymbol{f}}^{\text{SUE}}) + \frac{1}{\theta}\ln\frac{\bar{f}_{rw}^{\text{SUE}}}{(1-\lambda)d_w}\right](\tilde{f}_{rw}^{\text{SUE}} - \bar{f}_{rw}^{\text{SUE}}) \geqslant 0 \tag{6.84}$$

从而，

$$\sum_{a\in A}[t_a(\bar{v}_a) + \phi\bar{v}_a t_a'(\bar{v}_a)](\tilde{v}_a^{\text{AU}} - \bar{v}_a^{\text{AU}})$$
$$+\sum_{a\in A} t_a(\bar{v}_a)(\tilde{v}_a^{\text{SUE}} - \bar{v}_a^{\text{SUE}}) + \frac{1}{\theta}\sum_{w\in W}\sum_{r\in R_w}\ln\frac{\bar{f}_{rw}^{\text{SUE}}}{(1-\lambda)d_w}(\tilde{f}_{rw}^{\text{SUE}} - \bar{f}_{rw}^{\text{SUE}}) \geqslant 0 \tag{6.85}$$

所以，

$$\begin{aligned} T_{\text{AU-SUE}}(\bar{\boldsymbol{v}}) \leqslant{} & T_{\text{AU-SUE}}(\tilde{\boldsymbol{v}}) + \sum_{a\in A}\tilde{v}_a[t_a(\bar{v}_a) - t_a(\tilde{v}_a)] + \phi\sum_{a\in A}\bar{v}_a t_a'(\bar{v}_a)(\lambda\tilde{v}_a - \bar{v}_a^{\text{AU}}) \\ & + \frac{1}{\theta}\sum_{w\in W}\sum_{r\in R_w}\ln\frac{\bar{f}_{rw}^{\text{SUE}}}{(1-\lambda)d_w}[(1-\lambda)\tilde{f}_{rw} - \bar{f}_{rw}^{\text{SUE}}] \end{aligned} \tag{6.86}$$

若能界定式（6.86）右边三项和的上界，则可以界定利他用户和 Logit 型随机用户混合交通均衡的效率损失。为求式（6.86）右边第二项和第三项和的上界，先定义如下参数：

$$\gamma_a(t_a, \bar{v}_a^{\text{AU}}, \bar{v}_a^{\text{SUE}}, \phi, \lambda) = \max_{v_a\geqslant 0}\frac{[t_a(\bar{v}_a) - t_a(v_a)]v_a + \phi\bar{v}_a t_a'(\bar{v}_a)(\lambda v_a - \bar{v}_a^{\text{AU}})}{t_a(\bar{v}_a)\bar{v}_a} \tag{6.87}$$

由于式（6.87）的分母是固定的，因此只需求式（6.87）分子的最大值。设

$$F_{\text{AU-SUE}}(v_a) = [t_a(\bar{v}_a) - t_a(v_a)]v_a + \phi\bar{v}_a t_a'(\bar{v}_a)(\lambda v_a - \bar{v}_a^{\text{AU}}), v_a \in [0, +\infty)$$

显然，函数 $F_{\text{AU-SUE}}(v_a)$ 在定义域内连续。若当 $v_a \geqslant \bar{v}_a$ 时，有导函数 $F'_{\text{AU-SUE}}(v_a) \leqslant 0$，则函数 $F_{\text{AU-SUE}}(v_a)$ 在 $v_a \in [0, \bar{v}_a]$ 内可取得最大值。显然

$$\begin{aligned} F'_{\text{AU-SUE}}(v_a) &= t_a(\bar{v}_a) + \phi\lambda\bar{v}_a t_a'(\bar{v}_a) - t_a(v_a) - v_a t_a'(v_a) \\ F''_{\text{AU-SUE}}(v_a) &= -2t_a'(v_a) - v_a t_a''(v_a) \end{aligned}$$

由于函数 $t_a(v_a)$ 是 v_a 的单调递增凸函数，所以当 $v_a \geqslant \bar{v}_a \geqslant 0$ 时，有 $F''_{\text{AU-SUE}}(v_a) \leqslant 0$。即函数 $F'_{\text{AU-SUE}}(v_a)$ 在 $v_a \in [\bar{v}_a, +\infty)$ 上是递减函数。又由于 $F'_{\text{AU-SUE}}(\bar{v}_a) = (\phi\lambda - 1)\bar{v}_a t_a'(\bar{v}_a) \leqslant 0$，所以当 $v_a \geqslant \bar{v}_a$ 时，有 $F'_{\text{AU-SUE}}(v_a) \leqslant F'_{\text{AU-SUE}}(\bar{v}_a) \leqslant 0$。这样，可知式（6.87）在区间 $[0, \bar{v}_a]$ 上取得最大值。

对任意给定的出行时间成本函数类 C。令

$$\gamma(C, \phi, \lambda) = \max_{t_a\in C, a\in A}\gamma_a(t_a, \bar{v}_a^{\text{AU}}, \bar{v}_a^{\text{SUE}}, \phi, \lambda) \tag{6.88}$$

由式（6.87）和式（6.88），可知

$$\sum_{a\in A}\tilde{v}_a[t_a(\overline{v}_a)-t_a(\tilde{v}_a)]+\phi\sum_{a\in A}\overline{v}_a t_a'(\overline{v}_a)(\lambda\tilde{v}_a-\overline{v}_a^{\text{AU}})\leqslant\gamma(C,\phi,\lambda)T_{\text{AU-SUE}}(\overline{\boldsymbol{v}}) \tag{6.89}$$

式（6.86）右边第四项的上界，可运用文献（Guo et al.，2010）中的方法，通过求解如下的最优化问题得到。

引理 6.4　如下的最优化问题

$$\max Z(x,y)=\sum_{i=1}^{n}(y_i-x_i)\ln\frac{x_i}{d} \tag{6.90}$$

满足

$$\sum_{i=1}^{n}x_i=d,\quad \sum_{i=1}^{n}y_i=d,x_i,y_i\geqslant 0,i=1,2,\cdots,n \tag{6.91}$$

这里，$d>0$ 是常数。则可知，最优化问题的最优值为 $Z_{\max}=kd$，其中，k 是方程 $k\mathrm{e}^{k+1}=n-1$ 的解，e 为自然对数的底数。

由引理 6.4，可得

$$\sum_{r\in R_w}\ln\frac{\overline{f}_{rw}^{\text{SUE}}}{(1-\lambda)d_w}(\tilde{f}_{rw}^{\text{SUE}}-\overline{f}_{rw}^{\text{SUE}})\leqslant k_w(1-\lambda)d_w \tag{6.92}$$

式中，k_w 是方程 $k_w\mathrm{e}^{k_w+1}=|R_w|-1,w\in W$ 的解。将式（6.89）和式（6.92）代入式（6.86），可得

$$T_{\text{AU-SUE}}(\overline{\boldsymbol{v}})\leqslant T_{\text{AU-SUE}}(\tilde{\boldsymbol{v}})+\gamma(C,\phi,\lambda)T_{\text{AU-SUE}}(\overline{\boldsymbol{v}})+\frac{1}{\theta}\sum_{w\in W}(1-\lambda)k_w d_w \tag{6.93}$$

令 $D=\sum_{w\in W}(1-\lambda)d_w$ 表示混合交通网络中 Logit 型随机用户的总流量，再进一步定义 $\overline{k}=\sum_{w\in W}\frac{(1-\lambda)k_w d_w}{D}$，则式（6.93）可改写为

$$T_{\text{AU-SUE}}(\overline{\boldsymbol{v}})\leqslant T_{\text{AU-SUE}}(\tilde{\boldsymbol{v}})+\gamma(C,\phi,\lambda)T_{\text{AU-SUE}}(\overline{\boldsymbol{v}})+\frac{1}{\theta}\overline{k}D \tag{6.94}$$

用 $\overline{c}=\frac{T_{\text{AU-SUE}}(\tilde{\boldsymbol{v}})}{\sum_{w\in W}d_w}$ 表示 SO 时网络中所有用户的实际平均出行时间成本，则可得定理 6.6。

定理 6.6　给定一个可分离路段出行时间成本函数类 C，其中路段出行时间成本函数 $t_a(v_a)$ 是路段总流量 v_a 的连续可微单调递增凸函数。$\overline{\boldsymbol{v}}$、$\tilde{\boldsymbol{v}}$ 分别是利他用户和 Logit 型随机用户混合交通在均衡时和 SO 时的路段流量向量，$T_{\text{AU-SUE}}(\overline{\boldsymbol{v}})$ 是混合均衡时的系统总出行时间成本，$T_{\text{AU-SUE}}(\tilde{\boldsymbol{v}})$ 是系统最小总出行时间成本，则

$$\rho_{fx,\text{mix}}^{\text{AU-SUE}}=\frac{T_{\text{AU-SUE}}(\overline{\boldsymbol{v}})}{T_{\text{AU-SUE}}(\tilde{\boldsymbol{v}})}\leqslant\left[\frac{1}{1-\gamma(C,\phi,\lambda)}\right]\left(1+\frac{(1-\lambda)\overline{k}}{\theta\overline{c}}\right) \tag{6.95}$$

定理 6.6 表明，固定需求下利他用户和 Logit 型随机用户混合交通网络的效率损失上界依赖于$\gamma(C,\phi,\lambda)$、θ、$\overline{k}$、$\overline{c}$、ϕ、λ 六个参数。且满足五个条件。

（1）效率损失上界是$\gamma(C,\phi,\lambda)$的单调递增函数，其中参数$\gamma(C,\phi,\lambda)\leqslant 1$是无量纲参数，其大小取决于路段出行时间成本函数类$C$，利他系数$\phi$和出行需求划分系数$\lambda$。

（2）效率损失上界是网络熟悉程度参数θ的单调递减函数，参数θ的大小与理解路径出行成本分布标准误差相关，在 Logit 模型中，假设网络中的所有路径有相同的标准误差。特别的，令$\theta=\dfrac{\pi}{\sqrt{6}\sigma}$，其中$\sigma$是理解路径出行成本的标准差。当$\theta\to+\infty$，则利他用户和 Logit 型随机用户混合交通分配问题变为利己-利他用户混合交通均衡分配问题，此时有$\rho_{fx,\text{mix}}^{\text{AU-SUE}}=\rho_{fx,\text{mix}}^{\text{AU-UE}}\leqslant\dfrac{1}{1-\gamma(C,\phi,\lambda)}$。

（3）效率损失上界是网络复杂程度参数$\overline{k}$的增函数。$\overline{k}$是一个无量纲参数，且随着网络中可行路径的增加而增加，因此效率损失上界随着网络复杂性的增加而增加。若路网中所有 OD 对都只有一条路径，则$k_w=0$，进而$\overline{k}=0$，$\rho_{fx,\text{mix}}^{\text{AU-SUE}}\leqslant\dfrac{1}{1-\gamma(C,\phi,\lambda)}$。

（4）效率损失上界是路网中出行者在 SO 时的实际平均出行成本$\overline{c}=\dfrac{T_{\text{AU-SUE}}(\tilde{\boldsymbol{v}})}{\sum_{w\in W}d_w}$的减函数；这也隐含着效率损失上界是路网交通总流量的增函数。

（5）效率损失上界是出行需求划分系数λ的单调递减函数。当$\lambda=0$时，此时网络中没有利他用户，则利他用户和 Logit 型随机用户混合交通分配问题变为随机用户交通均衡分配问题，故$\rho_{fx,\text{mix}}^{\text{AU-SUE}}=\rho_{fx}^{\text{SUE}}\leqslant\left[\dfrac{1}{1-\gamma(C)}\right]\left(1+\dfrac{\overline{k}}{\theta\overline{c}}\right)$，这是 Guo 等（2010）中的结论；当$\lambda$=1 时，此时网络中所有用户均为利他用户，不存在着 Logit 型随机用户，则利他用户和 Logit 型随机用户混合交通分配问题变为一致ϕ利他交通均衡分配问题，此时效率损失变为$\rho_{fx,\text{mix}}^{\text{AU-SUE}}=\rho_{fx}^{\text{AU},\phi}\leqslant\left[\dfrac{1}{1-\gamma(C,\phi)}\right]$，即为 Yu 和 Huang（2009）中的结论。

定理 6.6 中给出的效率损失上界是考虑所有可能情形下，混合交通均衡在最坏时的上界。事实上，均衡时的总出行时间成本与 SO 时的总出行时间成本的实际比值能相对减少。在交通网络中，自由流出行时间成本通常不是一个无关紧要的因素。类似 Correa 等（2005）的做法，我们给出混合交通均衡时的改进上界值。

定理 6.7 给定一个可分离路段出行时间成本函数类 C，其中路段出行时间成本函数 $t_a(v_a)$是路段总流量 v_a 的连续可微单调递增凸函数，且对任意的路段$a\in A$，都满足$t_{a0}=t_{a0}(0)\geqslant\eta(\overline{\boldsymbol{v}})t_a(\overline{v}_a),0\leqslant\eta(\overline{\boldsymbol{v}})\leqslant 1$。设$\overline{\boldsymbol{v}}$、$\tilde{\boldsymbol{v}}$分别是利他用户和 Logit 型随机用户混合交通在均衡时和 SO 时的路段流量向量，$T_{\text{AU-SUE}}(\overline{\boldsymbol{v}})$是混合均衡时的系统总出行时间成本，$T_{\text{AU-SUE}}(\tilde{\boldsymbol{v}})$是系统最小总出行时间成本，则

$$\rho_{fx,\text{mix}}^{\text{AU-SUE}}=\frac{T_{\text{AU-SUE}}(\overline{\boldsymbol{v}})}{T_{\text{AU-SUE}}(\tilde{\boldsymbol{v}})}\leqslant\left[\frac{1}{1-\eta(\overline{\boldsymbol{v}})\gamma(C,\phi,\lambda)}\right]\left(1+\frac{(1-\lambda)\overline{k}}{\theta\overline{c}}\right) \tag{6.96}$$

6.4.3 数值算例

利他用户和 Logit 型随机用户混合交通网络（图 6.3）是一个由两个节点和两条路段构成的有向交通网络图。其中，路段出行时间成本函数分别为 $t_1 = v_1, t_2 = 1$；OD 对间的交通流量为 $d = 1$；出行需求划分系数 $\lambda = 0.8$；利他系数 $\phi = 0.1$；参数 $\theta = 1$。

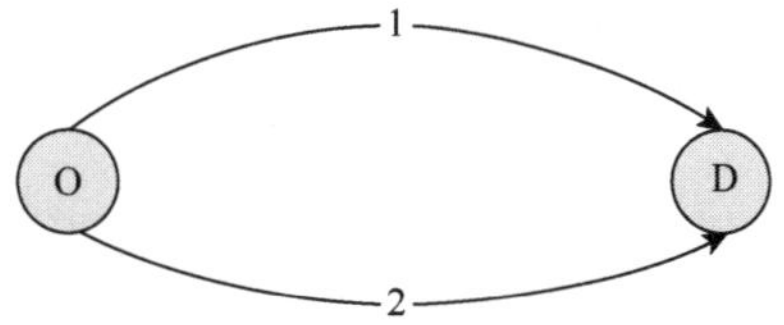

图 6.3　利他用户 Logit 型随机用户混合交通网络

根据式（6.82），SO 时的路段流量可以通过求解如下最优化问题得到：

$$\min (v_1)^2 + v_2$$

$$\text{s.t.}\begin{cases} v_1 + v_2 = 1 \\ v_1, v_2 \geqslant 0 \end{cases}$$

最优解为 $\tilde{v}_1 = \tilde{v}_2 = 0.5$，总出行时间成本为 0.75。

网络中利他用户在路段 a 上的理解出行时间成本为 $t_a^{\text{AU}}(\boldsymbol{v}) = t_a(v_a) + \phi v_a t_a'(v_a)$。由于路径 1 就是路段 1，路径 2 就是路段 2，因此利他用户在路径 i，$i = 1,2$ 上的理解出行时间成本就是其在路段 i，$i = 1,2$ 上的理解出行时间成本。由假设可知在均衡时有

$$t_1^{\text{AU}}(\boldsymbol{v}) = v_1^{\text{AU}} + v_1^{\text{SUE}} + 0.1 \times (v_1^{\text{AU}} + v_1^{\text{SUE}}) \times 1 = 1.1 v_1^{\text{AU}} + 1.1 v_1^{\text{SUE}}$$

$$t_2^{\text{AU}}(\boldsymbol{v}) = 1 + 0.1 \times (v_2^{\text{AU}} + v_2^{\text{SUE}}) \times 0 = 1$$

根据式（6.64）和式（6.65），混合交通均衡可以由求解如下方程组得到

$$(1.1 v_1^{\text{AU}} + 1.1 v_1^{\text{SUE}} - \mu^{\text{AU}}) v_1^{\text{AU}} = 0$$

$$1.1 v_1^{\text{AU}} + 1.1 v_1^{\text{SUE}} - \mu^{\text{AU}} \geqslant 0$$

$$(1 - \mu^{\text{AU}}) v_2^{\text{AU}} = 0, 1 - \mu^{\text{AU}} \geqslant 0$$

$$v_1^{\text{SUE}} = 0.2 \frac{\exp(-v_1^{\text{AU}} - v_1^{\text{SUE}})}{\exp(-v_1^{\text{AU}} - v_1^{\text{SUE}}) + \exp(-1)}$$

$$v_2^{\text{SUE}} = 0.2 \frac{\exp(-1)}{\exp(-v_1^{\text{AU}} - v_1^{\text{SUE}}) + \exp(-1)}$$

通过求解，可得混合交通均衡解为

$$\overline{v}_1^{\text{AU}} = 0.8, \overline{v}_2^{\text{AU}} = 0, \overline{v}_1^{\text{SUE}} = 0.1048, \overline{v}_2^{\text{SUE}} = 0.0952, \mu^{\text{AU}} = 0.9953$$

路段总流量为 $\overline{v}_1 = 0.9048, \overline{v}_2 = 0.0952$，此时系统总出行时间成本为 0.9139。可得，效率损失为 $\rho_{fx,\text{mix}}^{\text{AU-SUE}} = \dfrac{0.9139}{0.75} \doteq 1.2185$。

由定义

$$\gamma_a(t_a, \overline{v}_a^{\text{AU}}, \overline{v}_a^{\text{SUE}}, \phi, \lambda) = \max_{v_a \geqslant 0} \frac{[t_a(\overline{v}_a) - t_a(v_a)] v_a + \phi \overline{v}_a t_a'(\overline{v}_a)(\lambda v_a - \overline{v}_a^{\text{AU}})}{t_a(\overline{v}_a) \overline{v}_a}$$

和路段出行时间成本函数为 $t_1 = v_1, t_2 = 1$，可得

$$\gamma_1(t_1,\overline{v}_1^{\mathrm{AU}},\overline{v}_1^{\mathrm{SUE}},\phi,\lambda)=\max_{v_1\geqslant 0}\frac{(0.9048-v_1)v_1+0.1\times 0.9048\times 1\times(0.8v_1-0.8)}{0.9048\times 0.9048}$$

当 $v_1=0.4886$ 时取得最大值 $\gamma_1(t_1,\overline{v}_1^{\mathrm{AU}},\overline{v}_1^{\mathrm{SUE}},\phi,\lambda)=0.2032$。同理，$\gamma_2(t_2,\overline{v}_2^{\mathrm{AU}},\overline{v}_2^{\mathrm{SUE}},\phi,\lambda)=0$。故

$$\gamma(C,\phi,\lambda)=\max\{\gamma_1(t_1,\overline{v}_1^{\mathrm{AU}},\overline{v}_1^{\mathrm{SUE}},\phi,\lambda),\gamma_2(t_2,\overline{v}_2^{\mathrm{AU}},\overline{v}_2^{\mathrm{SUE}},\phi,\lambda)\}=0.2032$$

解方程 $k_w\mathrm{e}^{k_w+1}=|R_w|-1=1$，可得 $k_w=0.2985$。由 $\overline{k}=\sum_{w\in W}\frac{(1-\lambda)k_w d_w}{D}$ 和 $D=\sum_{w\in W}(1-\lambda)d_w$，可得 $\overline{k}=0.2785$。由 $\overline{c}=\frac{T_{\mathrm{AU-SUE}}(\tilde{\boldsymbol{v}})}{\sum_{w\in W}d_w}$，可知 $\overline{c}=0.75$。因此，$\rho_{fx,\mathrm{mix}}^{\mathrm{AU-SUE}}=\frac{T_{\mathrm{AU-SUE}}(\overline{\boldsymbol{v}})}{T_{\mathrm{AU-SUE}}(\tilde{\boldsymbol{v}})}=1.2185\leqslant\left[\frac{1}{1-\gamma(C,\phi,\lambda)}\right]\left[1+\frac{(1-\lambda)\overline{k}}{\theta\overline{c}}\right]=1.3482$，满足定理 6.6。

6.5 本 章 小 结

本章探讨了固定需求下含利他用户混合交通均衡分配的效率损失问题：首先，探讨了利他系数一致情形下的交通均衡分配效率损失上界，得到了一致利他交通均衡分配的效率损失上界与网络拓扑结构无关，但是和路段出行时间成本函数类 C 以及利他系数 ϕ 相关；其次，考虑了在收费机制下一致利他用户交通均衡分配的效率损失问题，此时的效率损失上界也和网络拓扑结构无关，但是和路段出行时间成本函数类 C、利他系数 ϕ 以及路段收费机制 $\boldsymbol{\tau}$ 相关；再次，将利他系数相同的用户看成同一类用户，在此基础上考虑非一致利他混合交通均衡分配的效率损失，通过运用解析推导的方法得到了非一致利他混合交通均衡分配的效率损失的表达式，研究发现此时的效率损失上界不仅和路段出行时间成本函数类 C 有关，而且和最大、最小的利他系数相关。在此基础上分别给出特殊情形下的效率损失上界，这些结论是以现有文献中的结论为特例。最后，研究了利他用户和 Logit 型随机用户混合均衡交通分配的效率损失问题。运用解析推导方法得到了这两类用户构成的交通网络的效率损失，效率损失上界依赖于 $\gamma(C,\phi,\lambda)$、θ、$\overline{k}$、$\overline{c}$、ϕ、λ 六个参数，且是 $\gamma(C,\phi,\lambda)$ 的单调递增函数，是参数 θ 的单调递减函数，是网络复杂程度 $\overline{k}$ 的增函数，是总交通流量的增函数，是出行需求划分系数 λ 的单调递减函数。本章的数值算例验证了我们的结论，我们的研究结果以现有文献的结论为特例。本章的算例虽然只使用了小网络，但由于本章的算法都是基于传统和经典交通分配技术之上，所以当网络的规模较大时，路径集合的选择或生成在表达形式上不会影响本章的结论，但是对具体情形下的效率损失上界值可能会有影响。

第 7 章　固定需求下含刻板用户混合交通均衡分配的效率损失

经济学家和心理学家通过受控的简单博弈实验，发现博弈方的行为要么是利他的，要么是刻板的，根本无法做到完全理性（Ledyard，1997；Levine，1998）。交通科学界对 Wardrop 路径博弈中“全体博弈方都是理性的”这一假设的常见弱化模型有两类，一类弱化模型是假设用户是利他用户，另一类弱化模型是假设用户是刻板用户（oblivious users）。刻板用户是指用户出行前根据交通网络的硬件指标进行出行决策，而且在出行过程中不更改既定出行方案，这类用户完全忽视了交通网络拥堵对其出行的影响。Karakostas 等（2011）首次提出了含刻板用户的 Wardrop 路径博弈。他们假设网络中存在完全理性用户和刻板用户。其中，刻板用户都事先根据路段自由流出行时间成本选择出行路径，即以路段出行时间成本函数的常数项作为决策依据，根据极小化路段自由流出行时间成本之和来选择出行路径；完全理性用户按照 UE 原则选择出行路径。分别在平行网络和一般网络上讨论了含刻板用户且路段出行时间成本函数是仿射函数时的 Nash 均衡性质，并界定了系统目标为极小化用户和函数时的效率损失上界。侯海洋（2008）在 Karakostas 等（2011）的基础上，以平行网络为背景，针对线性函数下最大费用路段模型和 M/M/1 型函数下用户和函数模型，分别给出了含刻板用户 Wardrop 路径博弈的 Nash 均衡性质及效率损失上界。

本章探讨固定需求下含刻板用户混合交通均衡分配的效率损失：首先探讨刻板用户和利己用户构成的混合交通均衡分配的效率损失；其次探讨刻板用户和利他用户构成的混合交通均衡分配的效率损失。

7.1　刻板用户和利己用户混合交通均衡分配的模型及效率损失

7.1.1　刻板用户和利己用户混合交通均衡分配模型

假设在刻板用户和利己用户构成的交通网络中，OD 对 w 间的出行需求为 d_w，交通网络的出行需求划分系数为 $\lambda(\lambda \in [0,1])$，则 λd_w 表示 OD 对 w 间刻板用户的出行需求，$(1-\lambda)d_w$ 表示 OD 对 w 间利己用户的出行需求。路段出行时间成本函数 $t_a(v_a)$ 是可分离函数，且为路段总流量 v_a 的连续可微单调递增凸函数。刻板用户的路径选择原则是极小化路段出行时间成本之和，即最小化各路段出行时间成本函数常数项之和；完全理性的利己用户在给定刻板用户的路径选择后，根据 UE 原则选择出行路径。

设 $\boldsymbol{f}^{\mathrm{OU}}$、$\boldsymbol{f}^{u}$ 分别为刻板用户、利己用户的路径流量向量，$\boldsymbol{v}^{\mathrm{OU}}$、$\boldsymbol{v}^{u}$ 分别是刻板用户和利己用户的路段流量向量，Ω_v^{OU}、Ω_v^{u} 分别为刻板用户和利己用户在各自路径选择原则下对应的路段可行域，则

$$\Omega_v^{\mathrm{OU}}=\left\{\boldsymbol{v}^{\mathrm{OU}} \mid v_a^{\mathrm{OU}}=\sum_{w\in W}\sum_{r\in R_w} f_{rw}^{\mathrm{OU}}\delta_{ar}^{w}, a\in A; \sum_{r\in R_w} f_{rw}^{\mathrm{OU}}=\lambda d_w, w\in W; f_{rw}^{\mathrm{OU}}\geqslant 0, r\in R_w, w\in W\right\}$$

$$\Omega_v^{u}=\left\{\boldsymbol{v}^{u} \mid v_a^{u}=\sum_{w\in W}\sum_{r\in R_w} f_{rw}^{u}\delta_{ar}^{w}, a\in A; \sum_{r\in R_w} f_{rw}^{u}=(1-\lambda) d_w, w\in W; f_{rw}^{u}\geqslant 0, r\in R_w, w\in W\right\}$$

设 $\Omega_v^{\mathrm{OU-UE}}=\Omega_v^{\mathrm{OU}}\times\Omega_v^{u}, v_a=v_a^{\mathrm{OU}}+v_a^{u}$，则刻板用户和利己用户混合交通均衡分配问题可以化为如下 VI 问题。

引理 7.1　给定一个可分离路段出行时间成本函数类 C，其中路段出行时间成本函数 $t_a(v_a)$ 是路段总流量 v_a 的连续可微单调递增凸函数。则出行需求划分系数为 $\lambda(\lambda\in[0,1])$ 的刻板用户和利己用户混合交通均衡分配问题等价于下面的 VI 问题，即寻找 $\bar{\boldsymbol{v}}=(\bar{\boldsymbol{v}}^{\mathrm{OU}},\bar{\boldsymbol{v}}^{u})\in\Omega_v^{\mathrm{OU-UE}}$，使得任意的 $\boldsymbol{v}=(\boldsymbol{v}^{\mathrm{OU}},\boldsymbol{v}^{u})\in\Omega_v^{\mathrm{OU}}$，都满足

$$\sum_{a\in A}\{t_{a0}(v_a^{\mathrm{OU}}-\bar{v}_a^{\mathrm{OU}})+t_a(\bar{v}_a^{\mathrm{OU}}+\bar{v}_a^{u})(v_a^{u}-\bar{v}_a^{u})\}\geqslant 0 \tag{7.1}$$

式中，t_{a0} 表示刻板用户在路段 a 上的出行时间成本，即路段 a 的自由流出行时间成本。

由引理 7.1 可知，VI 问题式（7.1）至少存在一个解。设网络中刻板用户和利己用户在路段 a 上的路段理解出行时间成本向量为 $\boldsymbol{c}_a(v_a^{\mathrm{OU}},v_a^{u})=[t_{a0},t_a(v_a)]$。若对任意的路段 a，路段理解出行时间成本向量 $\boldsymbol{c}_a(v_a^{\mathrm{OU}},v_a^{u})$ 是单调映射，则 VI 问题式（7.1）至多有一个解（Kinderlehrer and Stampacchia，1986）。易得，若在任意的路段 a 上，路段出行时间成本函数 $t_a(v_a)$ 都为递增的仿射函数，则 VI 问题式（7.1）有唯一解。

7.1.2　刻板用户和利己用户混合交通均衡分配的效率损失

下面考虑刻板用户和利己用户混合交通均衡分配的效率损失。首先，假设 $\tilde{\boldsymbol{v}}=(\tilde{\boldsymbol{v}}^{\mathrm{OU}},\tilde{\boldsymbol{v}}^{u})\in\Omega_v^{\mathrm{OU-UE}}$ 和 $\tilde{v}_a$ 分别是如下最优化问题的路段流量向量和路段总流量：

$$\min_{v\in\Omega_v^{\mathrm{OU-UE}}}\sum_{a\in A}t_a(v_a)v_a \tag{7.2}$$

则，$T_{\mathrm{OU-UE}}(\tilde{\boldsymbol{v}})=\sum_{a\in A}t_a(\tilde{v}_a)\tilde{v}_a$ 是混合交通网络的最小总出行时间成本。即，$T_{\mathrm{OU-UE}}(\tilde{\boldsymbol{v}})$ 是 SO 时的系统总出行时间成本。类似前面的分析可知，最优化问题式（7.2）有唯一的路段流量最优解，但并不能保证刻板用户的路段流量以及利己用户的路段流量唯一。

设 $\bar{\boldsymbol{v}}=(\bar{\boldsymbol{v}}^{\mathrm{OU}},\bar{\boldsymbol{v}}^{u})$ 是 VI 问题式（7.1）的解，其中 $\bar{\boldsymbol{v}}^{\mathrm{OU}},\bar{\boldsymbol{v}}$ 分别表示刻板用户和利己用户的路段流量向量。定义刻板用户和利己用户混合交通均衡分配的效率损失为

$$\rho_{fx,\mathrm{mix}}^{\mathrm{OU-UE}}=\frac{T_{\mathrm{OU-UE}}(\bar{\boldsymbol{v}})}{T_{\mathrm{OU-UE}}(\tilde{\boldsymbol{v}})} \tag{7.3}$$

式中，$T_{\mathrm{OU-UE}}(\bar{\boldsymbol{v}})=\sum_{a\in A}t_a(\bar{v}_a)\bar{v}_a=\sum_{a\in A}t_a(\bar{v}_a^{\mathrm{OU}}+\bar{v}_a^{u})(\bar{v}_a^{\mathrm{OU}}+\bar{v}_a^{u})$ 是刻板用户和利己用户混合交通均衡分配时系统的总出行时间成本。显然，$\rho_{fx,\mathrm{mix}}^{\mathrm{OU-UE}}\geqslant 1$ 成立。

将 $\tilde{\boldsymbol{v}}$ 分解成 $\boldsymbol{v}^{\mathrm{OU}}=\lambda\tilde{\boldsymbol{v}},\boldsymbol{v}^u=(1-\lambda)\tilde{\boldsymbol{v}}$，则 $v_a^{\mathrm{OU}}=\lambda\tilde{v}_a,v_a^u=(1-\lambda)\tilde{v}_a$，代入 VI 问题式（7.1），可得

$$\sum_{a\in A}\{t_{a0}(\lambda\tilde{v}_a-\overline{v}_a^{\mathrm{OU}})+t_a(\overline{v}_a)[(1-\lambda)\tilde{v}_a-\overline{v}_a^u]\}\geqslant 0 \tag{7.4}$$

化简可得

$$T_{\mathrm{OU-UE}}(\overline{\boldsymbol{v}})\leqslant T_{\mathrm{OU-UE}}(\tilde{\boldsymbol{v}})+\sum_{a\in A}\{\lambda t_{a0}\tilde{v}_a+(1-\lambda)t_a(\overline{v}_a)\tilde{v}_a-t_a(\tilde{v}_a)\tilde{v}_a+t_a(\overline{v}_a)\overline{v}_a^{\mathrm{OU}}-t_{a0}v_a^{\mathrm{OU}}\} \tag{7.5}$$

为界定式（7.5）右边第二项的上界，定义如下参数：

$$\gamma_a(t_a,\overline{v}_a^{\mathrm{OU}},\overline{v}_a^u,\lambda)=\max_{v_a\geqslant 0}\frac{\lambda t_{a0}v_a+(1-\lambda)t_a(\overline{v}_a)v_a-t_a(v_a)v_a+t_a(\overline{v}_a)\overline{v}_a^{\mathrm{OU}}-t_{a0}\overline{v}_a^{\mathrm{OU}}}{t_a(\overline{v}_a)\overline{v}_a} \tag{7.6}$$

由于式（7.6）中的分母是固定值，故求右边的最大值等价于求解下面的一维最优化问题：

$$\max_{v_a\geqslant 0}F_{\mathrm{OU-UE}}(v_a)=\lambda t_{a0}v_a+(1-\lambda)t_a(\overline{v}_a)v_a-t_a(v_a)v_a+t_a(\overline{v}_a)\overline{v}_a^{\mathrm{OU}}-t_{a0}\overline{v}_a^{\mathrm{OU}} \tag{7.7}$$

由路段出行时间成本函数 $t_a(v_a)$ 是路段总流量 v_a 的单调递增凸函数可知，函数 $F_{\mathrm{OU-UE}}(v_a)$ 是变量 v_a 的凹函数。令 $\mathrm{d}F_{\mathrm{OU-UE}}(v_a)/\mathrm{d}v_a=0$，可得

$$t_a(v_a)+v_at_a'(v_a)=t_a(\overline{v}_a)+\lambda[t_{a0}-t_a(\overline{v}_a)] \tag{7.8}$$

式（7.8）有唯一解，可得式（7.7）有唯一最优解 v_a^{opt}。对任意给定的路段出行时间成本函数类 C，设

$$\gamma(C,\lambda)=\max_{t_a\in C,a\in A}\gamma_a(t_a,\overline{v}_a^{\mathrm{OU}},\overline{v}_a^u,\lambda) \tag{7.9}$$

由式（7.6）和式（7.9），可知式（7.5）可改写成

$$T_{\mathrm{OU-UE}}(\overline{\boldsymbol{v}})\leqslant T_{\mathrm{OU-UE}}(\tilde{\boldsymbol{v}})+\gamma(C,\lambda)T_{\mathrm{OU-UE}}(\overline{\boldsymbol{v}}) \tag{7.10}$$

因此有如下的定理。

定理 7.1　给定一个可分离路段出行时间成本函数类 C，其中路段出行时间成本函数 $t_a(v_a)$ 是路段总流量 v_a 的连续可微单调递增凸函数。则出行需求划分系数为 λ 的刻板用户和利己用户混合交通均衡分配的效率损失，满足下式成立

$$\rho_{fx,\mathrm{mix}}^{\mathrm{OU-UE}}\leqslant\frac{1}{1-\gamma(C,\lambda)} \tag{7.11}$$

定理 7.1 表明，效率损失上界依赖于参数值 $\gamma(C,\lambda)$，且为其增函数，此参数值不仅依赖出行需求划分系数 λ，还依赖于路段出行时间成本函数类 C。

定理 7.1 中的效率损失上界是出行需求划分系数为 λ 时，混合交通分配问题在最坏情形下的效率损失上界。由于交通网络中的自由流出行时间成本并不是一个可以忽略的因素，因而实际的效率损失上界比式（7.11）中的值要小。考虑到这点，可以引进一个类似 Correa 等（2004）中的参数来改进均衡的效率损失。

定理 7.2　在出行需求划分系数为 λ 的刻板用户和利己用户混合交通网络中，设 $(\overline{v}_a^{\mathrm{OU}},\overline{v}_a^u)$ 是均衡分配时路段 a 上的流量向量。对任意连续可微单调递增凸函数类 C，若对任意的路段 $a\in A$，存在正常数 $0\leqslant\eta(\overline{\boldsymbol{v}}^{\mathrm{OU}},\overline{\boldsymbol{v}}^u)\leqslant 1$，使得 $t_{a0}\geqslant\eta(\overline{\boldsymbol{v}}^{\mathrm{OU}},\overline{\boldsymbol{v}}^u)t_a(\overline{v}_a)$ 成立。

则，刻板用户和利己用户混合交通均衡分配的效率损失满足

$$\rho_{fx,\text{mix}}^{\text{OU-UE}} \leqslant \frac{1}{1-[1-\eta(\bar{\boldsymbol{v}}^{\text{OU}},\bar{\boldsymbol{v}}^{u})]\gamma(C,\lambda)} \tag{7.12}$$

7.1.3 多项式出行时间成本函数下的效率损失

将多项式出行时间成本函数式（2.62）代入式（7.8），可得

$$t_{a0}+\alpha_a(v_a^{\text{opt}})^p+v_a^{\text{opt}}\alpha_a p(v_a^{\text{opt}})^{p-1}=t_{a0}+\alpha_a(\bar{v}_a)^p-\lambda\alpha_a(\bar{v}_a)^p \tag{7.13}$$

则，$v_a^{\text{opt}}=\left(\frac{1-\lambda}{1+p}\right)^{1/p}\bar{v}_a$。这样，可得

$$\begin{aligned}\gamma(C,\lambda)&=\max_{t_a\in C,a\in A}\gamma_a(t_a,\bar{v}_a^{\text{OU}},\bar{v}_a^{u},\lambda)\\&=\max_{t_a\in C,a\in A}\max_{v_a\geqslant 0}\frac{\lambda t_{a0}v_a+(1-\lambda)t_a(\bar{v}_a)v_a-t_a(v_a)v_a+t_a(\bar{v}_a)\bar{v}_a^{\text{OU}}-t_{a0}\bar{v}_a^{\text{OU}}}{t_a(\bar{v}_a)\bar{v}_a}\\&=\max_{t_a\in C,a\in A}\frac{\left(\frac{1-\lambda}{1+p}\right)^{1/p}\left(1-\lambda-\frac{1-\lambda}{1+p}\right)+\kappa_a}{t_{a0}+\alpha_a(\bar{v}_a)^p}\alpha_a(\bar{v}_a)^p\\&\leqslant\max_{a\in A}[1-\eta(\bar{\boldsymbol{v}}^{\text{OU}},\bar{\boldsymbol{v}}^{u})]\left[\left(\frac{1-\lambda}{1+p}\right)^{1/p}\left(1-\lambda-\frac{1-\lambda}{1+p}\right)+\kappa_a\right]\end{aligned} \tag{7.14}$$

式中，$\kappa_a=\frac{\bar{v}_a^{\text{OU}}}{\bar{v}_a}$，$\eta(\bar{\boldsymbol{v}}^{\text{OU}},\bar{\boldsymbol{v}}^{u})$满足$0\leqslant\eta(\bar{\boldsymbol{v}}^{\text{OU}},\bar{\boldsymbol{v}}^{u})\leqslant 1$，且对任意的路段$a\in A$，都有$t_{a0}\geqslant\eta(\bar{\boldsymbol{v}}^{\text{OU}},\bar{\boldsymbol{v}}^{u})t_a(\bar{v}_a)$成立。由于出行需求划分系数$\lambda$和路段的出行时间成本函数$t_a(v_a)$都影响$\kappa_a$的取值，因此虽然上式右边的最大值有解，但不能给出其一般表达式。

如果网络中没有刻板用户，即$\lambda=0$，则对所有路段而言，$\bar{v}_a^{\text{OU}}=0$，从而$\kappa_a=0$。这样，刻板用户和利己用户混合交通均衡分配问题变为完全利己用户在确定性 UE 下的交通均衡分配问题，此时对应的效率损失为

$$\gamma(C,0)\leqslant[1-\eta(0,\bar{\boldsymbol{v}}^{u})]\left(\frac{p}{1+p}\right)\left(\frac{1}{1+p}\right)^{1/p},\rho_{fx,\text{mix}}^{\text{OU-UE}}\leqslant[1-[1-\eta(0,\bar{\boldsymbol{v}}^{u})]\gamma(C,\lambda)]^{-1}$$

如果不考虑定理 7.2 的情况，即令$\eta(0,\bar{\boldsymbol{v}}^{u})=0$。则，可得多项式路段出行时间成本函数下、与网络拓扑结构无关的确定性 UE 的效率损失上界，即

$$\rho_{fx,\text{mix}}^{\text{OU-UE}}=\rho_{fx}^{\text{UE}}\leqslant\left[1-\left(\frac{p}{1+p}\right)\left(\frac{1}{1+p}\right)^{1/p}\right]^{-1}$$

这就是 Yang 和 Huang（2005）中的结论。若$p=1$，则$\rho_{fx,\text{mix}}^{\text{OU-UE}}=\rho_{fx}^{\text{UE}}\leqslant 4/3$，即 Roughgarden 和 Tardos（2002）中著名的结论。若$\lambda=1$，即网络中的出行者都是刻板用户。则，交通系统的效率损失可能为无穷大。如图 7.1 所示，我们考虑由两条路径组成的单 OD 对平行有向图，路段出行时间成本函数分别为$t_a(v_a)=100v_a$，$t_b(v_b)=\varepsilon$，$0<\varepsilon<1$，固定出行需

求为 $d_{st}=1$。则 SO 原则下唯一的路段流量解为 $v_a=\dfrac{\varepsilon}{200}$，$v_b=\dfrac{200-\varepsilon}{200}$，系统总出行时间成本为 $\dfrac{400\varepsilon-\varepsilon^2}{400}$。显然，此刻板用户均衡分配的路段流量都在路段 a 上，对应的系统总出行时间成本为 100。因此，效率损失为 $\rho=\dfrac{40000}{400\varepsilon-\varepsilon^2}$，显然，当 $\varepsilon\to 0,\rho\to+\infty$，说明若路网中的刻板用户太多，可能造成系统的效率损失过大。

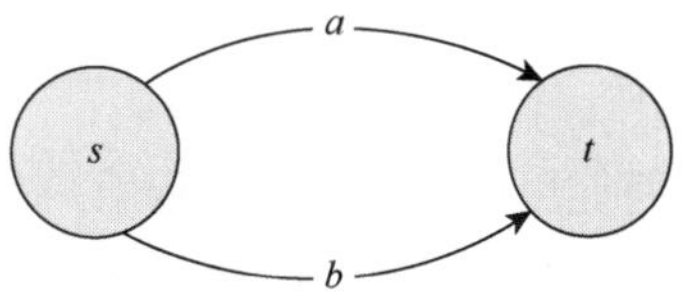

图 7.1　刻板用户网络

7.2　刻板用户和利他用户混合交通均衡分配的模型及效率损失

7.2.1　刻板用户和利他用户混合交通均衡分配模型

假设在刻板用户和利他用户构成的混合交通网络 $G=(N,A)$ 中，刻板用户总是选择自由流时路径出行时间成本最小的路径出行，利他用户在刻板用户选定路径后根据最小化自己的理解出行时间成本选择出行路径，其理解出行时间成本是利己项和利他项的线性组合（详细的定义见定义 5.1）。假设所有利他用户的利他系数都为 ϕ，OD 对 w 间的出行需求为 d_w，$\lambda(\lambda\in[0,1])$ 为交通出行需求划分系数，λd_w 表示 OD 对 w 间刻板用户的出行需求，$(1-\lambda)d_w$ 表示 OD 对 w 间利他用户的出行需求。设 $\boldsymbol{f}^{\mathrm{OU}}$、$\boldsymbol{f}^{\mathrm{AU}}$ 分别为刻板用户、利他用户的路径流量向量，$\boldsymbol{v}^{\mathrm{OU}}$、$\boldsymbol{v}^{\mathrm{AU}}$ 分别表示刻板用户和利他用户的路段流量向量，则刻板用户的路段可行域 Ω_v^{OU} 和利他用户的路段可行域 Ω_v^{AU} 分别为

$$\Omega_v^{\mathrm{OU}}=\left\{\boldsymbol{v}^{\mathrm{OU}}\mid v_a^{\mathrm{OU}}=\sum_{w\in W}\sum_{r\in R_w}f_{rw}^{\mathrm{OU}}\delta_{ar}^{w},a\in A;\sum_{r\in R_w}f_{rw}^{\mathrm{OU}}=\lambda d_w,w\in W;f_{rw}^{\mathrm{OU}}\geqslant 0,r\in R_w,w\in W\right\}\tag{7.15}$$

$$\Omega_v^{\mathrm{AU}}=\left\{\boldsymbol{v}^{\mathrm{AU}}\mid v_a^{\mathrm{AU}}=\sum_{w\in W}\sum_{r\in R_w}f_{rw}^{\mathrm{AU}}\delta_{ar}^{w},a\in A;\sum_{r\in R_w}f_{rw}^{\mathrm{AU}}=(1-\lambda)d_w,w\in W;f_{rw}^{\mathrm{AU}}\geqslant 0,r\in R_w,w\in W\right\}\tag{7.16}$$

设 $\Omega_v^{\mathrm{OU-AU}}=\Omega_v^{\mathrm{OU}}\times\Omega_v^{\mathrm{AU}},v_a=v_a^{\mathrm{OU}}+v_a^{\mathrm{AU}}$。刻板用户认为其在路段上的出行时间成本就是路段出行时间成本函数在自由流时对应的常数。刻板用户在此假设基础上进行路径出行决策。因此，刻板用户的路径选择行为可表为如下的 VI 问题：寻找 $\bar{v}_a^{\mathrm{OU}}\in\Omega_v^{\mathrm{OU}}$，使得任意的 $v_a^{\mathrm{OU}}\in\Omega_v^{\mathrm{OU}}$，都满足

$$\sum_{a\in A}\left\langle t_{a0},v_a^{\mathrm{OU}}-\bar{v}_a^{\mathrm{OU}}\right\rangle\geqslant 0\tag{7.17}$$

式中，t_{a0} 表示路段 a 上的自由流出行时间成本。因此，每个 OD 间的刻板用户都是选择该 OD 对间自由流出行时间成本最小的路径出行（如果有多条路径的自由流出行时间成本和都是最小，可以认为每条路径事先有一个优先序编号，刻板用户选择优先级最高的路径出行）。

由定义 5.1 可以知道利他系数为ϕ的利他用户选择路段a的理解出行时间成本为$t_a^{\phi}(v_a)=t_a(v_a)+\phi v_a t_a'(v_a)$。注意，$\phi=0$表示用户是完全利己用户；$\phi=1$表示用户是完全利他用户；$\phi=-1$表示用户是完全恶意用户。因此，利他用户 AU 的路径选择行为可以表示为如下的 VI 问题：寻找$\overline{v}_a^{\mathrm{AU}}\in\Omega_v^{\mathrm{AU}}$，使得任意的$v_a^{\mathrm{AU}}\in\Omega_v^{\mathrm{AU}}$，都满足

$$\sum_{a\in A}\left\langle t_a(\overline{v}_a)+\phi\overline{v}_a t_a'(\overline{v}_a), v_a^{\mathrm{AU}}-\overline{v}_a^{\mathrm{AU}}\right\rangle\geqslant 0 \tag{7.18}$$

同时求解 VI 问题式（7.17）和式（7.18）得到的路段流量就是刻板用户和利他用户构成的混合交通均衡分配的解。SO 原则假设用户接受统一的调度，使得系统的总出行时间成本最小，可表示为如下的数学规划模型（黄海军，1994）：

$$\min_{\boldsymbol{v}_a\in\Omega_v^{\mathrm{OU-AU}}}\sum_{a\in A}t_a(v_a)v_a \tag{7.19}$$

由路段出行时间成本函数$t_a(v_a)$的假设可知数学规划问题式（7.19）是一个凸规划，因此 SO 模型式（7.19）有唯一的路段流量解。

7.2.2 刻板用户和利他用户混合交通均衡分配的效率损失

设$\tilde{\boldsymbol{v}}=(\tilde{\boldsymbol{v}}^{\mathrm{OU}},\tilde{\boldsymbol{v}}^{\mathrm{AU}})\in\Omega_v^{\mathrm{OU-AU}}$和$\tilde{v}_a$分别是 SO 问题式（7.19）的路段流量向量和对应的路段总流量，$\overline{\boldsymbol{v}}^{\mathrm{OU}},\overline{\boldsymbol{v}}^{\mathrm{AU}}$分别为 VI 问题式（7.17）、式（7.18）同时成立时，网络中刻板用户和利他用户对应的路段流量向量。设刻板用户和利他用户混合交通均衡分配的效率损失为

$$\rho_{fx,\mathrm{mix}}^{\mathrm{OU-AU}}=\frac{T_{\mathrm{OU-AU}}(\overline{\boldsymbol{v}})}{T_{\mathrm{OU-AU}}(\tilde{\boldsymbol{v}})}$$

式中，$T_{\mathrm{OU-AU}}(\overline{\boldsymbol{v}})=\sum_{a\in A}t_a(\overline{v}_a)\overline{v}_a=\sum_{a\in A}t_a(\overline{v}_a^{\mathrm{OU}}+\overline{v}_a^{\mathrm{AU}})(\overline{v}_a^{\mathrm{OU}}+\overline{v}_a^{\mathrm{AU}})$，$T_{\mathrm{OU-AU}}(\tilde{\boldsymbol{v}})=\sum_{a\in A}t_a(\tilde{v}_a)\tilde{v}_a$。显然，$\rho_{fx,\mathrm{mix}}^{\mathrm{OU-AU}}\geqslant 1$。下面，我们来界定$\rho_{fx,\mathrm{mix}}^{\mathrm{OU-AU}}$的上界。

对任意给定的路段出行时间成本函数类C，定义如下的参数：

$$\gamma_a(t_a,\overline{v}_a^{\mathrm{OU}},\overline{v}_a^{\mathrm{AU}},\phi,\lambda)=\max_{v_a\geqslant 0}\frac{(1-\lambda)[t_a(\overline{v}_a)-t_a(v_a)]v_a+\phi\overline{v}_a t_a'(\overline{v}_a)[(1-\lambda)v_a-\overline{v}_a^{\mathrm{AU}}]}{t_a(\overline{v}_a)\overline{v}_a} \tag{7.20}$$

$$\gamma(C,\phi,\lambda)=\max_{t_a\in C,a\in A}\gamma_a(t_a,\overline{v}_a^{\mathrm{OU}},\overline{v}_a^{\mathrm{AU}},\phi,\lambda) \tag{7.21}$$

引理 7.2 $T_{\mathrm{OU-AU}}^{\mathrm{AU}}(\overline{\boldsymbol{v}})=\sum_{a\in A}t_a(\overline{v}_a)\overline{v}_a^{\mathrm{AU}}\leqslant\gamma(C,\phi,\lambda)T_{\mathrm{OU-AU}}(\overline{\boldsymbol{v}})+(1-\lambda)T_{\mathrm{OU-AU}}(\tilde{\boldsymbol{v}})$

证明：由出行需求划分系数为λ，知$\tilde{\boldsymbol{v}}$可分解成$\boldsymbol{v}^{\mathrm{OU}}=\lambda\tilde{\boldsymbol{v}}$和$\boldsymbol{v}^{\mathrm{AU}}=(1-\lambda)\tilde{\boldsymbol{v}}$。则，$v_a^{\mathrm{OU}}=\lambda\tilde{v}_a$，$v_a^{\mathrm{AU}}=(1-\lambda)\tilde{v}_a$，代入 VI 问题式（7.18），可得

$$\sum_{a\in A}\left\langle t_a(\overline{v}_a)+\phi\overline{v}_a t_a'(\overline{v}_a),(1-\lambda)\tilde{v}_a-\overline{v}_a^{\mathrm{AU}}\right\rangle\geqslant 0 \tag{7.22}$$

化简式（7.22），可得

$$
\begin{aligned}
T_{\text{OU-AU}}^{\text{AU}}(\overline{\boldsymbol{v}}) &= \sum_{a\in A} t_a(\overline{v}_a)\overline{v}_a^{\text{AU}} \\
&\leqslant (1-\lambda)T_{\text{OU-AU}}(\tilde{\boldsymbol{v}}) + \sum_{a\in A}\{(1-\lambda)[t_a(\overline{v}_a)-t_a(\tilde{v}_a)]\tilde{v}_a + \phi\overline{v}_a t_a'(\overline{v}_a)[(1-\lambda)\tilde{v}_a - \overline{v}_a^{\text{AU}}]\} \\
&\leqslant \gamma(C,\phi,\lambda)T_{\text{OU-AU}}(\overline{\boldsymbol{v}}) + (1-\lambda)T_{\text{OU-AU}}(\tilde{\boldsymbol{v}})
\end{aligned} \tag{7.23}
$$

下面，先求路段出行时间成本函数为单调递增凸函数时 $\gamma(C,\phi,\lambda)$ 的取值。因为式（7.20）右端的分母是固定值，可证式（7.20）右边分子存在着最大值，并且最大值点满足 $v_a \in [0,\overline{v}_a]$。令

$$
F_{\text{OU-AU}}(v_a) = (1-\lambda)[t_a(\overline{v}_a)-t_a(v_a)]v_a + \phi\overline{v}_a t_a'(\overline{v}_a)[(1-\lambda)v_a - \overline{v}_a^{\text{AU}}], v_a \in [0,+\infty) \tag{7.24}
$$

显然，函数 $F_{\text{OU-AU}}(v_a)$ 在变量 v_a 的定义域 $[0,+\infty)$ 内连续。因此，若 $v_a \geqslant \overline{v}_a$ 时满足 $F_{\text{OU-AU}}'(v_a) \leqslant 0$，则式（7.20）右边分子有最大值，且最大值点位于区间 $[0,\overline{v}_a]$ 内。又

$$
F_{\text{OU-AU}}'(v_a) = (1-\lambda)[t_a(\overline{v}_a) + \phi\overline{v}_a t_a'(\overline{v}_a) - t_a(v_a) - v_a t_a'(v_a)]
$$

$$
F_{\text{OU-AU}}''(v_a) = -(1-\lambda)[2t_a'(v_a) + v_a t_a''(v_a)]
$$

由 $v_a \geqslant \overline{v}_a \geqslant 0, \lambda \in [0,1]$ 及 $t_a(v_a)$ 是单调递增的凸函数可知，$F_{\text{OU-AU}}''(v_a) \leqslant 0$。因此，函数 $F_{\text{OU-AU}}'(v_a)$ 在区间 $v_a \in [\overline{v}_a,+\infty)$ 内递减。考虑到

$$
F_{\text{OU-AU}}'(v_a) = (1-\lambda)[t_a(\overline{v}_a) + \phi\overline{v}_a t_a'(\overline{v}_a) - t_a(v_a) - v_a t_a'(v_a)]
$$

可得 $F_{\text{OU-AU}}'(\overline{v}_a) \leqslant 0$。所以，当 $v_a \geqslant \overline{v}_a$ 时，有 $F_{\text{OU-AU}}'(v_a) \leqslant F_{\text{OU-AU}}'(\overline{v}_a) \leqslant 0$。因此，式（7.20）右边分子有最大值，且最大值点在区间 $[0,\overline{v}_a]$ 内。又因路段出行时间成本函数 $t_a(v_a)$ 是变量 v_a 的单调递增凸函数，则函数 $F_{\text{OU-AU}}(v_a)$ 是变量 v_a 的凹函数。因此，式（7.20）有唯一最优解 v_a^{opt}。

下面，考虑路段出行时间成本函数为多项式函数时的情形，将多项式出行时间成本函数式（2.62）代入 $\dfrac{\mathrm{d}F_{\text{OU-AU}}(v_a)}{\mathrm{d}v_a}=0$，可得

$$
(v_a^{\text{opt}})^p + p(v_a^{\text{opt}})^p = (\overline{v}_a)^p + p\phi(\overline{v}_a)^p
$$

求解此方程，可得 $v_a^{\text{opt}} = \left(\dfrac{1+p\phi}{1+p}\right)^{1/p}\overline{v}_a$。故

$$
\begin{aligned}
\gamma(C,\phi,\lambda) &= \max_{t_a\in C, a\in A} \gamma_a(t_a, \overline{v}_a^{\text{OU}}, \overline{v}_a^{\text{AU}}, \phi, \lambda) \\
&= \max_{t_a\in C, a\in A}\max_{v_a\geqslant 0} \frac{(1-\lambda)[t_a(\overline{v}_a)-t_a(v_a)]v_a + \phi\overline{v}_a t_a'(\overline{v}_a)[(1-\lambda)v_a - \overline{v}_a^{\text{AU}}]}{t_a(\overline{v}_a)\overline{v}_a} \\
&= \max_{t_a\in C, a\in A} \frac{(1-\lambda)p\left(\dfrac{1+p\phi}{1+p}\right)^{1+1/p} - p\phi\kappa_a}{t_{a0}+\alpha_a(\overline{v}_a)^p}\alpha_a(\overline{v}_a)^p \\
&\leqslant \max_{a\in A}\left(p(1-\lambda)\left(\frac{1+p\phi}{1+p}\right)^{1+1/p} - p\phi\kappa_a\right)
\end{aligned} \tag{7.25}
$$

式中，$\kappa_a = \dfrac{\overline{v}_a^{\mathrm{AU}}}{\overline{v}_a}$。值得注意的是，式（7.25）右端的最大值虽然有解，但不能给出最大值的一般表达式。当$\lambda = 0$时，$\kappa_a = 1$，即网络中没有刻板用户，所有的用户都是利他用户，则式(7.25)就是Yu和Huang(2009)中的式(18)。当$\lambda = \phi = 0, p = 1$时，$\gamma(C,0,0) = 0.25$，此时，刻板用户和利他用户的混合交通均衡分配变为经典的固定需求UE交通均衡分配问题，可得效率损失的上界为4/3，即Roughgarden和Tardos（2002）的结论。当$p = 1$，即路段出行时间成本函数为仿射函数$t_a(v_a) = \alpha_a v_a + t_{a0}$时，可得$\gamma(C,\phi,\lambda) \leqslant (1-\lambda)\left(\dfrac{1+\phi}{2}\right)^2$。本节的结论建立在仿射出行时间成本函数的基础上。当路段出行时间成本函数为仿射函数，Karakostas等（2011）得到了如下的结论。

引理 7.3　$T_{\mathrm{OU-AU}}^{\mathrm{OU}}(\overline{\boldsymbol{v}}) = \sum_{a \in A} t_a(\overline{v}_a)\overline{v}_a^{\mathrm{OU}} \leqslant \dfrac{n\lambda D\chi}{\tilde{v}_{\min}} T_{\mathrm{OU-AU}}(\tilde{\boldsymbol{v}})$，其中$D = \sum_{w \in W} d_w, n = |V|, \chi = \dfrac{\max_{a \in A} \alpha_a}{\min_{a \in A} \alpha_a}, \tilde{v}_{\min} = \min_{a \in A} \tilde{v}_a$。

定理 7.3　设在刻板用户和利他用户构成的混合交通网络中，出行需求划分系数为λ，利他用户的利他系数为ϕ，则在仿射出行时间成本函数下，刻板用户和利他用户混合交通均衡分配的效率损失存在上界，即

$$\rho_{fx,\mathrm{mix}}^{\mathrm{OU-AU}} \leqslant \frac{4\left(1-\lambda+\dfrac{n\lambda D\chi}{\tilde{v}_{\min}}\right)}{4-(1-\lambda)(1+\phi)^2} \tag{7.26}$$

证明：由引理 7.2 和引理 7.3，可得

$$\begin{aligned} T_{\mathrm{OU-AU}}(\overline{\boldsymbol{v}}) &= T_{\mathrm{OU-AU}}^{\mathrm{AU}}(\overline{\boldsymbol{v}}) + T_{\mathrm{OU-AU}}^{\mathrm{OU}}(\overline{\boldsymbol{v}}) = \sum_{a \in A} t_a(\overline{v}_a)\overline{v}_a^{\mathrm{AU}} + \sum_{a \in A} t_a(\overline{v}_a)\overline{v}_a^{\mathrm{OU}} \\ &\leqslant \gamma(C,\phi,\lambda) T_{\mathrm{OU-AU}}(\overline{\boldsymbol{v}}) + (1-\lambda) T_{\mathrm{OU-AU}}(\tilde{\boldsymbol{v}}) + \frac{n\lambda D\chi}{\tilde{v}_{\min}} T_{\mathrm{OU-AU}}(\tilde{\boldsymbol{v}}) \end{aligned}$$

因此，

$$\rho_{fx,\mathrm{mix}}^{\mathrm{OU-AU}} = \frac{T_{\mathrm{OU-AU}}(\overline{\boldsymbol{v}})}{T_{\mathrm{OU-AU}}(\tilde{\boldsymbol{v}})} \leqslant \frac{1-\lambda+\dfrac{n\lambda D\chi}{\tilde{v}_{\min}}}{1-\gamma(C,\phi,\lambda)}$$

在仿射出行时间成本函数下，有$\gamma(C,\phi,\lambda) \leqslant (1-\lambda)\left(\dfrac{1+\phi}{2}\right)^2$，故

$$\rho_{fx,\mathrm{mix}}^{\mathrm{OU-AU}} \leqslant \frac{4\left(1-\lambda+\dfrac{n\lambda D\chi}{\tilde{v}_{\min}}\right)}{4-(1-\lambda)(1+\phi)^2}$$

设r_w为OD对w上刻板用户选择的出行路径，则可得定理 7.4。

定理 7.4　设在刻板用户和利他用户构成的混合交通网络中，出行需求划分系数为λ，利他用户的利他系数为ϕ。因此，在仿射出行时间成本函数下，刻板用户和利他用户混合交通均衡分配的效率损失存在上界，即

$$\rho_{fx,\mathrm{mix}}^{\mathrm{OU-AU}} \leqslant \frac{4\left(1-\lambda+\lambda D\sum_{w\in W}\sum_{a\in r_w}(\alpha_a D+t_{a0})/T_{\mathrm{OU-AU}}(\tilde{\boldsymbol{v}})\right)}{4-(1-\lambda)(1+\phi)^2} \tag{7.27}$$

证明：由于

$$\begin{aligned} T_{\mathrm{OU-AU}}^{\mathrm{OU}}(\bar{\mathbf{v}}) &= \sum_{a\in A} t_a(\bar{v}_a)\bar{v}_a^{\mathrm{OU}} = \sum_{a\in A}(\alpha_a\bar{v}_a+t_{a0})\bar{v}_a^{\mathrm{OU}} \\ &= \sum_{w\in W}\sum_{a\in r_w}(\alpha_a\bar{v}_a+t_{a0})\lambda d_w \leqslant \lambda D\sum_{w\in W}\sum_{a\in r_w}(\alpha_a D+t_{a0}) \end{aligned}$$

故

$$T_{\mathrm{OU-AU}}(\bar{\boldsymbol{v}}) \leqslant (1-\lambda)\left(\frac{1+\phi}{2}\right)^2 T_{\mathrm{OU-AU}}(\bar{\boldsymbol{v}})+(1-\lambda)T_{\mathrm{OU-AU}}(\tilde{\boldsymbol{v}})+\lambda D\sum_{w\in W}\sum_{a\in r_w}(\alpha_a D+t_{a0})$$

即

$$\rho_{fx,\mathrm{mix}}^{\mathrm{OU-AU}} \leqslant \frac{4\left(1-\lambda+\lambda D\sum_{w\in W}\sum_{a\in r_w}(\alpha_a D+t_{a0})/T_{\mathrm{OU-AU}}(\tilde{\boldsymbol{v}})\right)}{4-(1-\lambda)(1+\phi)^2}$$

7.3　本 章 小 结

刻板用户在出行前确定了自身的出行路径，且在出行过程中不更改自身的出行方案。因此，有必要探讨包含该类用户的混合交通网络的效率损失。首先，本章利用变分不等式的方法，严格推导了固定需求下刻板用户和利己用户混合交通均衡分配的效率损失上界。研究表明，该类混合交通均衡分配的效率损失上界和均衡状态下的流量分布有关，即和所研究的网络拓扑结构有关，同时还和网络的出行需求划分系数λ有关。同时，本章发现如果路网中的刻板用户太多，则可能造成系统的效率损失过大。其次，本章研究了固定出行需求下，由刻板用户和利他用户组成的混合交通均衡分配的效率损失问题。在构建与出行决策行为等价变分不等式模型的基础上，解析推导了这类混合交通均衡分配在仿射出行时间成本函数下的效率损失上界。研究表明，该上界依赖于路段出行时间成本函数类、出行需求划分系数、利他系数、网络总出行需求、网络路段数目以及网络路段的一致性等方面。

第 8 章　弹性需求下混合交通均衡分配的效率损失

交通出行者的出行目的和原因存在着多样性，出行者在出行前会根据路网的交通现状选择是否出行，因此，交通网络中每一个 OD 对的流量并不是一个固定值，而是一个变量，出行成本越大，选择出行的流量就越少；出行成本越小，愿意选择出行的流量就越大，即每一个 OD 对的交通流量与出行成本函数有关，它们之间的关系通常用需求函数来表示，需求函数是出行成本的一个单调递减函数。Chau 和 Sim（2003）扩展了 Roughgarden 和 Tardos（2002）的结论到非可分对称出行时间成本函数和弹性需求情形，指出了界定弹性需求下的效率损失上界比界定固定需求下的效率损失上界困难。在定义弹性需求下的效率损失为最大社会总剩余和均衡处的社会总剩余之比的基础上，给出了一个弹性需求下效率损失的粗糙上界，该上界为需求函数的函数。在此基础上，Han 等（2008b）考虑路段出行时间成本函数是非对称形式及弹性需求下的效率损失上界。Yang 等（2010）探讨了一般网络中在第二最优收费情形时，固定需求和弹性需求下的效率损失上界。Karakostas 和 Kolliopoulos（2009）界定了弹性需求下多 OD 对异质用户的效率损失上界。Yu 和 Wang（2014）探讨了弹性需求下多用户类交通均衡分配的效率损失上界，分别构建了时间度量出行决策准则下和费用度量出行决策准则下的等价 VI 模型，并通过解析方法分别得到了这两类不同出行决策准则下的效率损失上界和相关影响因素，数值算例证明了解析解的有效性。Feng 等（2014）分别考虑弹性需求下原子可分交通均衡分配在收费和不收费情形时的效率损失上界。

本章探讨弹性需求下混合交通均衡分配的效率损失：首先，探讨弹性需求下利己用户和利他用户混合交通均衡分配的效率损失；其次，考虑弹性需求下多用户类混合交通均衡分配的效率损失；最后，研究收费机制下多用户类弹性需求交通均衡分配的效率损失。

8.1　弹性需求下利己-利他用户混合交通均衡分配的模型及效率损失

8.1.1　弹性需求下利己-利他用户混合交通均衡分配模型

在 5.1 节中，假设利己用户和利他用户控制的出行 OD 对不一定相同。在本节中，假设混合交通网络中的每个 OD 对中，都存在着利己用户和利他用户。在利己-利他用户混合交通网络 $G=(N,A)$ 中，有利己用户 u 和利他用户 i，且利他用户 i 的利他系数为 ϕ_i。利己用户 u 和利他用户 i 在 OD 对 $w\in W$ 间的出行需求分别为 q_w^u, q_w^i；在路径 $r\in R_w, w\in W$ 上的流量分别为 f_{rw}^u, f_{rw}^i；在路段 $a\in A$ 上的流量分别为 v_a^u, v_a^i。$\boldsymbol{v}^u=(\cdots,v_{a-1}^u,v_a^u,v_{a+1}^u,\cdots)$ 表示利己用户的路段流量向量，$\boldsymbol{v}^i=(\cdots,v_{a-1}^i,v_a^i,v_{a+1}^i,\cdots)$ 表示第 i 类利他用户的路段流量向量；$\boldsymbol{v}_a=(v_a^u,v_a^1,\cdots,v_a^i,\cdots)$ 表示路段 a 上的流量向量；$v_a^I=\sum_{i\in I}v_a^i$ 表示路段 a 上所有利他用户的

总流量；$v_a = v_a^u + v_a^I$ 表示路段 a 上的总流量。B_w^u、B_w^i 分别表示利己用户 u 和利他用户 i，在 OD 对 $w \in W$ 间的逆需求函数；路段 a 的出行时间成本函数 $t_a(v_a)$ 是可分离函数，且为路段总流量 v_a 的连续可微单调递增凸函数。

弹性需求下利己-利他用户混合交通网络中的流量守恒和非约束条件如下：

$$q_w^u = \sum_{r \in R_w} f_{rw}^u, \forall w \in W \tag{8.1}$$

$$v_a^u = \sum_{r \in R_w} f_{rw}^u \delta_{ar}^w, \forall a \in A \tag{8.2}$$

$$f_{rw}^u \geqslant 0, r \in R_w, w \in W \tag{8.3}$$

$$q_w^i = \sum_{r \in R_w} f_{rw}^i, \forall w \in W \tag{8.4}$$

$$v_a^i = \sum_{r \in R_w} f_{rw}^i \delta_{ar}^w, \forall a \in A \tag{8.5}$$

$$f_{rw}^i \geqslant 0, r \in R_w, w \in W \tag{8.6}$$

式（8.1）～式（8.6）可写成矩阵形式 $\Omega_{ec}^{\text{UE-AU}} = \{(\boldsymbol{v},\boldsymbol{q}) \mid \boldsymbol{v} = \boldsymbol{\Delta f}, \boldsymbol{\Lambda f} = \boldsymbol{q}, \boldsymbol{f} \geqslant 0, \boldsymbol{q} \geqslant 0\}$，其中 $\boldsymbol{f}$、$\boldsymbol{v}$ 分别表示可行路径和路段流量向量，$\boldsymbol{q}$ 表示出行需求向量。显然，$\Omega_{ec}^{\text{UE-AU}}$ 是闭凸集。

设 $c_a^u(v_a)$ 为利己用户 u 在路段 a 上的出行时间成本，$c_a^i(v_a)$ 表示利他用户 i 在路段 a 上的出行时间成本，则有

$$c_a^u(v_a) = t_a(v_a) \tag{8.7}$$

$$c_a^i(v_a) = t_a(v_a) + \phi_i v_a t_a'(v_a) \tag{8.8}$$

将式（8.7）、式（8.8）代入引理 2.4 中的式（2.41）。则可得如下弹性需求下，利己-利他用户混合均衡交通分配模型如下。

引理 8.1　在弹性需求下利己-利他用户混合交通网络中，$(\overline{\boldsymbol{v}},\overline{\boldsymbol{q}}) \in \Omega_{ec}^{\text{UE-AU}}$ 是该类混合交通均衡分配解的充要条件是对任意的 $(\boldsymbol{v},\boldsymbol{q}) \in \Omega_{ec}^{\text{UE-AU}}$，下面的 VI 问题成立：

$$\begin{aligned} &\sum_{a \in A} t_a(\overline{v}_a)(v_a^u - \overline{v}_a^u) + \sum_{a \in A}\sum_{i \in I}[t_a(\overline{v}_a) + \phi_i \overline{v}_a t_a'(\overline{v}_a)](v_a^i - \overline{v}_a^i) \\ &- \sum_{w \in W} B_w^u(\overline{\boldsymbol{q}})(q_w^u - \overline{q}_w^u) - \sum_{w \in W}\sum_{i \in I} B_w^i(\overline{\boldsymbol{q}})(q_w^i - \overline{q}_w^i) \geqslant 0 \end{aligned} \tag{8.9}$$

弹性需求下利己-利他用户混合交通系统在 $(\boldsymbol{v},\boldsymbol{q}) \in \Omega_{ec}^{\text{UE-AU}}$ 时的社会总剩余为

$$S(\boldsymbol{v},\boldsymbol{q}) = \sum_{w \in W} \int_0^{q_w^u} B_w^u(\omega)\,\mathrm{d}\omega + \sum_{w \in W}\sum_{i \in I} \int_0^{q_w^i} B_w^i(\omega)\,\mathrm{d}\omega - \sum_{a \in A} t_a(v_a) v_a \tag{8.10}$$

是社会总收益 $U(\boldsymbol{v},\boldsymbol{q}) = \sum_{w \in W} \int_0^{q_w^u} B_w^u(\omega)\,\mathrm{d}\omega + \sum_{w \in W}\sum_{i \in I} \int_0^{q_w^i} B_w^i(\omega)\,\mathrm{d}\omega$ 和系统总出行时间成本 $T(\boldsymbol{v}) = \sum_{a \in A} t_a(v_a) v_a$ 之差。则 SO 状态下的解 $(\hat{\boldsymbol{v}},\hat{\boldsymbol{q}}) \in \Omega_{ec}^{\text{UE-AU}}$，即为最优化问题

$$(\hat{\boldsymbol{v}},\hat{\boldsymbol{q}}) = \underset{(\boldsymbol{v},\boldsymbol{q}) \in \Omega_{ec}^{\text{UE-AU}}}{\arg\max}\ S(\boldsymbol{v},\boldsymbol{q}) \tag{8.11}$$

的解。因此，定义弹性需求下利己-利他用户混合交通分配的效率损失为

$$\rho_{ec,\text{mix}}^{\text{UE-AU}}=\frac{S(\hat{\boldsymbol{v}},\hat{\boldsymbol{q}})}{S(\overline{\boldsymbol{v}},\overline{\boldsymbol{q}})} \tag{8.12}$$

易得，$\rho_{ec,\text{mix}}^{\text{UE-AU}}\geqslant 1$。下面界定路段出行时间成本函数为多项式函数时，该类混合均衡交通分配效率损失的上界值。

8.1.2　弹性需求下利己-利他用户混合交通均衡分配的效率损失

在界定弹性需求下利己-利他混合均衡交通分配的效率损失之前，由引理 2.8 可得如下引理。

引理 8.2　如果对任意非负的 $q_w^i, B_w^i(q_w^i)$ 是 q_w^i 的非增函数，那么有

$$\sum_{w\in W}\int_0^{q_w^i}B_w^i(\omega)\mathrm{d}\omega\leqslant\sum_{w\in W}\int_0^{\overline{q}_w^i}B_w^i(\omega)\mathrm{d}\omega+\sum_{w\in W}B_w^i(\overline{q}_w^i)(q_w^i-\overline{q}_w^i) \tag{8.13}$$

同样，下面关系式也成立

$$\sum_{w\in W}\int_0^{q_w^u}B_w^u(\omega)\mathrm{d}\omega\leqslant\sum_{w\in W}\int_0^{\overline{q}_w^u}B_w^u(\omega)\mathrm{d}\omega+\sum_{w\in W}B_w^u(\overline{q}_w^u)(q_w^u-\overline{q}_w^u) \tag{8.14}$$

将式（8.13）和式（8.14）代入式（8.9），化简后，可得

$$S(\overline{\boldsymbol{v}},\overline{\boldsymbol{q}})+\sum_{a\in A}[t_a(\overline{v}_a)-t_a(v_a)]v_a+\sum_{a\in A}\sum_{i\in I}\phi_i\overline{v}_a t_a'(\overline{v}_a)(v_a^i-\overline{v}_a^i)\geqslant S(\boldsymbol{v},\boldsymbol{q}) \tag{8.15}$$

在式（8.15）中，令 $\boldsymbol{v}=\hat{\boldsymbol{v}},\boldsymbol{q}=\hat{\boldsymbol{q}}$，则有

$$\begin{aligned}S(\hat{\boldsymbol{v}},\hat{\boldsymbol{q}})&\leqslant S(\overline{\boldsymbol{v}},\overline{\boldsymbol{q}})+\sum_{a\in A}[t_a(\overline{v}_a)-t_a(\hat{v}_a)]\hat{v}_a+\sum_{a\in A}\sum_{i\in I}\phi_i\overline{v}_a t_a'(\overline{v}_a)(\hat{v}_a^i-\overline{v}_a^i)\\&\leqslant S(\overline{\boldsymbol{v}},\overline{\boldsymbol{q}})+\max_{\boldsymbol{v}\in\Omega_{ec}^{\text{UE-AU}}}\left\{\sum_{a\in A}[t_a(\overline{v}_a)-t_a(v_a)]v_a+\sum_{a\in A}\sum_{i\in I}\phi_i\overline{v}_a t_a'(\overline{v}_a)(v_a^i-\overline{v}_a^i)\right\}\\&\leqslant S(\overline{\boldsymbol{v}},\overline{\boldsymbol{q}})+\max_{\boldsymbol{v}\geqslant\boldsymbol{0}}\left\{\sum_{a\in A}[t_a(\overline{v}_a)-t_a(v_a)]v_a+\sum_{a\in A}\sum_{i\in I}\phi_i\overline{v}_a t_a'(\overline{v}_a)(v_a^i-\overline{v}_a^i)\right\}\end{aligned} \tag{8.16}$$

将多项式出行时间成本函数式（2.62）代入式（8.16），可得

$$S(\hat{\boldsymbol{v}},\hat{\boldsymbol{q}})\leqslant S(\overline{\boldsymbol{v}},\overline{\boldsymbol{q}})+\max_{\boldsymbol{v}\geqslant\boldsymbol{0}}\left\{\sum_{a\in A}\alpha_a[(\overline{v}_a)^p-(v_a)^p]v_a+\sum_{a\in A}\alpha_a p(\overline{v}_a)^p\sum_{i\in I}\phi_i(v_a^i-\overline{v}_a^i)\right\} \tag{8.17}$$

下面，我们考虑式（8.17）中右边第二项的最大值，考虑如下非线性规划问题

$$\max_{\boldsymbol{v}_a\geqslant\boldsymbol{0}}\left\{\alpha_a[(\overline{v}_a)^p-(v_a)^p]v_a+\alpha_a p(\overline{v}_a)^p\sum_{i\in I}\phi_i(v_a^i-\overline{v}_a^i)\right\} \tag{8.18}$$

设

$$F_{ec}^{\text{UE-AU}}(\boldsymbol{v}_a)=\alpha_a[(\overline{v}_a)^p-(v_a)^p]v_a+\alpha_a p(\overline{v}_a)^p\sum_{i\in I}\phi_i(v_a^i-\overline{v}_a^i)$$

因函数 $F_{ec}^{\text{UE-AU}}(\boldsymbol{v}_a)$ 的 Hessian 矩阵是半负定矩阵。故，函数 $F_{ec}^{\text{UE-AU}}(\boldsymbol{v}_a)$ 是 $v_a^u,v_a^i\geqslant 0$ 的凹函数，从而 $F_{ec}^{\text{UE-AU}}(v_a)$ 有唯一的局部最大值。设 λ_a^u,λ_a^i 是约束 $v_a^u\geqslant 0,v_a^i\geqslant 0$ 的 Lagrange 乘子，因此可得式（8.18）的一阶最优性条件如下：

$$\alpha_a(\overline{v}_a)^p - \alpha_a(p+1)(v_a)^p + \lambda_a^u = 0, \forall a \in A \tag{8.19}$$

$$\lambda_a^u \geqslant 0, \lambda_a^u v_a^u = 0, \forall a \in A \tag{8.20}$$

$$\alpha_a(\overline{v}_a)^p - \alpha_a(p+1)(v_a)^p + \alpha_a p\phi_i(\overline{v}_a)^p + \lambda_a^i = 0, \forall a \in A, i \in I \tag{8.21}$$

$$\lambda_a^i \geqslant 0, \lambda_a^i v_a^i = 0, \forall a \in A, i \in I \tag{8.22}$$

结合式（8.19）与式（8.20），可得 $v_a \geqslant \left(\dfrac{1}{1+p}\right)^{1/p} \overline{v}_a$。对任意给定的路段，可知式（8.18）取得最大值当且仅当以下两种情况之一满足：

$$v_a = \left(\frac{1}{1+p}\right)^{1/p} \overline{v}_a \tag{8.23}$$

$$v_a > \left(\frac{1}{1+p}\right)^{1/p} \overline{v}_a \tag{8.24}$$

如果式（8.23）成立，将其代入式（8.19），可得 $\lambda_a^u = 0, v_a^u \geqslant 0$。将式（8.23）代入式（8.21），可得

$$\alpha_a p\phi_i(\overline{v}_a)^p + \lambda_a^i = 0, i \in I \tag{8.25}$$

由于式（8.25）中所有参数都是非负的，故 $\lambda_a^i = 0, i \in I$ 且 $\overline{v}_a, \alpha_a, \phi_i$ 中至少有一个为 0。如果 $\overline{v}_a = 0$，则由式（8.23），可得 $v_a = 0$，进而 $F_{ec}^{\text{UE-AU}}(\boldsymbol{v}_a) = 0$；如果 $\alpha_a = 0$，则可得出行时间成本为一个常数，显然，$F_{ec}^{\text{UE-AU}}(\boldsymbol{v}_a) = 0$；如果 $\phi_i = 0$，由式（8.18）有

$$\begin{aligned}
&\max_{v_a \geqslant 0}\left\{\alpha_a[(\overline{v}_a)^p - (v_a)^p]v_a + \alpha_a p(\overline{v}_a)^p \sum_{i \in I}\phi_i(v_a^i - \overline{v}_a^i)\right\} \\
&= \alpha_a\left\{(\overline{v}_a)^p - \left(\left(\frac{1}{1+p}\right)^{1/p}\overline{v}_a\right)^p\right\}\left(\frac{1}{1+p}\right)^{1/p}\overline{v}_a \\
&= \alpha_a\left(\frac{p}{1+p}\right)\left(\frac{1}{1+p}\right)^{1/p}(\overline{v}_a)^{p+1} \\
&\leqslant \left(\frac{p}{1+p}\right)\left(\frac{1}{1+p}\right)^{1/p} t_a(\overline{v}_a)\overline{v}_a
\end{aligned} \tag{8.26}$$

式中，最后一个不等式成立的原因是对任意的 $a \in A, t_{a0} \geqslant 0$。

如果式（8.24）成立，则由式（8.19）和式（8.20），可知 $\lambda_a^u > 0, v_a^u = 0$。因此，式（8.21）蕴含着如果 $\lambda_a^{i_1} < \lambda_a^{i_2}$，则 $\phi_{i_1} > \phi_{i_2}$，进而由式（8.22）可得 $v_a^{i_1} \geqslant v_a^{i_2} = 0$。不妨设 $\phi_{\overline{i}}$、$\phi_{\underline{i}}$ 分别为路段 a 上最大的利他系数和最小的利他系数。由 $v_a^u = 0$ 和 $v_a = v_a^u + \sum_{i \in I} v_a^i$ 可知，式（8.21）中的 $v_a = v_a^{\overline{i}} = \left(\dfrac{1+p\phi_{\overline{i}}}{1+p}\right)^{1/p} \overline{v}_a$。故

$$\max_{v_a \geqslant 0} \left\{ \alpha_a [(\overline{v}_a)^p - (v_a)^p] v_a + \alpha_a p (\overline{v}_a)^p \sum_{i \in I} \phi_i (v_a^i - \overline{v}_a^i) \right\}$$

$$= \alpha_a (1-\phi_{\bar{i}}) \left(\frac{p}{1+p}\right) \left(\frac{1+p\phi_{\bar{i}}}{1+p}\right)^{1/p} (\overline{v}_a)^{p+1} + \alpha_a p \phi_{\bar{i}} \left[\left(\frac{1+p\phi_{\bar{i}}}{1+p}\right)^{1/p} - \gamma_a\right] (\overline{v}_a)^{p+1}$$

$$- \alpha_a p (\overline{v}_a)^p \sum_{i \in I, i \neq \bar{i}} \phi_i \overline{v}_a^i$$

$$\leqslant \alpha_a (1-\phi_{\bar{i}}) \left(\frac{p}{1+p}\right) \left(\frac{1+p\phi_{\bar{i}}}{1+p}\right)^{1/p} (\overline{v}_a)^{p+1} + \alpha_a p \phi_{\bar{i}} \left[\left(\frac{1+p\phi_{\bar{i}}}{1+p}\right)^{1/p} - \gamma_a\right] (\overline{v}_a)^{p+1}$$

$$- \alpha_a p \phi_{\underline{i}} (\overline{v}_a)^p \sum_{i \in I, i \neq \bar{i}} \overline{v}_a^i$$

$$\leqslant \alpha_a (1-\phi_{\bar{i}}) \left(\frac{p}{1+p}\right) \left(\frac{1+p\phi_{\bar{i}}}{1+p}\right)^{1/p} (\overline{v}_a)^{p+1} + \alpha_a p \phi_{\bar{i}} \left[\left(\frac{1+p\phi_{\bar{i}}}{1+p}\right)^{1/p} - \gamma_a\right] (\overline{v}_a)^{p+1} \tag{8.27}$$

$$- \alpha_a p \phi_{\underline{i}} (1-\gamma_a - \kappa_a) (\overline{v}_a)^{p+1}$$

$$\leqslant \alpha_a \varsigma_a (\overline{v}_a)^{p+1}$$

$$\leqslant \varsigma_a t_a (\overline{v}_a) \overline{v}_a$$

式中，$\gamma_a = \dfrac{\overline{v}_a^{\bar{i}}}{\overline{v}_a}, \kappa_a = \dfrac{\overline{v}_a^u}{\overline{v}_a}, 0 \leqslant \gamma_a \leqslant 1, 0 \leqslant \kappa_a \leqslant 1, 0 \leqslant \gamma_a + \kappa_a \leqslant 1$，且

$$\varsigma_a = (1-\phi_{\bar{i}}) \left(\frac{p}{1+p}\right) \left(\frac{1+p\phi_{\bar{i}}}{1+p}\right)^{1/p} + p\phi_{\bar{i}} \left[\left(\frac{1+p\phi_{\bar{i}}}{1+p}\right)^{1/p} - \gamma_a\right] - p\phi_{\underline{i}} (1-\gamma_a - \kappa_a) \tag{8.28}$$

式中，最后一个不等式成立是因为对任意 $a \in A, t_{a0} \geqslant 0$。如果 $\overline{v}_a = 0$，则有 $v_a = 0$ 和 $F_{ec}^{\text{UE-AU}}(\boldsymbol{v}_a) = 0$，这种情况，定义 $\varsigma_a = 0$。

所以，最优化问题式（8.18）取得最优值的条件是式（8.26）或式（8.27）成立，令

$$\xi_a = \max \left\{ \left(\frac{p}{1+p}\right) \left(\frac{1}{1+p}\right)^{1/p}, \varsigma_a \right\}, \xi = \max_{a \in A} \xi_a \tag{8.29}$$

那么，式（8.17）可被改写为

$$S(\hat{\boldsymbol{v}}, \hat{\boldsymbol{q}}) \leqslant S(\overline{\boldsymbol{v}}, \overline{\boldsymbol{q}}) + \xi T(\overline{\boldsymbol{v}}) \tag{8.30}$$

根据以上分析，可得如下定理。

定理 8.1 在弹性需求下利己-利他用户混合交通网络中，若路段出行时间成本函数为多项式函数，$(\overline{\boldsymbol{v}}, \overline{\boldsymbol{q}}) \in \Omega_{ec}^{\text{UE-AU}}$ 是 VI 问题式（8.9）的最优解，$(\hat{\boldsymbol{v}}, \hat{\boldsymbol{q}}) \in \Omega_{ec}^{\text{UE-AU}}$ 是最优化问题式（8.11）的最优解。则此交通网络在均衡时的效率损失满足

$$\rho_{ec,\text{mix}}^{\text{UE-AU}} \leqslant 1 + \xi[\omega(\overline{\boldsymbol{v}}, \overline{\boldsymbol{q}}) - 1] \tag{8.31}$$

式中，ξ 由式（8.28）和式（8.29）确定，$\omega(\overline{\boldsymbol{v}}, \overline{\boldsymbol{q}}) = \dfrac{U(\overline{\boldsymbol{v}}, \overline{\boldsymbol{q}})}{S(\overline{\boldsymbol{v}}, \overline{\boldsymbol{q}})} \geqslant 1$。

如果交通网络上所有的用户均是利己用户，则最优化问题式（8.18）达到最优时仅有式（8.26）成立。此时有

$$\xi=\left(\frac{p}{1+p}\right)\left(\frac{1}{1+p}\right)^{1/p}$$

则式（8.31）即为

$$\rho_{ec,\mathrm{mix}}^{\mathrm{UE-AU}}=\rho_{ec}^{\mathrm{UE}}\leqslant 1+\left(\frac{p}{1+p}\right)\left(\frac{1}{1+p}\right)^{1/p}[\omega(\bar{\boldsymbol{v}},\bar{\boldsymbol{q}})-1]$$

即式（2.70）在多项式出行时间成本函数时的情形。

当交通网络中只有利他用户，则最优化问题式（8.18）达到最优时仅有式（8.27）成立。此时，对任意的路段 a 有 $\kappa_a=0$，则式（8.28）变为

$$\varsigma_a'=(1-\phi_{\bar{i}})\left(\frac{p}{1+p}\right)\left(\frac{1+p\phi_{\bar{i}}}{1+p}\right)^{1/p}+p\phi_{\bar{i}}\left[\left(\frac{1+p\phi_{\bar{i}}}{1+p}\right)^{1/p}-\gamma_a\right]-p\phi_{\bar{i}}(1-\gamma_a)\tag{8.32}$$

令 $\xi'=\max\limits_{a\in A}\varsigma_a'$，则可得只有利他用户的弹性需求交通均衡分配的效率损失为

$$\rho_{ec,\mathrm{mix}}^{\mathrm{UE-AU}}=\rho_{ec}^{\mathrm{AU},\phi_i}\leqslant 1+\xi'[\omega(\bar{\boldsymbol{v}},\bar{\boldsymbol{q}})-1]\tag{8.33}$$

若所有利他用户的利他系数一样，即若 $\forall i\in I,\phi_i=\phi$，则

$$\gamma_a=1,\varsigma_a'=\xi'=p\left(\frac{1+p\phi}{1+p}\right)^{1+1/p}-p\phi$$

故式（8.33）为

$$\rho_{ec,\mathrm{mix}}^{\mathrm{UE-AU}}=\rho_{ec}^{\mathrm{AU},\phi}\leqslant 1+p\left[\left(\frac{1+p\phi}{1+p}\right)^{1+1/p}-\phi\right][\omega(\bar{\boldsymbol{v}},\bar{\boldsymbol{q}})-1]$$

进而，若利他用户是完全利他用户，即 $\phi=1$。显然可得此时效率损失的上界为 1，即在完全利他情形下，交通网络不存在效率损失。

8.2　弹性需求下多用户类混合交通均衡分配的模型及效率损失

8.2.1　弹性需求下多用户类混合交通均衡分配模型

在 2.1.3 节定义的基础上，假设 q_w^m 是第 m 类用户在 OD 对 $w\in W$ 间的弹性出行需求，$B_w^m(\cdot)$ 是 OD 对 $w\in W$ 间第 m 类用户的逆需求函数。显然，下面的流量守恒条件和非负约束条件成立：

$$v_a^m=\sum_{w\in W}\sum_{r\in R_w}f_{rw}^m\delta_{ar}^w,\forall a\in A,m=1,2,\cdots,M\tag{8.34}$$

$$v_a=\sum_{m=1}^{M}v_a^m,\forall a\in A,m=1,2,\cdots,M\tag{8.35}$$

$$\sum_{r\in R_w} f_{rw}^m = q_w^m, \forall w\in W, m=1,2,\cdots,M \tag{8.36}$$

$$f_{rw}^m \geqslant 0, \forall r\in R_w, w=W, m=1,2,\cdots,M \tag{8.37}$$

$$q_w^m \geqslant 0, \forall w\in W, m=1,2,\cdots,M \tag{8.38}$$

式（8.34）～式（8.38）可写成如下矩阵形式 $\Omega_{ec}^M = \{(\boldsymbol{v},\boldsymbol{q}) \mid \boldsymbol{v}=\boldsymbol{\Delta f}, \boldsymbol{\Lambda f}=\boldsymbol{q}, \boldsymbol{f}\geqslant \boldsymbol{0}, \boldsymbol{q}\geqslant \boldsymbol{0}\}$。显然，$\Omega_{ec}^M$ 是闭凸集。

在时间度量出行决策准则下，第 m 类用户在路段 a 上的出行成本 c_a^m 就是其在该路段上的实际出行时间成本，即

$$c_a^m(v_a) = t_a(v_a), a\in A, m=1,2,\cdots,M \tag{8.39}$$

相应的，在费用度量出行决策准则下，第 m 类用户的出行成本 c_a^m 为其 VOT 与路段 a 上的实际出行时间成本的乘积，即其在路段 a 上的实际出行费用成本，即

$$c_a^m(v_a) = \beta_m t_a(v_a), a\in A, m=1,2,\cdots,M \tag{8.40}$$

将式（8.39）和式（8.40）分别代入引理 2.4 中的式（2.41），并结合式（8.34）和式（8.35），则可得时间度量和费用度量出行决策准则下的 VI 模型分别为

$$\sum_{a\in A} t_a(\overline{\boldsymbol{v}})(v_a-\overline{v}_a) - \sum_{w\in W}\sum_{m=1}^{M} B_w^m(\overline{\boldsymbol{q}})(q_w^m-\overline{q}_w^m) \geqslant 0, \forall(\boldsymbol{v},\boldsymbol{q})\in \Omega_{ec}^M \tag{8.41}$$

$$\sum_{m=1}^{M}\sum_{a\in A} \beta_m t_a(\overline{\boldsymbol{v}})(v_a^m-\overline{v}_a^m) - \sum_{w\in W}\sum_{m=1}^{M} \beta_m B_w^m(\overline{\boldsymbol{q}})(q_w^m-\overline{q}_w^m) \geqslant 0, \forall(\boldsymbol{v},\boldsymbol{q})\in \Omega_{ec}^M \tag{8.42}$$

8.2.2 时间度量下的效率损失

设 $(\overline{\boldsymbol{v}},\overline{\boldsymbol{q}})\in \Omega_{ec}^M$ 是 VI 问题式（8.41）的解。定义时间度量出行决策准则下，系统的社会总收益和总出行时间成本分别为

$$U(\boldsymbol{v},\boldsymbol{q}) = \sum_{w\in W}\sum_{m=1}^{M}\int_0^{q_w^m} B_w^m(\omega)\mathrm{d}\omega, T(\boldsymbol{v}) = \sum_{a\in A} t_a(v_a)v_a$$

则在时间度量出行决策准则下，系统的社会总剩余

$$S(\boldsymbol{v},\boldsymbol{q}) = U(\boldsymbol{v},\boldsymbol{q}) - T(\boldsymbol{v})$$

设在时间度量出行决策准则下，SO 的解为 $(\hat{\boldsymbol{v}},\hat{\boldsymbol{q}})\in \Omega_{ec}^M$。即

$$(\hat{\boldsymbol{v}},\hat{\boldsymbol{q}}) = \underset{(\boldsymbol{v},\boldsymbol{q})\in\Omega_{ec}^M}{\arg\max}\, S(\boldsymbol{v},\boldsymbol{q}) \tag{8.43}$$

当出行时间成本函数 $t_a(v_a)$ 满足 $t_a''(v_a)>0$ 时，式（8.43）有唯一的总路段流量和唯一的路段流量解，但每类用户的路段流量解并不一定唯一（Clark et al.，2009；Wang and Huang，2013）。定义弹性需求下多用户类交通均衡分配在时间度量出行决策准则下的效率损失为

$$\rho_{ec,M}^{\mathrm{UE},t} = \frac{S(\hat{\boldsymbol{v}},\hat{\boldsymbol{q}})}{S(\overline{\boldsymbol{v}},\overline{\boldsymbol{q}})} \tag{8.44}$$

显然，$\rho_{ec,M}^{\mathrm{UE},t} \geqslant 1$。

由引理 2.8，我们可得如下引理。

引理 8.3　如果逆需求函数 $B_w^m(q_w^m)$ 是关于 $q_w^m \geqslant 0$ 的非增函数，则

$$\sum_{w\in W}\sum_{m=1}^{M}\int_0^{q_w^m} B_w^m(\omega)\mathrm{d}\omega \leqslant \sum_{w\in W}\sum_{m=1}^{M}\int_0^{\bar{q}_w^m} B_w^m(\omega)\mathrm{d}\omega + \sum_{w\in W}\sum_{m=1}^{M} B_w^m(\bar{q}_w^m)(q_w^m - \bar{q}_w^m) \tag{8.45}$$

证明：因为 $B_w^m(q_w^m)$ 是 q_w^m 的非增函数，故

$$(q_w^m - \bar{q}_w^m)B_w^m(\bar{q}_w^m) \geqslant \int_{\bar{q}_w^m}^{q_w^m} B_w^m(\omega)\mathrm{d}\omega, w\in W, m=1,2,\cdots,M \tag{8.46}$$

即

$$\int_0^{q_w^m} B_w^m(\omega)\mathrm{d}\omega \leqslant \int_0^{\bar{q}_w^m} B_w^m(\omega)\mathrm{d}\omega + B_w^m(\bar{q}_w^m)(q_w^m - \bar{q}_w^m), w\in W, m=1,2,\cdots,M \tag{8.47}$$

对所有的 $w\in W$ 和 $m=1,2,\cdots,M$ 求和，则可得结论成立。

定理 8.2　给定一个可分离路段出行时间成本函数类 C，其中路段出行时间成本函数 $t_a(v_a)$ 是路段总流量 v_a 的连续可微单调递增凸函数。设 $S(\bar{\boldsymbol{v}},\bar{\boldsymbol{q}})$ 和 $S(\hat{\boldsymbol{v}},\hat{\boldsymbol{q}})$ 分别是时间度量出行决策准则下，UE 时的社会总剩余和系统最大社会总剩余，则时间度量出行决策准则下多用户类弹性需求交通均衡分配的效率损失存在上界，即

$$\rho_{ec,M}^{\mathrm{UE},t} = \frac{S(\hat{\boldsymbol{v}},\hat{\boldsymbol{q}})}{S(\bar{\boldsymbol{v}},\bar{\boldsymbol{q}})} \leqslant 1 + [\omega(\bar{\boldsymbol{v}},\bar{\boldsymbol{q}})-1]\gamma(C) \tag{8.48}$$

这里

$$\gamma(C) = \max_{t_a\in C, z_a\geqslant 0}\max_{v_a\geqslant 0}\frac{[t_a(z_a)-t_a(v_a)]v_a}{t_a(z_a)z_a}$$

$$\omega(\bar{\boldsymbol{v}},\bar{\boldsymbol{q}}) = \frac{U(\bar{\boldsymbol{v}},\bar{\boldsymbol{q}})}{S(\bar{\boldsymbol{v}},\bar{\boldsymbol{q}})} = \frac{\sum_{w\in W}\sum_{m=1}^{M}\int_0^{\bar{q}_w^m} B_w^m(\omega)\mathrm{d}\omega}{\sum_{w\in W}\sum_{m=1}^{M}\int_0^{\bar{q}_w^m} B_w^m(\omega)\mathrm{d}\omega - \sum_{a\in A} t_a(\bar{v}_a)\bar{v}_a} \geqslant 1$$

证明：由于 $(\bar{\boldsymbol{v}},\bar{\boldsymbol{q}})$ 是 VI 问题式（8.41）的解，所以

$$\sum_{a\in A} t_a(\bar{\boldsymbol{v}})(v_a - \bar{v}_a) - \sum_{w\in W}\sum_{m=1}^{M} B_w^m(\bar{\boldsymbol{q}})(q_w^m - \bar{q}_w^m) \geqslant 0, \forall(\boldsymbol{v},\boldsymbol{q})\in \Omega_{ec}^M$$

结合上式和式（8.45），可得

$$\begin{aligned}&\sum_{w\in W}\sum_{m=1}^{M}\int_0^{\bar{q}_w^m} B_w^m(\omega)\mathrm{d}\omega - \sum_{a\in A} t_a(\bar{v}_a)\bar{v}_a - \left\{\sum_{w\in W}\sum_{m=1}^{M}\int_0^{q_w^m} B_w^m(\omega)\mathrm{d}\omega - \sum_{a\in A} t_a(v_a)v_a\right\}\\ &\quad + \sum_{a\in A}[t_a(\bar{v}_a) - t_a(v_a)]v_a \geqslant 0\end{aligned} \tag{8.49}$$

即

$$S(\bar{\boldsymbol{v}},\bar{\boldsymbol{q}}) - S(\boldsymbol{v},\boldsymbol{q}) + \gamma(C)T(\bar{\boldsymbol{v}}) \geqslant 0 \tag{8.50}$$

在式（8.50）中，令 $(\boldsymbol{v},\boldsymbol{q}) = (\hat{\boldsymbol{v}},\hat{\boldsymbol{q}})$。根据式（8.44），可得

$$\rho_{ec,M}^{\mathrm{UE},t} \leqslant 1 + \gamma(C)\frac{T(\bar{\boldsymbol{v}})}{S(\bar{\boldsymbol{v}},\bar{\boldsymbol{q}})}$$

又因为 $T(\bar{\boldsymbol{v}}) = U(\bar{\boldsymbol{v}},\bar{\boldsymbol{q}}) - S(\bar{\boldsymbol{v}},\bar{\boldsymbol{q}})$ 成立，所以可得式（8.48）成立。

由定理 8.2 可知，时间度量出行决策准则下的弹性需求多用户类混合交通均衡分配的效率损失上界与参数 $\gamma(C),\omega(\bar{\boldsymbol{v}},\bar{\boldsymbol{q}})$ 有关。同时，满足下面关系：

（1）效率损失上界是 $\gamma(C)$ 的增函数，$\gamma(C)$ 是一个与路段出行时间成本函数类相关的参数；

（2）效率损失上界是 $\omega(\bar{\boldsymbol{v}},\bar{\boldsymbol{q}})$ 的增函数，参数 $\omega(\bar{\boldsymbol{v}},\bar{\boldsymbol{q}})$ 是时间度量出行决策准则下 UE 时的社会总收益与社会总剩余之比。

8.2.3 费用度量下的效率损失

设 $(\bar{\boldsymbol{v}},\bar{\boldsymbol{q}})\in\Omega_{ec}^{M}$ 是 VI 问题式（8.42）的解。类似 8.2.2 节，定义费用度量出行决策准则下系统的社会总收益和总出行费用成本分别为

$$\breve{U}(\boldsymbol{v},\boldsymbol{q})=\sum_{w\in W}\sum_{m=1}^{M}\int_{0}^{q_w^m}\beta_m B_w^m(\omega)\mathrm{d}\omega,\breve{T}(\boldsymbol{v})=\sum_{a\in A}\sum_{m=1}^{M}\beta_m t_a(v_a)v_a^m$$

则费用度量出行决策准则下系统的社会总剩余 $\breve{S}(\boldsymbol{v},\boldsymbol{q})=\breve{U}(\boldsymbol{v},\boldsymbol{q})-\breve{T}(\boldsymbol{v})$。设费用度量出行决策准则下 SO 的解为 $(\breve{\boldsymbol{v}},\breve{\boldsymbol{q}})\in\Omega_{ec}^{M}$，即

$$(\breve{\boldsymbol{v}},\breve{\boldsymbol{q}})=\underset{(\boldsymbol{v},\boldsymbol{q})\in\Omega_{ec}^{M}}{\arg\max}\,\breve{S}(\boldsymbol{v},\boldsymbol{q}) \tag{8.51}$$

当出行时间成本函数 $t_a(v_a)$ 满足 $t_a''(v_a)>0$ 时，式（8.51）有唯一的总路段流量和唯一的路段流量解，但每类用户的路段流量解并不一定唯一（Clark et al.，2009；Wang and Huang，2013）。费用度量出行决策准则下，UE 时的社会总剩余为 $\breve{S}(\bar{\boldsymbol{v}},\bar{\boldsymbol{q}})$。定义弹性需求下多用户类交通均衡分配在费用度量出行决策准则下的效率损失为

$$\rho_{ec,M}^{\mathrm{UE},c}=\frac{\breve{S}(\breve{\boldsymbol{v}},\breve{\boldsymbol{q}})}{\breve{S}(\bar{\boldsymbol{v}},\bar{\boldsymbol{q}})} \tag{8.52}$$

显然，$\rho_{ec,M}^{\mathrm{UE},c}\geqslant 1$。

由引理 2.8，我们可得如下引理。

引理 8.4 如果逆需求函数 $B_w^m(q_w^m)$ 是关于 $q_w^m\geqslant 0$ 的非增函数，则

$$\sum_{w\in W}\sum_{m=1}^{M}\int_{0}^{q_w^m}\beta_m B_w^m(\omega)\mathrm{d}\omega\leqslant\sum_{w\in W}\sum_{m=1}^{M}\int_{0}^{\bar{q}_w^m}\beta_m B_w^m(\omega)\mathrm{d}\omega+\sum_{w\in W}\sum_{m=1}^{M}\beta_m B_w^m(\bar{q}_w^m)(q_w^m-\bar{q}_w^m) \tag{8.53}$$

证明：因为 $B_w^m(q_w^m)$ 是 q_w^m 的非增函数，因此有

$$(q_w^m-\bar{q}_w^m)B_w^m(\bar{q}_w^m)\geqslant\int_{\bar{q}_w^m}^{q_w^m}B_w^m(\omega)\mathrm{d}\omega,w\in W,m=1,2,\cdots,M \tag{8.54}$$

又由于 $\beta_m>0$，所以

$$\beta_m(q_w^m-\bar{q}_w^m)B_w^m(\bar{q}_w^m)\geqslant\int_{\bar{q}_w^m}^{q_w^m}\beta_m B_w^m(\omega)\mathrm{d}\omega,w\in W,m=1,2,\cdots,M$$

即

$$\int_{0}^{q_w^m}\beta_m B_w^m(\omega)\mathrm{d}\omega\leqslant\int_{0}^{\bar{q}_w^m}\beta_m B_w^m(\omega)\mathrm{d}\omega+\beta_m B_w^m(\bar{q}_w^m)(q_w^m-\bar{q}_w^m),\omega\in W,m=1,2,\cdots,M \tag{8.55}$$

对所有的 $w \in W$ 和 $m = 1,2,\cdots,M$ 求和，则可得式（8.53）成立。

对任意的路段出行时间成本函数 $t_a = t_a(z_a)$，非负路段流量 $z_a \geqslant 0$ 和 VOT $\beta_m, m = 1,2,\cdots,M$，定义如下参数：

$$\gamma_a(t_a, z_a, \boldsymbol{\beta}) = \frac{1}{\sum_{m=1}^{M} \beta_m z_a^m t_a(z_a)} \max_{v_a^m \geqslant 0} \left\{ \sum_{m=1}^{M} \beta_m v_a^m [t_a(z_a) - t_a(v_a)] \right\} \tag{8.56a}$$

这里，假定 0/0 = 0。为保证 $\gamma_a(z_a, t_a, \boldsymbol{\beta}) < 1$，定义

$$\overline{\gamma}(C, \boldsymbol{\beta}) = \sup_{t_a \in C, a \in A_1} \gamma_a(t_a, z_a, \boldsymbol{\beta}) \tag{8.56b}$$

这里，$A_1 = \{a \in A \mid \gamma_a(z_a, t_a, \boldsymbol{\beta}) < 1\}$。进而定义

$$\tilde{\gamma}(C, \boldsymbol{\beta}) = \sup_{t_a \in C} g(t_a, z_a, \boldsymbol{\beta}) \tag{8.56c}$$

和

$$g(t_a, z_a, \boldsymbol{\beta}) = \max_{v_a^m \geqslant 0, a \notin A_1} h(x) = \frac{\sum_{m=1}^{M} \beta_m v_a^m [t_a(z_a) - t_a(v_a)]}{\sum_{m=1}^{M} \beta_m v_a^m t_a(v_a)}$$

则，$\tilde{\gamma}(C, \boldsymbol{\beta}) > -1$。进一步可得，对任意的 $m = 1,2,\cdots,M$，都有当 $v_a^m \to +\infty$ 时，$h(x) \to -1$；当 $v_a^m \to 0$ 时，$h(x) \to +\infty$。

在定义式（8.56a）中，用 $\breve{v}_a$ 和 $\overline{v}_a$ 分别代替 v_a 和 z_a，则有

$$\sum_{m=1}^{M} \beta_m \breve{v}_a^m [t_a(\overline{v}_a) - t_a(\breve{v}_a)] \leqslant \gamma_a(t_a, \overline{v}_a, \boldsymbol{\beta}) \sum_{m=1}^{M} \beta_m \overline{v}_a^m t_a(\overline{v}_a) \tag{8.57}$$

所以

$$\begin{aligned} & \sum_{a \in A} \sum_{m=1}^{M} \beta_m \breve{v}_a^m [t_a(\overline{v}_a) - t_a(\breve{v}_a)] \\ & = \sum_{a \in A_1} \sum_{m=1}^{M} \beta_m \breve{v}_a^m [t_a(\overline{v}_a) - t_a(\breve{v}_a)] + \sum_{a \notin A_1} \sum_{m=1}^{M} \beta_m \breve{v}_a^m [t_a(\overline{v}_a) - t_a(\breve{v}_a)] \\ & \leqslant \overline{\gamma}(C, \boldsymbol{\beta}) \breve{T}(\overline{\boldsymbol{v}}) + \tilde{\gamma}(C, \boldsymbol{\beta}) \breve{T}(\breve{\boldsymbol{v}}) \end{aligned} \tag{8.58}$$

由定义式（8.56b）和式（8.56c），可得式（8.58）最后的不等式成立。

再定义

$$\omega = \frac{\breve{U}(\breve{\boldsymbol{v}}, \breve{\boldsymbol{q}})}{\breve{S}(\overline{\boldsymbol{v}}, \overline{\boldsymbol{q}})} = \frac{\sum_{w \in W} \sum_{m=1}^{M} \int_0^{\breve{q}_w^m} \beta_m B_w^m(\omega) \mathrm{d}\omega}{\sum_{w \in W} \sum_{m=1}^{M} \int_0^{\overline{q}_w^m} \beta_m B_w^m(\omega) \mathrm{d}\omega - \sum_{a \in A} \sum_{m=1}^{M} \beta_m t_a(\overline{v}_a) \overline{v}_a^m} \tag{8.59}$$

和

$$\breve{\omega}(\bar{\boldsymbol{v}},\bar{\boldsymbol{q}})=\frac{\breve{U}(\bar{\boldsymbol{v}},\bar{\boldsymbol{q}})}{\breve{S}(\bar{\boldsymbol{v}},\bar{\boldsymbol{q}})}=\frac{\sum_{w\in W}\sum_{m=1}^{M}\int_0^{\bar{q}_w^m}\beta_m B_w^m(\omega)\mathrm{d}\omega}{\sum_{w\in W}\sum_{m=1}^{M}\int_0^{\bar{q}_w^m}\beta_m B_w^m(\omega)\mathrm{d}\omega-\sum_{a\in A}\sum_{m=1}^{M}\beta_m t_a(\bar{v}_a)\bar{v}_a^m} \tag{8.60}$$

可得如下定理。

定理 8.3　给定一个可分离路段出行时间成本函数类 C，其中路段出行时间成本函数 $t_a(v_a)$ 是路段总流量 v_a 的连续可微单调递增凸函数。设 $\breve{S}(\bar{\boldsymbol{v}},\bar{\boldsymbol{q}})$ 和 $\breve{S}(\breve{\boldsymbol{v}},\breve{\boldsymbol{q}})$ 分别是费用度量出行决策准则下，UE 时的社会总剩余和系统最大社会总剩余，则费用度量出行决策准则下多用户类弹性需求交通均衡分配的效率损失存在上界，即

$$\rho_{ec,M}^{\mathrm{UE},c}=\frac{\breve{S}(\breve{\boldsymbol{v}},\breve{\boldsymbol{q}})}{\breve{S}(\bar{\boldsymbol{v}},\bar{\boldsymbol{q}})}\leqslant\frac{1+\bar{\gamma}(C,\boldsymbol{\beta})[\breve{\omega}(\bar{\boldsymbol{v}},\bar{\boldsymbol{q}})-1]+\tilde{\gamma}(C,\boldsymbol{\beta})\omega}{1+\tilde{\gamma}(C,\boldsymbol{\beta})} \tag{8.61}$$

式中，$\bar{\gamma}(C,\boldsymbol{\beta}),\tilde{\gamma}(C,\boldsymbol{\beta}),\omega,\breve{\omega}(\bar{\boldsymbol{v}},\bar{\boldsymbol{q}})$ 定义参见式（8.56b）、式（8.56c）、式（8.59）和式（8.60）。

证明：因为 $(\bar{\boldsymbol{v}},\bar{\boldsymbol{q}})$ 是 VI 问题式（8.42）的解，即对任意的 $(\boldsymbol{v},\boldsymbol{q})\in\Omega_{ec}^M$ ，有

$$\sum_{m=1}^{M}\sum_{a\in A}\beta_m t_a(\bar{\boldsymbol{v}})(v_a^m-\bar{v}_a^m)-\sum_{w\in W}\sum_{m=1}^{M}\beta_m B_w^m(\bar{\boldsymbol{q}})(q_w^m-\bar{q}_w^m)\geqslant 0$$

结合上式和式（8.53），可得

$$\begin{aligned}&\sum_{w\in W}\sum_{m=1}^{M}\int_0^{\bar{q}_w^m}\beta_m B_w^m(\omega)\mathrm{d}\omega-\sum_{a\in A}\sum_{m=1}^{M}\beta_m t_a(\bar{v}_a)\bar{v}_a^m-\sum_{w\in W}\sum_{m=1}^{M}\int_0^{q_w^m}\beta_m B_w^m(\omega)\mathrm{d}\omega\\&+\sum_{a\in A}\sum_{m=1}^{M}\beta_m t_a(v_a)v_a^m+\sum_{a\in A}\sum_{m=1}^{M}\beta_m[t_a(\bar{v}_a)-t_a(v_a)]v_a^m\geqslant 0\end{aligned} \tag{8.62}$$

式中，令 $(\boldsymbol{v},\boldsymbol{q})=(\breve{\boldsymbol{v}},\breve{\boldsymbol{q}})$ ，则

$$\breve{S}(\bar{\boldsymbol{v}},\bar{\boldsymbol{q}})-\breve{S}(\breve{\boldsymbol{v}},\breve{\boldsymbol{q}})+\bar{\gamma}(C,\boldsymbol{\beta})\breve{T}(\bar{\boldsymbol{v}})+\tilde{\gamma}(C,\boldsymbol{\beta})\breve{T}(\breve{\boldsymbol{v}})\geqslant 0 \tag{8.63}$$

又由于 $\breve{T}(\bar{\boldsymbol{v}})=\breve{U}(\bar{\boldsymbol{v}},\bar{\boldsymbol{q}})-\breve{S}(\bar{\boldsymbol{v}},\bar{\boldsymbol{q}}),\breve{T}(\breve{\boldsymbol{v}})=\breve{U}(\breve{\boldsymbol{v}},\breve{\boldsymbol{q}})-\breve{S}(\breve{\boldsymbol{v}},\breve{\boldsymbol{q}})$，故可得式（8.61）成立。

由定理 8.3，可知费用度量出行决策准则下弹性需求多用户类交通均衡分配的效率损失上界与参数 $\bar{\gamma}(C,\boldsymbol{\beta})$、$\tilde{\gamma}(C,\boldsymbol{\beta})$、$\breve{\omega}(\bar{\boldsymbol{v}},\bar{\boldsymbol{q}})$、$\omega$ 有关。同时，满足下面关系：

（1）效率损失上界是参数 $\bar{\gamma}(C,\boldsymbol{\beta})$ 的增函数，$\bar{\gamma}(C,\boldsymbol{\beta})$ 与路段出行时间成本函数类 C、用户类的 VOT $\boldsymbol{\beta}$ 有关；

（2）效率损失上界是 $\breve{\omega}(\bar{\boldsymbol{v}},\bar{\boldsymbol{q}})$、$\omega$ 的增函数，参数 $\breve{\omega}(\bar{\boldsymbol{v}},\bar{\boldsymbol{q}})$ 是费用度量出行决策准则下，UE 时的社会总收益与社会总剩余之比，ω 是 SO 时的社会总收益与费用度量出行决策准则下 UE 时的社会总剩余之比。

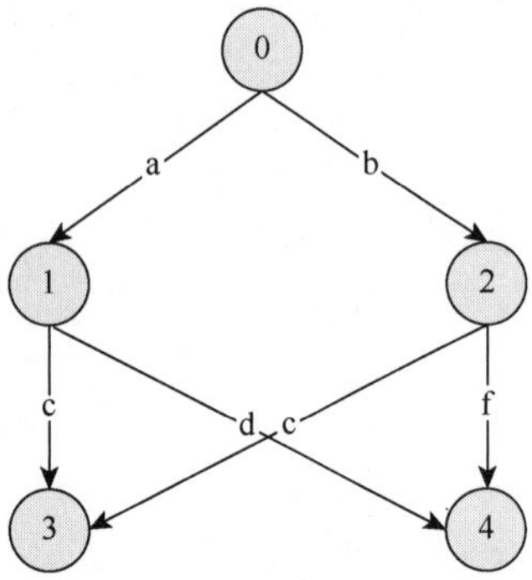

图 8.1　弹性需求下多用户类交通网络

8.2.4　数值算例

在图 8.1 所示的弹性需求下多用户类交通网络图中，路段

出行时间成本函数分别为 $t_a(v_a)=v_a,t_b(v_b)=v_b,t_c(v_c)=v_c,t_d(v_d)=v_d,t_e(v_e)=v_e,t_f(v_f)=v_f$。交通网络中存在着两类不同 VOT 的用户，第一类用户的 VOT 为 3.0（元/min）（用“1”来表示），第二类用户的 VOT 为 1.0（元/min）（用“2”来表示）。每类用户都有两个 OD 对，第一个 OD 从节点 0 到节点 3（用“w_1”表示），第二个 OD 对从节点 0 到节点 4（用“w_2”表示）。

每类用户在每个 OD 对上的逆需求函数分别为

$$B_{w_1}^1=100-q_{w_1}^1,B_{w_1}^2=80-q_{w_1}^2,B_{w_2}^1=70-q_{w_2}^1,B_{w_2}^2=60-q_{w_2}^2$$

OD 对 w_1 间有两条出行路径，分别为 $p_1=(a,c),p_2=(b,e)$；OD 对 w_2 间有两条出行路径，分别为 $p_3=(a,d),p_4=(b,f)$。

VI 问题式（8.41）和 VI 问题式（8.42）的均衡解相同，即为

$$\overline{f}_{p_1}^1=17.8125,\overline{f}_{p_1}^2=7.8125,\overline{f}_{p_2}^1=17.8125,\overline{f}_{p_2}^2=7.8125$$

$$\overline{f}_{p_3}^1=9.0625,\overline{f}_{p_3}^2=4.0625,\overline{f}_{p_4}^1=9.0625,\overline{f}_{p_2}^2=4.0625$$

$$\overline{v}_a^1=26.8750,\overline{v}_a^2=11.8750,\overline{v}_b^1=26.8750,\overline{v}_b^2=11.8750$$

$$\overline{v}_c^1=17.8125,\overline{v}_c^2=7.8125,\overline{v}_d^1=9.0625,\overline{v}_d^2=4.0625$$

$$\overline{v}_e^1=17.8125,\overline{v}_e^2=7.8125,\overline{v}_f^1=9.0625,\overline{v}_f^2=4.0625$$

$$\overline{v}_a=38.7500,\overline{v}_b=38.7500,\overline{v}_c=25.6250,\overline{v}_d=13.1250$$

$$\overline{v}_e=25.6250,\overline{v}_f=13.1250$$

$$\overline{q}_{w_1}^1=35.6250,\overline{q}_{w_1}^2=15.6250,\overline{q}_{w_2}^1=18.1250,\overline{q}_{w_2}^2=8.1250$$

因此，

$$S(\overline{\boldsymbol{v}},\overline{\boldsymbol{q}})=953.9063,U(\overline{\boldsymbol{v}},\overline{\boldsymbol{q}})=5614.8,\omega(\overline{\boldsymbol{v}},\overline{\boldsymbol{q}})=5.8861$$

$$\breve{S}(\overline{\boldsymbol{v}},\overline{\boldsymbol{q}})=2551.6000,\breve{U}(\overline{\boldsymbol{v}},\overline{\boldsymbol{q}})=13680,\ \breve{\omega}(\overline{\boldsymbol{v}},\overline{\boldsymbol{q}})=5.3616$$

由式（8.43），可得时间度量出行决策准则下的 SO 为

$$\hat{f}_{p_1}^1=12.6190,\hat{f}_{p_1}^2=2.6190,\hat{f}_{p_2}^1=12.6190,\hat{f}_{p_2}^2=2.6190$$

$$\hat{f}_{p_3}^1=5.9524,\hat{f}_{p_3}^2=0.9524,\hat{f}_{p_4}^1=5.9524,\hat{f}_{p_4}^2=0.9524$$

$$\hat{v}_a^1=18.5714,\hat{v}_a^2=3.5714,\hat{v}_b^1=18.5714,\hat{v}_b^2=3.5714$$

$$\hat{v}_c^1=12.6190,\hat{v}_c^2=2.6190,\hat{v}_d^1=5.9524,\hat{v}_d^2=0.9524$$

$$\hat{v}_e^1=12.6190,\hat{v}_e^2=2.6190,\hat{v}_f^1=5.9524,\hat{v}_f^2=0.9524$$

$$\hat{v}_a=22.1428,\hat{v}_b=22.1428,\hat{v}_c=15.2380,\hat{v}_d=6.9048$$

$$\hat{v}_e=15.2380,\hat{v}_f=6.9048$$

$$\hat{q}_{w_1}^1=25.2380,\hat{q}_{w_1}^2=5.2380,\hat{q}_{w_2}^1=11.9048,\hat{q}_{w_2}^2=1.9048$$

故 $S(\hat{\boldsymbol{v}},\hat{\boldsymbol{q}})=1948.2000$。由于所有路段出行时间成本函数都是线性路段出行时间成本函数，显然可得 $\gamma(C)=0.25$。因此，$\rho_{ec,M}^{\mathrm{UE},t}=2.0392\leqslant 1+[\omega(\overline{v},\overline{q})-1]\gamma(C)=1+(5.8861-1)\times 0.25\doteq 2.2215$，满足定理 8.2。

由式（8.51），可得费用度量出行决策准则下的 SO 解为

$$\breve{f}_{p_1}^1=14.3750,\breve{f}_{p_1}^2=0,\quad \breve{f}_{p_2}^1=14.3750,\breve{f}_{p_2}^2=0$$
$$\breve{f}_{p_3}^1=6.8750,\breve{f}_{p_3}^2=0,\quad \breve{f}_{p_4}^1=6.8750,\breve{f}_{p_4}^2=0$$
$$\breve{v}_a^1=21.2500,\breve{v}_a^2=0,\quad \breve{v}_b^1=21.2500,\breve{v}_b^2=0$$
$$\breve{v}_c^1=14.3750,\breve{v}_c^2=0,\quad \breve{v}_d^1=6.8750,\ \breve{v}_d^2=0$$
$$\breve{v}_e^1=14.3750,\breve{v}_e^2=0,\quad \breve{v}_f^1=6.8750,\ \breve{v}_f^2=0$$
$$\breve{v}_a^1=21.2500,\breve{v}_b=21.2500,\quad \breve{v}_c=14.3750,\ \breve{v}_d=6.8750$$
$$\breve{v}_e=14.3750,\breve{v}_f=6.8750$$
$$\breve{q}_{w_1}^1=28.7500,\breve{q}_{w_1}^2=0,\quad \breve{q}_{w_2}^1=13.7500,\breve{q}_{w_2}^2=0$$

故 $\breve{S}(\breve{\boldsymbol{v}},\breve{\boldsymbol{q}})=5756.3,\breve{U}(\breve{\boldsymbol{v}},\breve{\boldsymbol{q}})=9989.1,\omega=3.9148$。

由

$$\gamma_a(t_a,\mathrm{z}_a,\boldsymbol{\beta})=\frac{1}{\sum_{m=1}^{M}\beta_m z_a^m t_a(z_a)}\max_{v_a^m\geqslant 0}\left\{\sum_{m=1}^{M}\beta_m v_a^m[t_a(z_a)-t_a(v_a)]\right\}$$

和 $t_a(v_a)=v_a$，可得 $v_a=v_a^1=0.5\overline{v}_a,v_a^2=0$ 是优化问题

$$\gamma_a(t_a,\overline{v}_a,\boldsymbol{\beta})=\frac{1}{\sum_{m=1}^{2}\beta_m \overline{v}_a^m\overline{v}_a}\max_{v_a^m\geqslant 0}\left\{\sum_{m=1}^{2}\beta_m v_a^m(\overline{v}_a-v_a)\right\}$$

的解。故

$$\gamma_a(t_a,\overline{v}_a,\boldsymbol{\beta})=\frac{(3\times 0.5\times 38.75)\times(38.75-0.5\times 38.75)}{(3\times 26.875+11.875)\times 38.75}\doteq 0.3142$$

同理，可得

$$\gamma_b(t_b,\overline{v}_b,\boldsymbol{\beta})\doteq 0.3142,\gamma_c(t_c,\overline{v}_c,\boldsymbol{\beta})=\gamma_e(t_e,\overline{v}_e,\boldsymbol{\beta})\doteq 0.3138$$
$$\gamma_d(t_d,\overline{v}_d,\boldsymbol{\beta})=\gamma_f(t_f,\overline{v}_f,\boldsymbol{\beta})\doteq 0.3150,\overline{\gamma}(C,\boldsymbol{\beta})\doteq 0.3150,\tilde{\gamma}(C,\boldsymbol{\beta})=0$$

因此，

$$\rho_{ec,M}^{\mathrm{UE},c}=\frac{\breve{S}(\breve{\boldsymbol{v}},\breve{\boldsymbol{q}})}{\breve{S}(\overline{\boldsymbol{v}},\overline{\boldsymbol{q}})}\doteq 2.2560\leqslant\frac{1+\overline{\gamma}(C,\boldsymbol{\beta})[\breve{\omega}(\overline{\boldsymbol{v}},\overline{\boldsymbol{q}})-1]+\tilde{\gamma}(C,\boldsymbol{\beta})\omega}{1+\tilde{\gamma}(C,\boldsymbol{\beta})}\doteq 2.3739$$

满足定理 8.3。

8.3 收费机制下弹性需求多用户类交通均衡分配的模型及效率损失

8.3.1 收费机制下弹性需求多用户类交通均衡分配模型

在 2.1.3 节和 8.2 节的基础上，假设 τ_a 为路段 a 上的收费（本节用货币来衡量）；$\boldsymbol{\tau}$ 表示收费机制。收费机制 $\boldsymbol{\tau}$ 下多用户类弹性需求交通均衡分配的可行域 Ω_{ec}^M 是闭凸集。

收费机制 $\boldsymbol{\tau}$ 下，出行者在路段 a 上的总出行成本由两部分构成：一部分是路段 a 上的

实际出行成本，另一部分是收费机制 $\boldsymbol{\tau}$ 下的路段收费 τ_a。因此，在时间度量出行决策准则下，c_a^m 表示第 m 类用户在路段 a 上的等价出行时间成本，即

$$c_a^m(v_a)=t_a(v_a)+\frac{\tau_a}{\beta_m},a\in A,m=1,2,\cdots,M \tag{8.64}$$

在费用度量出行决策准则下，c_a^m 表示第 m 类用户在路段 a 上的等价出行费用成本，即

$$c_a^m(v_a)=\beta_m t_a(v_a)+\tau_a,a\in A,m=1,2,\cdots M \tag{8.65}$$

将式（8.64）和式（8.65）分别代入引理 2.4 中的式（2.41），得到在收费机制 $\boldsymbol{\tau}$ 下，时间度量和费用度量出行决策准则下弹性需求多用户类交通均衡分配模型分别为

$$\begin{aligned}&\sum_{a\in A}t_a(\overline{\boldsymbol{v}})(v_a-\overline{v}_a)+\sum_{a\in A}\sum_{m=1}^{M}\frac{\tau_a}{\beta_m}(v_a^m-\overline{v}_a^m)\\&-\sum_{w\in W}\sum_{m=1}^{M}B_w^m(\overline{\boldsymbol{q}})(q_w^m-\overline{q}_w^m)\geqslant 0,\forall(\boldsymbol{v},\boldsymbol{q})\in\Omega_{ec}^M\end{aligned} \tag{8.66}$$

$$\begin{aligned}&\sum_{a\in A}\sum_{m=1}^{M}\beta_m t_a(\overline{\boldsymbol{v}})(v_a^m-\overline{v}_a^m)+\sum_{a\in A}\tau_a(v_a-\overline{v}_a)\\&-\sum_{w\in W}\sum_{m=1}^{M}\beta_m B_w^m(\overline{\boldsymbol{q}})(q_w^m-\overline{q}_w^m)\geqslant 0,\forall(\boldsymbol{v},\boldsymbol{q})\in\Omega_{ec}^M\end{aligned} \tag{8.67}$$

8.3.2 时间度量下的效率损失

令 $(\overline{\boldsymbol{v}},\overline{\boldsymbol{q}})\in\Omega_{ec}^M$ 是 VI 问题式（8.66）的解，即时间度量出行决策准则下 UE 时的解。定义时间度量出行决策准则下系统的社会总收益和总出行时间成本分别为

$$U(\boldsymbol{v},\boldsymbol{q})=\sum_{w\in W}\sum_{m=1}^{M}\int_0^{q_w^m}B_w^m(\omega)\mathrm{d}\omega\quad T(\boldsymbol{v})=\sum_{a\in A}t_a(v_a)v_a$$

则时间度量出行决策准则下系统的社会总剩余 $S(\boldsymbol{v},\boldsymbol{q})=U(\boldsymbol{v},\boldsymbol{q})-T(\boldsymbol{v})$。设时间度量出行决策准则下 SO 的解为 $(\hat{\boldsymbol{v}},\hat{\boldsymbol{q}})\in\Omega_{ec}^M$，即满足

$$(\hat{\boldsymbol{v}},\hat{\boldsymbol{q}})=\arg\max_{(\boldsymbol{v},\boldsymbol{q})\in\Omega_{ec}^M}S(\boldsymbol{v},\boldsymbol{q}) \tag{8.68}$$

当路段出行时间成本函数 $t_a(v_a)$满 $t_a''(v_a)>0$ 时，则式（8.68）有唯一的总路段流量和唯一的路段流量解，但每类用户的路段流量解并不一定唯一（Clark et al.，2009；Wang and Huang，2013）。定义时间度量出行决策准则下，收费机制 $\boldsymbol{\tau}$ 下弹性需求多用户类交通均衡分配的效率损失为

$$\rho_{ec,M}^{\mathrm{UE},\boldsymbol{\tau},t}=\frac{S(\hat{\boldsymbol{v}},\hat{\boldsymbol{q}})}{S(\overline{\boldsymbol{v}},\overline{\boldsymbol{q}})} \tag{8.69}$$

显然，$\rho_{ec,M}^{\mathrm{UE},\boldsymbol{\tau},t}\geqslant 1$。

令 C 表示可分离路段出行时间成本函数类，$\omega(\overline{\boldsymbol{v}},\overline{\boldsymbol{q}})$ 表示收费机制 $\boldsymbol{\tau}$ 下弹性需求多用户类交通均衡分配在时间度量出行决策准则下，UE 时的社会总收益与社会总剩余之比。对任意的路段出行时间成本函数 $t_a=t_a(z_a)$和非负路段流量 $z_a\geqslant 0$，对 $\forall a\in A$，如果

$0 \leqslant \tau_a \leqslant \beta_{\min}\overline{v}_a t'_a(\overline{v}_a)$，定义

$$\gamma_a(t_a, z_a, \boldsymbol{\tau}, \boldsymbol{\beta}) = \max_{v_a^m \geqslant 0} \frac{[t_a(z_a) - t_a(v_a)]v_a + \sum_{m=1}^{M} \frac{\tau_a}{\beta_m}(v_a^m - z_a^m)}{t_a(z_a)z_a} \tag{8.70}$$

对任意的 $a \in A$，若 $\tau_a > \beta_{\min}\overline{v}_a t'_a(\overline{v}_a)$，定义

$$\gamma_a(t_a, z_a, \boldsymbol{\tau}, \boldsymbol{\beta}) = \max_{v_a^m \geqslant 0} \frac{[t_a(z_a) - t_a(v_a)]v_a + \sum_{m=1}^{M} \frac{\tau_a}{\beta_m}(v_a^m - z_a^m)}{t_a(v_a)v_a} \tag{8.71}$$

$$\gamma(C, \boldsymbol{\tau}, \boldsymbol{\beta}) = \max_{t_a \in C, a \in A} \gamma_a(t_a, z_a, \boldsymbol{\tau}, \boldsymbol{\beta}) \tag{8.72}$$

定理 8.4　给定一个可分离路段出行时间成本函数类 C，其中路段出行时间成本函数 $t_a(v_a)$是路段总流量 v_a 的连续可微单调递增凸函数，$\boldsymbol{\tau}$ 表示路段收费机制。设 $S(\overline{\boldsymbol{v}}, \overline{\boldsymbol{q}})$ 和 $S(\hat{\boldsymbol{v}}, \hat{\boldsymbol{q}})$ 分别是时间度量出行决策准则下，UE 时的社会总剩余和系统最大社会总剩余，则时间度量出行决策准则下，收费机制 $\boldsymbol{\tau}$ 下弹性需求多用户类混合交通均衡的效率损失存在上界，即

（1）当任意的 $a \in A$，$0 \leqslant \tau_a \leqslant \beta_{\min}\overline{v}_a t'_a(\overline{v}_a)$，有

$$\rho_{ec,M}^{\mathrm{UE},\tau,t} = \frac{S(\hat{\boldsymbol{v}}, \hat{\boldsymbol{q}})}{S(\overline{\boldsymbol{v}}, \overline{\boldsymbol{q}})} \leqslant 1 + \gamma(C, \boldsymbol{\tau}, \boldsymbol{\beta})[\omega(\overline{\boldsymbol{v}}, \overline{\boldsymbol{q}}) - 1] \tag{8.73a}$$

（2）当任意的 $a \in A$，$\tau_a > \beta_{\min}\overline{v}_a t'_a(\overline{v}_a)$，有

$$\rho_{ec,M}^{\mathrm{UE},\tau,t} = \frac{S(\hat{\boldsymbol{v}}, \hat{\boldsymbol{q}})}{S(\overline{\boldsymbol{v}}, \overline{\boldsymbol{q}})} \leqslant \frac{1 + \omega\gamma(C, \boldsymbol{\tau}, \boldsymbol{\beta})}{1 + \gamma(C, \boldsymbol{\tau}, \boldsymbol{\beta})} \tag{8.73b}$$

这里

$$\omega(\overline{\boldsymbol{v}}, \overline{\boldsymbol{q}}) = \frac{\sum_{w \in W}\sum_{m=1}^{M}\int_0^{\overline{q}_w^m} B_w^m(\omega)\mathrm{d}\omega}{\sum_{w \in W}\sum_{m=1}^{M}\int_0^{\overline{q}_w^m} B_w^m(\omega)\mathrm{d}\omega - \sum_{a \in A} t_a(\overline{v}_a)\overline{v}_a}$$

$$\omega = \frac{\sum_{w \in W}\sum_{m=1}^{M}\int_0^{\hat{q}_w^m} B_w^m(\omega)\mathrm{d}\omega}{\sum_{w \in W}\sum_{m=1}^{M}\int_0^{\overline{q}_w^m} B_w^m(\omega)\mathrm{d}\omega - \sum_{a \in A} t_a(\overline{v}_a)\overline{v}_a}$$

证明：先证明当任意 $a \in A$，$0 \leqslant \tau_a \leqslant \beta_{\min}\overline{v}_a t'_a(\overline{v}_a)$ 时的情形。因为$(\overline{\boldsymbol{v}}, \overline{\boldsymbol{q}})$ 是（8.66）式的解，故对 $\forall(\boldsymbol{v}, \boldsymbol{q}) \in \Omega_{ec}^M$，都满足

$$\sum_{a \in A} t_a(\overline{\boldsymbol{v}})(v_a - \overline{v}_a) + \sum_{a \in A}\sum_{m=1}^{M}\frac{\tau_a}{\beta_m}(v_a^m - \overline{v}_a^m) - \sum_{w \in W}\sum_{m=1}^{M} B_w^m(\overline{\boldsymbol{q}})(q_w^m - \overline{q}_w^m) \geqslant 0$$

将（8.45）代入上式，有

$$\sum_{a \in A} t_a(\overline{\boldsymbol{v}})(v_a - \overline{v}_a) + \sum_{a \in A}\sum_{m=1}^{M}\frac{\tau_a}{\beta_m}(v_a^m - \overline{v}_a^m) + \sum_{w \in W}\sum_{m=1}^{M}\int_0^{\overline{q}_w^m} B_w^m(\omega)\mathrm{d}\omega - \sum_{w \in W}\sum_{m=1}^{M}\int_0^{q_w^m} B_w^m(\omega)\mathrm{d}\omega \geqslant 0$$

化简，可得 $S(\overline{\boldsymbol{v}}, \overline{\boldsymbol{q}}) - S(\boldsymbol{v}, \boldsymbol{q}) + \gamma(C, \boldsymbol{\tau}, \boldsymbol{\beta})T(\overline{\boldsymbol{v}}) \geqslant 0$

令 $(\boldsymbol{v}, \boldsymbol{q}) = (\hat{\boldsymbol{v}}, \hat{\boldsymbol{q}})$，则有

$$S(\hat{\boldsymbol{v}},\hat{\boldsymbol{q}}) \leqslant S(\bar{\boldsymbol{v}},\bar{\boldsymbol{q}}) + \gamma(C,\boldsymbol{\tau},\boldsymbol{\beta})T(\bar{\boldsymbol{v}}) \tag{8.74}$$

所以，$\rho_{ec,M}^{\mathrm{UE},\boldsymbol{\tau},t} = \dfrac{S(\hat{\boldsymbol{v}},\hat{\boldsymbol{q}})}{S(\bar{\boldsymbol{v}},\bar{\boldsymbol{q}})} \leqslant 1 + \gamma(C,\boldsymbol{\tau},\boldsymbol{\beta})\dfrac{T(\bar{\boldsymbol{v}})}{S(\bar{\boldsymbol{v}},\bar{\boldsymbol{q}})} = 1 + \gamma(C,\boldsymbol{\tau},\boldsymbol{\beta})[\omega(\bar{\boldsymbol{v}},\bar{\boldsymbol{q}}) - 1]$。

当任意 $a \in A$，$\tau_a > \beta_{\min}\bar{v}_a t_a'(\bar{v}_a)$ 时，同理可得式（8.73b）成立。

由定理 8.4，知时间度量出行决策准则下，收费机制 $\boldsymbol{\tau}$ 下弹性需求多用户类混合交通均衡分配的效率损失上界与参数 $\gamma(C,\boldsymbol{\tau},\boldsymbol{\beta})$，$\omega(\bar{\boldsymbol{v}},\bar{\boldsymbol{q}})$，$\omega$ 有关。同时满足下面关系：

（1）效率损失上界是 $\gamma(C,\boldsymbol{\tau},\boldsymbol{\beta})$ 的增函数，$\gamma(C,\boldsymbol{\tau},\boldsymbol{\beta})$ 与路段出行时间成本函数 $t_a(v_a)$、路段收费机制 $\boldsymbol{\tau}$、出行 VOT 向量 $\boldsymbol{\beta}$；

（2）效率损失上界是 $\omega(\bar{\boldsymbol{v}},\bar{\boldsymbol{q}})$ (ω) 的增函数，参数 $\omega(\bar{\boldsymbol{v}},\bar{\boldsymbol{q}})$ (ω) 是时间度量出行决策准则下，UE 时的社会总收益（社会总剩余最大时的社会总收益）与用户均衡时的社会总剩余之比。

8.3.3　费用度量下的效率损失

令 $(\bar{\boldsymbol{v}},\bar{\boldsymbol{q}}) \in \Omega_{ec}^M$ 是式（8.67）的解。类似 8.2.3 节，定义费用度量出行决策准则下系统的社会总收益和总出行费用成本分别为

$$\breve{U}(\boldsymbol{v},\boldsymbol{q}) = \sum_{w\in W}\sum_{m=1}^{M}\int_0^{q_w^m}\beta_m B_w^m(\omega)\mathrm{d}(\omega) \qquad \breve{T}(\boldsymbol{v}) = \sum_{a\in A}\sum_{m=1}^{M}\beta_m t_a(v_a)v_a^m$$

则，费用度量出行决策准则下系统的社会总剩余 $\breve{S}(\boldsymbol{v},\boldsymbol{q}) = \breve{U}(\boldsymbol{v},\boldsymbol{q}) - \breve{T}(\boldsymbol{v})$。设 $(\tilde{\boldsymbol{v}},\tilde{\boldsymbol{q}}) \in \Omega_{ec}^M$ 为费用度量出行决策准则下 SO 的解，即 $(\tilde{\boldsymbol{v}},\tilde{\boldsymbol{q}})$ 是下面最优化问题的解，

$$(\tilde{\boldsymbol{v}},\tilde{\boldsymbol{q}}) = \underset{(\boldsymbol{v},\boldsymbol{q})\in\Omega_{ec}^M}{\arg\max}\, S(\boldsymbol{v},\boldsymbol{q}) \tag{8.75}$$

定义费用度量出行决策准则下，收费机制 $\boldsymbol{\tau}$ 下弹性需求多用户类交通均衡分配的效率损失为

$$\rho_{ec,M}^{\mathrm{UE},\boldsymbol{\tau},c} = \frac{\breve{S}(\tilde{\boldsymbol{v}},\tilde{\boldsymbol{q}})}{\breve{S}(\bar{\boldsymbol{v}},\bar{\boldsymbol{q}})} \tag{8.76}$$

显然，$\rho_{ec,M}^{\mathrm{UE},\boldsymbol{\tau},c} \geqslant 1$。

令 C 表示可分离的路段出行时间成本函数类，$\tilde{\omega}$ 表示费用度量出行决策准则下，社会总剩余最大时的社会总收益与 UE 时社会总剩余之比，$\bar{\omega}(\bar{\boldsymbol{v}},\bar{\boldsymbol{q}})$ 表示费用度量出行决策准则下，UE 时的社会总收益与社会总剩余之比。即

$$\tilde{\omega} = \frac{\breve{U}(\tilde{\boldsymbol{v}},\tilde{\boldsymbol{q}})}{\breve{S}(\bar{\boldsymbol{v}},\bar{\boldsymbol{q}})} = \frac{\sum\limits_{w\in W}\sum\limits_{m=1}^{M}\int_0^{\tilde{q}_w^m}\beta_m B_w^m(\omega)\mathrm{d}\omega}{\sum\limits_{w\in W}\sum\limits_{m=1}^{M}\int_0^{\bar{q}_w^m}\beta_m B_w^m(\omega)\mathrm{d}\omega - \sum\limits_{a\in A}\sum\limits_{m=1}^{M}\beta_m t_a(\bar{v}_a)\bar{v}_a^m} \geqslant 1 \tag{8.77}$$

$$\bar{\omega}(\bar{\boldsymbol{v}},\bar{\boldsymbol{q}}) = \frac{\breve{U}(\bar{\boldsymbol{v}},\bar{\boldsymbol{q}})}{\breve{S}(\bar{\boldsymbol{v}},\bar{\boldsymbol{q}})} = \frac{\sum\limits_{w\in W}\sum\limits_{m=1}^{M}\int_0^{\bar{q}_w^m}\beta_m B_w^m(\omega)\mathrm{d}\omega}{\sum\limits_{w\in W}\sum\limits_{m=1}^{M}\int_0^{\bar{q}_w^m}\beta_m B_w^m(\omega)\mathrm{d}\omega - \sum\limits_{a\in A}\sum\limits_{m=1}^{M}\beta_m t_a(\bar{v}_a)\bar{v}_a^m} \geqslant 1 \tag{8.78}$$

对任意的路段出行时间成本函数 $t_a=t_a(z_a)$，非负路段流量 $z_a\geqslant 0$。假设路网中的路段 $a\in A_1$，满足 $0\leqslant\tau_a\leqslant\beta_{\min}\bar{v}_a t_a'(\bar{v}_a)$，其他路段上有 $\bar{v}_a>\beta_{\min}\bar{v}_a t_a'(\bar{v}_a)$。定义如下参数

$$\bar{\gamma}_a(t_a,z_a,\boldsymbol{\tau},\boldsymbol{\beta})=\max_{v_a^m\geqslant 0}\frac{\sum_{m=1}^{M}\beta_m v_a^m[t_a(z_a)-t_a(v_a)]+\tau_a(v_a-z_a)}{\sum_{m=1}^{M}\beta_m z_a^m t_a(z_a)} \tag{8.79}$$

$$\bar{\gamma}(C,\boldsymbol{\tau},\boldsymbol{\beta})=\sup_{t_a\in C,a\in A_1}\gamma_a(t_a,z_a,\boldsymbol{\tau},\boldsymbol{\beta}) \tag{8.80}$$

$$\tilde{\gamma}(C,\boldsymbol{\tau},\boldsymbol{\beta})=\sup_{t_a\in C,a\notin A_1}g(t_a,z_a,\boldsymbol{\tau},\boldsymbol{\beta}) \tag{8.81}$$

其中，

$$\begin{aligned}g(t_a,z_a,\boldsymbol{\tau},\boldsymbol{\beta})&=\max_{v_a^m\geqslant 0,a\notin A_1}h(x)=\frac{\sum_{m=1}^{M}\beta_m v_a^m[t_a(z_a)-t_a(v_a)]+\tau_a(v_a-z_a)}{\sum_{m=1}^{M}\beta_m v_a^m t_a(v_a)}\\&=\frac{\sum_{m=1}^{M}\beta_m v_a^m t_a(z_a)+\tau_a(v_a-z_a)}{\sum_{m=1}^{M}\beta_m v_a^m t_a(v_a)}-1\end{aligned} \tag{8.82}$$

由式（8.81）和式（8.82），可得 $\tilde{\gamma}(C,\boldsymbol{\tau},\boldsymbol{\beta})>-1$。在式（8.79）中，用 $\bar{v}_a$、$\tilde{v}_a$ 分别替代 z_a、v_a，则

$$\sum_{m=1}^{M}\beta_m\tilde{v}_a^m[t_a(\bar{v}_a)-t_a(\tilde{v}_a)]+\tau_a(\tilde{v}_a-\bar{v}_a)\leqslant\bar{\gamma}_a(t_a,\bar{v}_a,\boldsymbol{\tau},\boldsymbol{\beta})\sum_{m=1}^{M}\beta_m\bar{v}_a^m t_a(\bar{v}_a)$$

所以，

$$\begin{aligned}&\sum_{a\in A}\left\{\sum_{m=1}^{M}\beta_m\tilde{v}_a^m[t_a(\bar{v}_a)-t_a(\tilde{v}_a)]+\tau_a(\tilde{v}_a-\bar{v}_a)\right\}\\&=\sum_{a\in A_1}\left\{\sum_{m=1}^{M}\beta_m\tilde{v}_a^m[t_a(\bar{v}_a)-t_a(\tilde{v}_a)]+\tau_a(\tilde{v}_a-\bar{v}_a)\right\}\\&\quad+\sum_{a\notin A_1}\left\{\sum_{m=1}^{M}\beta_m\tilde{v}_a^m[t_a(\bar{v}_a)-t_a(\tilde{v}_a)]+\tau_a(\tilde{v}_a-\bar{v}_a)\right\}\\&\leqslant\bar{\gamma}(C,\boldsymbol{\tau},\boldsymbol{\beta})\breve{T}(\bar{\boldsymbol{v}})+\tilde{\gamma}(C,\boldsymbol{\tau},\boldsymbol{\beta})\breve{T}(\tilde{\boldsymbol{v}})\end{aligned}$$

定理 8.5　给定一个可分离路段出行时间成本函数类 C，其中路段出行时间成本函数 $t_a(v_a)$ 是路段总流量 v_a 的连续可微单调递增凸函数，$\boldsymbol{\tau}$ 表示路段收费机制。设 $\breve{S}(\bar{\boldsymbol{v}},\bar{\boldsymbol{q}})$ 和 $\breve{S}(\tilde{\boldsymbol{v}},\tilde{\boldsymbol{q}})$ 分别是费用度量出行决策准则下，UE 时的社会总剩余和系统最大社会总剩余。则费用度量出行决策准则下，收费机制 $\boldsymbol{\tau}$ 下弹性需求多用户类交通均衡分配的效率损失存在上界，即

$$\rho_{ec,M}^{\mathrm{UE},\boldsymbol{\tau},c}=\frac{\breve{S}(\tilde{\boldsymbol{v}},\tilde{\boldsymbol{q}})}{\breve{S}(\bar{\boldsymbol{v}},\bar{\boldsymbol{q}})}\leqslant\frac{1-\bar{\gamma}(C,\boldsymbol{\tau},\boldsymbol{\beta})}{1+\bar{\gamma}(C,\boldsymbol{\tau},\boldsymbol{\beta})}+\frac{\bar{\omega}(\bar{\boldsymbol{v}},\bar{\boldsymbol{q}})\bar{\gamma}(C,\boldsymbol{\tau},\boldsymbol{\beta})+\tilde{\omega}\tilde{\gamma}(C,\boldsymbol{\tau},\boldsymbol{\beta})}{1+\tilde{\gamma}(C,\boldsymbol{\tau},\boldsymbol{\beta})} \tag{8.83}$$

证明：因为$(\bar{\boldsymbol{v}},\bar{\boldsymbol{q}})$是式（8.67）的解，则对任意的$(\boldsymbol{v},\boldsymbol{q})\in\Omega_{ec}^{M}$，都满足

$$\sum_{a\in A}\sum_{m=1}^{M}\beta_m t_a(\bar{\boldsymbol{v}})(v_a^m-\bar{v}_a^m)+\sum_{a\in A}\tau_a(v_a-\bar{v}_a)-\sum_{w\in W}\sum_{m=1}^{M}\beta_m B_w^m(\bar{\boldsymbol{q}})(q_w^m-\bar{q}_w^m)\geqslant 0$$

将式（8.53）代入上式，有

$$\sum_{w\in W}\sum_{m=1}^{M}\int_0^{\bar{q}_w^m}\beta_m B_w^m(\omega)\,\mathrm{d}\omega-\sum_{a\in A}\sum_{m=1}^{M}\beta_m t_a(\bar{v}_a)\bar{v}_a^m-\sum_{w\in W}\sum_{m=1}^{M}\int_0^{q_w^m}\beta_m B_w^m(\omega)\,\mathrm{d}\omega$$
$$+\sum_{a\in A}\sum_{m=1}^{M}\beta_m t_a(v_a)v_a^m+\sum_{a\in A}\sum_{m=1}^{M}\beta_m[t_a(\bar{v}_a)-t_a(v_a)]v_a^m+\sum_{a\in A}\tau_a(v_a-\bar{v}_a)\geqslant 0$$

令$(\boldsymbol{v},\boldsymbol{q})=(\tilde{\boldsymbol{v}},\tilde{\boldsymbol{q}})$，得到

$$\breve{S}(\tilde{\boldsymbol{v}},\tilde{\boldsymbol{q}})\leqslant\breve{S}(\bar{\boldsymbol{v}},\bar{\boldsymbol{q}})+\bar{\gamma}(C,\boldsymbol{\tau},\boldsymbol{\beta})\breve{T}(\bar{\boldsymbol{v}})+\tilde{\gamma}(C,\boldsymbol{\tau},\boldsymbol{\beta})\breve{T}(\tilde{\boldsymbol{v}})\tag{8.84}$$

则由$\breve{T}(\bar{\boldsymbol{v}})=\breve{U}(\bar{\boldsymbol{v}},\bar{\boldsymbol{q}})-\breve{S}(\bar{\boldsymbol{v}},\bar{\boldsymbol{q}}),\breve{T}(\tilde{\boldsymbol{v}})=\breve{U}(\tilde{\boldsymbol{v}},\tilde{\boldsymbol{q}})-\breve{S}(\tilde{\boldsymbol{v}},\tilde{\boldsymbol{q}})$，知式（8.83）成立。

由定理 8.5，可知费用度量出行决策准则下，收费机制$\boldsymbol{\tau}$下弹性需求多用户类交通均衡分配的效率损失上界与参数$\bar{\gamma}(C,\boldsymbol{\tau},\boldsymbol{\beta})$、$\tilde{\gamma}(C,\boldsymbol{\tau},\boldsymbol{\beta})$、$\bar{\omega}(\bar{\boldsymbol{v}},\bar{\boldsymbol{q}})$、$\tilde{\omega}$有关。同时，满足下面关系：

（1）效率损失上界是$\bar{\gamma}(C,\boldsymbol{\tau},\boldsymbol{\beta})$的增函数，参数$\bar{\gamma}(C,\boldsymbol{\tau},\boldsymbol{\beta})$与路段出行时间成本函数类$C$、路段收费机制$\boldsymbol{\tau}$、用户类的 VOT $\boldsymbol{\beta}$有关；

（2）效率损失上界是$\bar{\omega}(\bar{\boldsymbol{v}},\bar{\boldsymbol{q}}),\tilde{\omega}$的增函数，参数$\bar{\omega}(\bar{\boldsymbol{v}},\bar{\boldsymbol{q}})$是费用度量出行决策准则下，UE 时的社会总收益与社会总剩余之比，$\tilde{\omega}$是 SO 时的社会总收益与费用度量出行决策准则下 UE 时的社会总剩余之比。

8.3.4　数值算例

图 8.2 是收费机制下弹性需求多用类交通网络，该交通网络是一个仅由两个节点和一条路段构成的有向图，其中路段出行时间成本函数为$t_a(v_a)=v_a$，路段收费为$\tau_a=3$元，有两类用户，第 1 类用户的 VOT 为 3.0 元/min（用“1”表示），第 2 类用户的 VOT 为 1.0 元/min（用“2”表示），它们对应的逆需求函数分别为$B_w^1=30-q_w^1,B_w^2=17-q_w^2$。

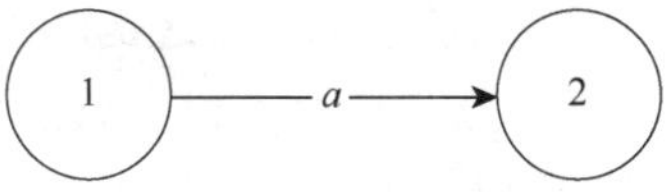

图 8.2　收费机制下弹性需求多用户类交通网络

通过求解 VI 问题式（8.66）和式（8.67），可知它们的均衡解相等，即为

$$\bar{v}_a^1=14.3333,\bar{v}_a^2=1.3333,\bar{q}_w^1=14.3333,\bar{q}_w^2=1.3333$$
$$\bar{v}_a=\bar{v}_a^1+\bar{v}_a^2=14.3333+1.3333=15.6666$$

通过计算，可得

$$S(\bar{\boldsymbol{v}},\bar{\boldsymbol{q}})=103.6111,U(\bar{\boldsymbol{v}},\bar{\boldsymbol{q}})=349.0556,\omega(\bar{\boldsymbol{v}},\bar{\boldsymbol{q}})=3.2689$$
$$\breve{S}(\bar{\boldsymbol{v}},\bar{\boldsymbol{q}})=309.0556,\breve{U}(\bar{\boldsymbol{v}},\bar{\boldsymbol{q}})=1003.600,\bar{\omega}(\bar{\boldsymbol{v}},\bar{\boldsymbol{q}})=3.2473$$

求解式（8.68），可得时间度量出行决策准则下的最优解为

$$\hat{v}_a^1=9.3333,\hat{v}_a^2=1.0000,\hat{q}_w^1=9.3333,\hat{q}_w^2=1.0000,S(\hat{\boldsymbol{v}},\hat{\boldsymbol{q}})=150.0000$$

又因为$\tau_a=3<1\times15.6666\times1=\beta_{\min}\bar{v}_a t_a'(\bar{v}_a)$。根据 8.3.2 节的定义，可得

$\gamma_a(t_a,\overline{v}_a,\boldsymbol{\tau},\boldsymbol{\beta})=\gamma(C,\boldsymbol{\tau},\boldsymbol{\beta})=0.2181$，所以

$$\rho_{ec,M}^{\mathrm{UE},\boldsymbol{\tau},t}=\frac{S(\hat{\boldsymbol{v}},\hat{\boldsymbol{q}})}{S(\overline{\boldsymbol{v}},\overline{\boldsymbol{q}})}=1.4477\leqslant 1+\gamma(C,\boldsymbol{\tau},\boldsymbol{\beta})[\omega(\overline{\boldsymbol{v}},\overline{\boldsymbol{q}})-1]=1.4948$$

显然，满足定理 8.4。

同理，可得费用度量出行决策准则下的最优解为

$$\tilde{v}_a^1=10,\tilde{v}_a^2=0,\tilde{q}_w^1=10,\tilde{q}_w^2=0,\breve{S}(\tilde{\boldsymbol{v}},\tilde{\boldsymbol{q}})=450.0,\breve{U}(\tilde{\boldsymbol{v}},\tilde{\boldsymbol{q}})=750.0,\tilde{\omega}=2.4267$$

又因为$\tau_a=3<1\times15.6666\times1=\beta_{\min}\overline{v}_a t_a'(\overline{v}_a)$。由前面 8.3.3 节中的定义，可得$\overline{\gamma}_a(t_a,\overline{v}_a,\boldsymbol{\tau},\boldsymbol{\beta})=\overline{\gamma}(C,\boldsymbol{\tau},\boldsymbol{\beta})=0.2181,\tilde{\gamma}(C,\boldsymbol{\tau},\boldsymbol{\beta})=0$。所以有

$$\rho_{ec,M}^{\mathrm{UE},\boldsymbol{\tau},c}=\frac{\breve{S}(\tilde{\boldsymbol{v}},\tilde{\boldsymbol{q}})}{\breve{S}(\overline{\boldsymbol{v}},\overline{\boldsymbol{q}})}=1.4560\leqslant\frac{1-\overline{\gamma}(C,\boldsymbol{\tau},\boldsymbol{\beta})}{1+\tilde{\gamma}(C,\boldsymbol{\tau},\boldsymbol{\beta})}+\frac{\overline{\omega}(\overline{\boldsymbol{v}},\overline{\boldsymbol{q}})\overline{\gamma}(C,\boldsymbol{\tau},\boldsymbol{\beta})+\tilde{\omega}\tilde{\gamma}(C,\boldsymbol{\tau},\boldsymbol{\beta})}{1+\tilde{\gamma}(C,\boldsymbol{\tau},\boldsymbol{\beta})}=1.4901$$

显然，满足定理 8.5。

8.4　本 章 小 结

本章对弹性需求下混合交通均衡分配的效率损失展开研究。首先，本章构建了弹性需求下利己-利他用户混合交通均衡分配的等价 VI 模型，并运用非线性规划方法对该类混合交通均衡分配在多项式出行时间成本函数时的效率损失进行界定。研究表明，效率损失上界取决于利他用户的最大、最小利他系数，多项式路段出行时间成本函数的最高次幂。其次，本章考虑了弹性需求下多用户类混合交通均衡分配分别在时间度量出行决策准则下和费用度量出行决策准则下的效率损失。研究表明，时间度量出行决策准则下的效率损失和出行时间成本函数类、均衡状态时时间度量出行决策准则下的社会总收益与社会总剩余之比相关；费用度量出行决策准则下的效率损失和出行时间成本函数类、用户类的 VOT、UE 时费用度量出行决策准则下的社会总收益与社会总剩余之比、SO 时的社会总收益与 UE 时的社会总剩余之比相关。最后，本章对收费机制下弹性需求多用户类交通均衡分配的效率损失进行了研究。在构建该类混合交通均衡分配在两类不同出行决策准则下的等价 VI 模型基础上，通过解析推导法分别界定了其在不同出行决策准则下的效率损失上界，并探讨了它们与网络参数的关系。研究表明，两类效率损失上界都与路段出行时间成本函数类、路段收费机制、用户类的 VOT、UE 时社会总收益与社会总剩余之比、SO 时的社会总收益与均衡时社会总剩余之比有关。

第9章　总结与展望

9.1　主要内容和成果

当今大中城市的三大交通问题之一的交通拥堵问题，其实质是随着社会经济的发展，交通道路资源出现了严重的紧缺现象。在交通网络中，出行者的路径选择往往相互影响，各自的最优路径选择还取决于其他出行者的路径选择。人们早就认识到，任何有限资源的分配和用户相互影响的问题中都存在着 UE 和 SO，且依靠自由市场竞争实现的 UE 一般达不到 SO。UE 是人们根据自身利益最大化行为决策长期博弈后的结果，是非合作行为的结果；SO 是在中央决策者的统一调度下，人们接受统一的调配，实现系统总成本最小，是中心化合作化的结果。由于参加路径博弈的个体具有主观行为，要实现 SO 就必然影响一部分出行者的利益，这必然增加系统成本。如果 UE 行为造成的效率损失有限，而且比为达到 SO 而花费的成本少的话，那么是否还有必要采取强制手段或诱导措施实现 UE 到 SO 的转变？如果需要采取措施实施 UE 到 SO 的转变，那么这种措施的效益到底有多大？这些问题都与 UE 和 SO 在理论上的差距是什么有关，回答好这个问题可以评价和指导为“转化”而开展的各种努力，如发展智能交通系统技术、实施拥挤道路使用收费、研制交通信息系统等。

巨量的城市交通出行者在选择出行路径和出行方式时，通常会根据自己的社会经济属性，综合各种因素，依照自身的出行决策准则选择出行路径和出行方式。不同的出行者对影响出行因素的关心程度各不相同，即不同类别的出行者对出行准则重要性程度的认识并不一致，因而交通流量分布与出行者的类别紧密相连。现实生活中，出行者对路径的记忆能力不同，路径选择原则存在着差异，因而难以满足交通出行者完全理性的假设。由此可见，出行者理性有差异的交通路网更接近实际网络情况，故界定对应交通均衡分配的效率损失，探讨影响效率损失上界的关键因素很有必要。同时，出行者在出行前会根据路网的交通现状选择是否出行，从而导致交通网络中每一个起讫点的出行量并不是一个固定值，而是一个变量，选择出行的出行量和出行成本负相关，准确地说，每一个起讫点的交通流量是出行成本的单调递减函数。

在现有研究的基础上，本书主要针对混合交通流的运行特点，以混合交通均衡分配理论为基础，结合算法博弈论、数学规划理论、变分不等式理论以及行为科学和管理科学中的相关知识，通过采用数学建模、解析推导与数值分析相结合的方法，围绕构建混合交通均衡分配的数学模型、界定混合交通均衡分配的损失上界及其影响因素分析、分析交通管理措施在降低效率损失方面的实施效果等进行展开。本书主要研究了以下三个方面的内容：首先，探讨了固定需求下多用户类 SUE 相对 SO 和 SSO 的效率损失，并分析了收费机制下固定需求多用户类 SUE 相对 SO 和 SSO 的效率损失；其次，分析了出行者路径选择原则有差异时的混合交通均衡分配的效率损失，重点分析了三类固定需求下含不同择路原则的混合交通均衡分配的效率损失，即含利己用户混合交通均衡分配的效率损失、含利他用户混合交通均衡分配的效率损失及含刻板用户混合交通均衡分配的效率损失；最后，对弹性需求下混合交通均衡分配的效率损失进行了探讨。通过研究，构建了不同类型混合交通均衡分配的等价数学模型，得到了对应的效率损失上界表达公式，分析了各类混合交通均衡分配效率损失上界的影响因素，同时得到了收费机制下不同类型混合交通均衡分配的效率损失。

9.2 创新和意义

本书的研究主要结论及创新点主要体现在以下几个方面。

（1）在固定需求多用户类 SUE 交通分配模型的基础上，本书界定了多用户类 SUE 相对两种不同系统最优的效率损失上界，分析了影响效率损失上界的关键因素。研究表明，无论是在时间度量出行决策准则还是费用度量出行决策准则下，SUE 相对 SO 的效率损失上界与路段出行时间成本函数类、网络复杂程度、网络总出行需求以及用户对网络的熟悉程度等因素相关。同时，还得到了在费用度量出行决策准则下，SUE 相对 SO 的效率损失上界还与出行者的社会经济属性相关。无论是在时间度量出行决策准则下还是在费用度量出行决策准则下，SUE 相对 SSO 的效率损失上界都和网络拓扑结构的复杂程度、用户对网络的熟悉程度无关，但都和路段出行时间成本函数类以及系统的实际出行成本相关。并且，在费用度量出行决策准则下，上界值还依赖出行者的社会经济属性。

（2）在固定需求多用户类 SUE 交通分配效率损失的基础上，本书考虑收费不是系统总出行成本一部分时，SUE 分别相对两种不同系统最优的效率损失上界问题。分析结果表明，无论是在时间度量出行决策准则下还是在费用度量出行决策准则下，收费机制下的 SUE 相对 SO 的效率损失上界不仅和路段出行时间成本函数类、出行者的社会经济属性、路段的收费水平相关，而且还和网络复杂程度、网络总出行需求以及用户对网络熟悉程度等因素相关。收费机制下的 SUE 相对 SSO 的效率损失上界在时间度量出行决策准则下仅和路段出行时间成本函数类以及系统总出行成本相关；在费用度量出行决策准则下，其上界还和出行者的社会经济属性相关。

（3）本书界定了三类固定需求下含利己用户混合交通均衡分配的效率损失。首先，本书探讨了利己用户和利他用户组成的混合均衡交通分配的效率损失，通过解析推导得到了出行时间成本函数在满足一定条件时该类混合均衡交通分配的效率损失上界。研究发现，效率损失上界和系统的最大、最小利他系数以及路段出行时间成本函数类相关。其次，本书分析了同时存在着 UE 用户和 CN 用户混合交通均衡分配模型的效率损失。在构建 UE-CN 混合交通均衡分配的 VI 模型基础上，运用放缩法和非线性规划方法分别得到多项式出行时间成本函数的效率损失上界，一个是与 CN 用户数目无关的粗糙上界，一个是与 CN 用户数目相关的上界。最后，本书研究了收费机制下 UE-CN 混合交通均衡分配的效率损失。运用解析推导方法分别考虑收费是否作为系统总出行成本一部分时的效率损失上界。研究发现，当收费作为系统总出行成本一部分时，如果路段出行时间成本函数满足特定的条件，则效率损失上界是一个固定值；当收费不作为系统总出行成本一部分时，对应的效率损失上界和路段出行时间成本函数类、收费机制相关。

（4）本书界定了四类固定需求下含利他用户的混合交通均衡分配的效率损失。首先，本书探讨了一致利他交通均衡分配模型的效率损失。研究发现，效率损失上界与网络拓扑结构无关，只和路段出行时间成本函数类以及利他系数相关。其次，本书分析了在收费机制下一致利他交通均衡分配的效率损失。研究表明，效率损失上界和网络拓扑结构无关，但和路段出行时间成本函数类、利他系数、路段收费机制相关。再次，本书考虑了非一致利他混合交通均衡分配的效率损失。运用解析推导法得到了非一致利他混合交通均衡分配的效率损失不仅和路段出行时间成本函数类有关，而且和最大、最小的利他系数相关，并给出了特殊情形下效率损失上界的表达式。最后，本书研究了利他用户和 Logit 型随机用户组成的混合交通均衡分配的效率损失问题。研究结果表明，效率损失上界不仅和出行时间成本函数类、利他用户的利他系数相关，而且和网络的复杂性、总出行流量、出行需求划分系数相关。

（5）本书界定了两类固定需求下含刻板用户混合交通均衡分配的效率损失。首先，本书推导了固定需求下刻板用户和利己用户组成的混合交通均衡分配的效率损失。研究发现，效率损失上界和均衡状态下的流量分布有关，即和所研究的网络拓扑结构有关，同时还和网络中刻板用户的比例有关。同时，本书发现了如果路网中的刻板用户太多，则可能造成系统的效率损失过大。其次，本书研究了固定出行需求下由刻板用户和利他用户组成的混合交通均衡分配的效率损失，解析得到了其在仿射出行时间成本函数下的效率损失上界。研究表明，该上界依赖于路段出行时间成本函数类、出行需求划分系数、利他系数、网络总出行需求、网络路段数目以及网络路段的一致性等方面。

（6）本书度量了三类弹性需求下混合交通均衡分配的效率损失。首先，本书运用非线性规划方法得到了弹性需求下利己-利他用户混合交通均衡分配在多项式出行时间成本函数下的效率损失。研究表明，效率损失上界取决于利他用户的最大、最小利他系数，多项式路段出行时间成本函数的最高次幂。其次，本书考虑了弹性需求下多用户类混合交通均衡分配的效率损失。研究表明，无论是在时间度量出行决策准则下还是在费用度量出行决策准则下的效率损失上界都和出行时间成本函数类、UE 时的社会总收益与社会总剩余之比相关，而且费用度量出行决策准则下的效率损失上界还和用户类的 VOT、SO 时的社会总收益与 UE 时的社会总剩余之比相关。最后，本书分析了收费机制下多用户类弹性需求交通均衡分配的效率损失。研究表明，无论是在时间度量出行决策准则下还是在费用度量出行决策准则下，该类混合交通均衡分配的效率损失都与路段出行时间成本函数类、路段收费机制、用户类的 VOT、UE 时社会总收益与社会总剩余之比、SO 时的社会总收益与 UE 时社会总剩余之比有关。

城市交通系统是一个开放、复杂、动态、自适应的系统。通过对混合交通均衡分配的效率损失研究，可以反映不同类型出行者的路径选择原则，揭示人们长期均衡出行抉择的经济学原理，掌握出行者的出行规律和交通流量的时空分布规律；有利于进一步界定混合交通均衡行为与 SO 之间的差距、实现 SO 的潜在效果，分析实施交通管理措施的必要性和可行性。通过分析影响混合交通均衡行为效率损失的关键因素，进而寻找有效减少均衡行为下效率损失的措施，为实现城市道路资源的高效率分配和利用等提供理论依据，为有效规避用户均衡行为的效率损失提供建议，使交通规划与管理工作更加理性、科学，更具有预见性奠定坚实的理论基础。

9.3 发展和展望

本书完成了固定需求下 SUE 相对不同系统最优的效率损失、固定需求下三类包含不同路径选择原则的混合交通均衡分配的效率损失、弹性需求下混合交通均衡分配的效率损失以及收费机制下不同类型混合交通均衡分配的效率损失等一系列研究。但本书的研究尚处于初步阶段，还存在许多问题值得进一步深入研究。

（1）本书虽然得到了不同类型的混合交通均衡分配在固定需求或者弹性需求下的效率损失上界，但是我们并不能保证得到的上界值是紧的，如何寻找更紧的、更小的上界有待进一步的研究。

（2）本书仅考虑了收费机制对混合交通均衡分配效率损失上界的影响，如何合理设计网络拓扑结构来减少混合交通均衡分配的效率损失，以及诱导系统在混合交通网络中如何引导用户按系统最优出行等值得深入研究。

（3）本书对弹性需求下混合交通均衡分配的效率损失进行了初步的探讨，如何研究其他类型的弹性需求下混合交通均衡分配的效率损失及其相关问题是一个值得深入研究的问题。

（4）随着大数据时代的到来和现代信息技术的发展，城市交通数据的可获得性将增大，如何利用新技术获取城市巨量交通个体的出行信息，并在此基础上，分析现实交通系统的效率损失，进而评价交通管理措施是一个很好的研究方向。

（5）对本书提出的部分模型进行参数校正、设计有效的求解算法以及进行算例分析，并用大规模的实际交通网络来进一步验证本书模型的有效性。

参 考 文 献

高自友，宋一凡，四兵锋，2000. 城市交通连续平衡网络设计：理论与方法[M]. 北京：中国铁道出版社.

郭仁拥，黄海军，2008. 基于ATIS的多用户多准则随机均衡交通配流演化模型[J]. 中国公路学报，21（5）：87-90.

侯海洋，2008. 一类包含刻板用户的Wardrop路由博弈[J]. 应用数学学报，31（4）：577-583.

胡郁葱，徐建，文舟，2001. Logit模型在评估旅客客运票价中的应用[J]. 公路交通科技，18（16）：12-13.

黄海军，1994. 城市交通网络平衡分析理论与实践[M]. 北京：人民交通出版社.

黄海军，欧阳恋群，刘天亮，2006. 交通网络中用户均衡行为的效率损失上界[J]. 北京航空航天大学学报，32（10）：1215-1219.

李声杰，陈光亚，2008. 多类物流，双指标的交通网络平衡问题与向量变分不等式[J]. 系统工程理论与实践，28（1）：141-145.

李志纯，黄海军，2005. 弹性需求下的组合出行模型与求解算法[J]. 中国公路学报，18（3）：94-98.

刘安，1997. 混合交通弹性需求均衡分配方法[J]. 西安公路交通大学学报，17（2）：59-64.

刘天亮，欧阳恋群，黄海军，2007. ATIS作用下的混合交通行为网络与效率损失上界[J]. 系统工程理论与实践，27（4）：154-159.

陆化普，黄海军，2007. 交通规划理论研究前沿[M]. 北京：清华大学出版社.

罗文昌，2010a. 界定用户平衡及Logit型随机用户均衡下的混合平衡交通网络效率损失[J]. 运筹学学报，14（2）：79-86.

罗文昌，2010b. 界定Stackelberg博弈下的混合平衡交通网络效率损失[J]. 运筹与管理，19（3）：35-40.

乔卓，薛锋，柯孔林，2002. 上市公司财务困境预测Logit模型实证研究[J]. 华东经济管理，16（5）：103-104.

石超峰，徐寅峰，2010. 交通网络效率损失上界的估计方法[J]. 系统工程理论与实践，30（5）：945-947.

王昕，黄海军，2011. 多用户弹性需求网络的双准则系统最优交通分配[J]. 系统工程理论与实践，2011，S1：94-102.

吴建军，高自友，孙会君，2008. 城市交通网络上个体选择行为的统计动力学特性研究[J]. 交通运输系统工程与信息，8（2）：69-74.

吴建军，李树彬，2009. 基于复杂网络的城市交通系统复杂性概述[J]. 山东科学，22（4）：68-73.

吴建军，高自友，孙会君，等，2010. 城市交通系统复杂性：复杂网络方法及其应用[M]. 北京：科学出版社.

武小平，徐寅峰，苏兵，2009. 方格网络上用户均衡行为的效率损失[J]. 运筹与管理，18（4）：25-30.

徐兵，朱道立，2007. 多用户多准则固定需求随机交通均衡变分模型[J]. 公路交通科技，24（4）：129-133.

徐兵，朱道立，2008. 多用户多准则弹性需求随机交通均衡变分模型[J]. 西南交通大学学报，43（1）：114-119.

徐兵，朱道立，2009. 多用户多准则随机系统最优与最优收费[J]. 系统科学与数学，29（1）：80-93.

姚红云，张小宁，孙立军，2008. 弹性需求下多类型用户拥挤收费模型[J]. 中国公路学报，21（6）：102-108.

余孝军，黄海军，2009. 收费情形下多用户类随机用户均衡交通分配的效率损失上界[J]. 吉林大学学报（工学版），S2：71-75.

余孝军，黄海军，2010. 多用户类多准则交通分配的势博弈与拥挤定价[J]. 系统科学与数学，30（8）：1070-1080.

曾明华，黄细燕，2016. 基于经典BPR阻抗函数的随机交通网络主从博弈的效率损失[J]. 数学的实践与认识，46（2）：190-195.

张俊婷，周晶，陈星光，等，2017a. ATIS 和道路收费下混合 SUE 相对于 SSO 的效率损失[J]. 数学的实践与认识，47（4）：8-14.

张俊婷，周晶，陈星光，等，2017b. ATIS 和道路收费下的混合随机用户均衡的效率损失[J]. 运筹与管理，26（5）：137-141.

中国统计信息网，2018. 贵阳市 2017 年国民经济和社会发展统计公报[OL]. http://www.tjcn.org/tjgb/24gz/35481_2.html.

周晶，2003. 随机交通均衡配流模型及其等价的变分不等式问题[J]. 系统科学与数学，23（1）：120-127.

周晶，徐晏，2001. 弹性需求随机用户平衡分配模型及其应用[J]. 系统工程学报，16（2）：88-94.

周晶，黄园高，2005. 具有弹性需求收费道路的定价策略分析[J]. 系统工程学报，20（1）：19-24.

Adler J L，2001. Investigating the learning effects of route guidance and traffic advisories on route choice behavior[J]. Transportation Research Part C，9（1）：1-14.

Adler J L，Blue V J，1998. Toward the design of intelligent traveler information systems[J]. Transportation Research Part C，6（3）：157-172.

Agnew C E，2006. The theory of congestion tolls[J]. Journal of Regional Science，17（3）：381-393.

Arnott R，Palma A D，Lindsey R，1990. Departure time and route choice for the morning commute[J]. Transportation Research B，24（3）：209-228.

Arnott R，Palma A D，Lindsey R，1992. Route choice with heterogeneous drives and group-specific congestion costs[J]. Regional Science and Urban Economics，22（1）：71-102.

Arnott R，Palma A D，Lindsey R，1993. A structural model of peak-period congestion：A traffic bottleneck with elastic demand[J]. American Economic Review，83（1）：161-179.

Bazaraa M S，Sherali H D，Shetty C M，1993. Nonlinear Programming：Theory and Algorithms[M]. 2nd ed. New York：Wiley.

Beckmann M J，McGuire C B，Winsten C B，1956. Studies in the Economics of Transportation[M]. New Haven：Yale University Press.

Bell M G H，Lam W H K，Ploss G，et al，1993. Stochastic user equilibrium assignment and iterative balancing[M]//Daganzo C F. Transportation and Traffic Theory. New York：Elsevier.

Berger P，Vilensky M，2018. Push for New York congestion charge picks up steam[N]. The Wall Street Journal，[2018-01-01].

Boulogne T，Altman E，Kameda H，et al.，2002. Mixed equilibrium for multi-class routing games[J]. IEEE Transactions on Automatic Control，47（6）：903-916.

Cantarella G E，1997. A general fixed-point approach to multi-mode multi-user equilibrium assignment with elastic demand[J]. Transportations Science，31（2）：107-128.

Cantarella G E，Binetti M，1998. Stochastic equilibrium traffic assignment with value-of-time distributed among users[J]. International Transportations in Operational Research，5（6）：541-553.

Cascetta E，Nuzzolo A，Russo F，et al，1996. A modified logit route choice model overcoming path overlapping problems. Specification and Some calibration results for interurban networks[M]//Lesort J B. Proceedings of the 13th International Symposium on Transportation and Traffic Theory Lyon：Elsevier.

Chau C K，Sim K M，2003. The price of anarchy for non-atomic congestion games with symmetric cost maps and elastic demands[J]. Operations Research Letter，31（5）：327-334.

Chen G Y，Yang X Q，1990. The vector complementary problem and its equivalence with the weak minimal element in ordered spaces[J]. Journal of Mathematical Analysis and Applications，153（1）：136-158.

Chen G Y，Yen N D，1993. On the variational inequality model for network equilibrium[R]. Internal Report 3. 196（724），Department of Mathematics，University of Pisa.

Chen K，Underwood S E，1991. Research on anticipatory route guidance[C]//Proceedings of the IEEE Vehicle Navigation and Information Systems Conference. Dearborn，MI，Volume Society of Automotive Engineers，Warrendale，PA，USA，1：427-439.

Chen M，Alfa A S，1991. Algorithms for solving Fisk's stochastic traffic assignment model[J]. Transportation Research Part B，25（6）：405-412.

Chen P A，Kempe D，2008. Altruism，selfishness，and spite in traffic routing[C]//Proceedings of the Ninth ACM Conference on Electronic Commerce. Chicago，Illinois，USA：140-149.

Chu X，1995. Endogenous trip scheduling：The henderson approach reformulated and compared with the vickrey approach[J]. Journal of Urban Economics，37（3）：324-343.

Clark A，Sumalee A，Shepherd S P，et al.，2009. On the existence and uniqueness of first best tolls in networks with multiple user classes and elastic demand[J]. Transportmetrica，5（2）：141-157.

Cole R，Dodis Y，Roughgarden T，2003. Pricing networks edges for heterogeneous selfish users[C]//Proceedings of the Thirty-Fifth Annual ACM Symposium on Theory of Computing. New York，USA：521-530.

Correa J R，Schulz A S，Stier-Moses N E，2004. Selfish routing in capacitated networks[J]. Mathematics of Operations Research，29（4）：961-976.

Correa J R，Schulz A S，Stier-Moses N E，2005. On the inefficiency of equilibria in congestion games[C]//Proceedings of the Eleventh Conference on Integer Programming and Combinatorial Optimization. Berlin，Germany：167-181.

Correa J R，Schulz A S，Stier-Moses N E，2008. A geometric approach to the price of anarchy in nonatomic congestion games[J]. Games and Economic Behavior，64（2）：457-469.

Current J，Marsh M，1986. Multiobjective design of transportation networks：Taxonomy and annotation[J]. European Journal of Operational Research，26（2）：187-201.

Current J，Marsh M，1993. Multiobjective transportation network design and routing problem：Taxonomy and annotation[J]. European Journal of Operational Research，65（1）：4-19.

Czumaj A，Krysta P，Vöcking B，2002. Selfish traffic allocation for server farms[C]//Proceedings of the Thirty-Fourth Annual ACM Symposium on Theory of Computing. New York，USA：287-296.

Dafermos S C，1973. Toll patterns for multiclass-user transportation networks[J]. Transportation Science，7(3)：211-223.

Dafermos S C，1980. Traffic equilibrium and variational inequalities[J]. Transportation Science，14(1)：42-54.

Dafermos S C，Sparrow F T，1969. The traffic assignment problem for a general network[J]. Journal of Research of the National Bureau of Standards，73（2）：91-118.

Daganzo C F，1982. Unconstrained extremal formulation of some transportation equilibrium problems[J]. Transportation Science，16（3）：332-360.

Daganzo C F，1983. Stochastic network equilibrium with multiple vehicle types and asymmetric，indefinite link cost Jacobians[J]. Transportation Science，17（3）：282-300.

Daganzo C F，1998. Queue spillovers in transportation networks with a route choice[J]. Transportation Science，32（1）：3-11.

Daganzo C F，Sheffi Y，1977. On stochastic models of traffic assignment[J]. Transportation Science，11（3）：253-274.

Damberg O，Lundgren J T，Patriksson M，1996. An algorithm for the stochastic user equilibrium problem[J]. Transportation Research Part B，30（2）：115-131.

Dial R B，1971. A probabilistic traffic assignment model which obviates path enumeration[J]. Transportation Research Part B，5（2）：83-111.

Dial R B，1996. Bicriterion traffic assignment basic theory and elementary algorithms[J]. Transportation Science，30（2）：93-111.

Dial R B，1997. Bicriterion traffic assignment efficient algorithms plus examples[J]. Transportation Research Part B，31（5）：357-379.

Dial R B，1999a. Network-optimization road pricing，part 1：A parable and a model[J]. Operations Research，47（1）：54-64.

Dial R B，1999b. Network-optimized road pricing，part 2：Algorithms and examples[J]. Operations Research，47（2）：327-336.

Feng Z Z，Gao Z Y，Sun H J，2014. Bounding the inefficiency of atomic splittable selfish traffic equilibria with elastic demands[J]. Transportation Research Part E，63（63）：31-43.

Fischer S，Vöcking B，2004. On the Evolution of Selfish Routing[C]//Proceedings of the Twelfth Annual European Symposium on Algorithms Conference. Bergen，Norway：323-334.

Fischer S，Vöcking B，2005. Evolutionary game theory with applications to adaptive routing[C]//Proceedings of the European Conference on Complex Systems. Paris，France：104-110.

Fischer S，Vöcking B，2009. Adaptive routing with stale information[J]. Theoretical Computer Science，410（36）：3357-3371.

Fisk C S，1980. Some developments in equilibrium traffic assignment[J]. Transportation Research Part B，14（3）：243-255.

Frank R H，1987. If homo economicus could choose his own utility function，would he want one with a conscience[J]. American Economic Review，77（4）：593-604.

Friesz T L，Anandalingam G，Mehta N J，et al.，1993. The multiobjective equilibrium network design problem revisited：A simulated annealing approach[J]. European Journal of Operational Research，65（1）：44-57.

Giannessi F，1980. Theorems of the Alternative，Quadratic Programs，and Complementarity Problem[M]//Variational Inequalities and Complementarity Problems. New York：John Wiley and Sons.

Guo X L，Yang H，2005. The price of anarchy of stochastic user equilibrium in traffic networks[C]//Proceedings of the Tenth HKSTS Conference. Hong Kong.

Guo X L，Yang H，2009. User heterogeneity and bi-criteria system optimum[J]. Transportation Research Part B，43（4）：379-390.

Guo X L，Yang H，Liu T L，2010. Bounding the inefficiency of logit-based stochastic user equilibrium[J]. European Journal of Operational Research，201（2）：463-469.

Han D R，Yang H，2008. The multiclass，multicriterion traffic equilibrium and the efficiency of congestion pricing[J]. Transportation Research Part E，44（5）：753-773.

Han D R，Lo H K，Sun H，2008a. The toll effect on price of anarchy when costs are nonlinear and asymmetric[J]. European Journal of Operational Research，186（1）：300-316.

Han D R，Lo H K，Yang H，2008b. On the price of anarchy for non-atomic congestion games under asymmetric cost maps and elastic demands[J]. Computers and Mathematics with Applications，56（10）：2737-2743.

Harker P T，1988. Multiple equilibrium behaviors on networks[J]. Transportation Science，22（1）：39-46.

Haugen K K，Hervik A，2004. A game theoretic mode-choice model for freight transportation[J]. The Annals of Regional Science，38（3）：469-484.

Haurie A，Marcotte P，1985. On the relationship between Nash-Cournot and Wardrop equilibria[J]. Networks，15（3）：295-308.

Hearn D W，Yildirim M B，2002. A Toll Pricing Framework for Traffic Assignment Problems with Elastic Demand[M]//Transportation and Network Analysis：Current Trends. Boston：Springer.

Hoffman M L，1981. Is altruism part of human nature[J]. Journal of Personality and Social Psychology，40（1）：121-137.

Holguín-Veras J，Cetin M，2009. Optimal tolls for multi-class traffic：Analytical formulations and policy implications[J]. Transportation Research Part A，43（4）：445-467.

Hollander Y，Prashker J N，2006. The applicability of non-cooperative game theory in transport analysis[J]. Transportation，39（4）：481-496.

Holzman R，Law-Yone N，2003. Network structure and strong equilibrium in route selection games[J]. Mathematical Social Sciences，46（2）：193-205.

Huang H J，1995. A combined algorithm for solving and calibrating the stochastic traffic assignment model[J]. Journal of the Operational Research Society，46（8）：977-987.

Huang H J，Li Z C，2007. A multiclass，multicriteria logit-based traffic equilibrium assignment model under ATIS[J]. European Journal of Operational Research，176（3）：1464-1477.

Huang H J，Lam W H K，2003. A multi-class dynamic user equilibrium model for queuing networks with advanced traveler information systems[J]. Journal of Mathematical Modelling and Algorithms，2（4）：349-377.

Huang H J，Liu T L，Guo X L，et al.，2006. Efficiency loss of a stochastic user equilibrium in a traffic network with ATIS market penetration[C]//Proceedings of the Fifth International Conference on Traffic and Transportation Studies. Beijing，China：709-719.

Huang H J，Liu T L，Guo X L，et al.，2011. Inefficiency of logit-based stochastic user equilibria in a traffic network under ATIS[J]. Networks and Spatial Economics，11（2）：255-269.

Jahn O，Mohring R H，Schulz A S，et al.，2005. System-optimal routing of traffic flows with user constraints in networks with congestions[J]. Operations Research，53（4）：600-616.

Kanazawa K，Fukumoto Y，Ushio T，et al.，2009. Replicator dynamics with Pigovian subsidy and capitation tax[J]. Nonlinear Analysis TMA，71（12）：818-826.

Karakostas G，Kolliopoulos S G，2004. The efficiency of optimal taxes[C]//Proceedings of the First Workshop on Combinatorial and Algorithmic Aspects of Networking. Banff，Alta，Canadian：3-12.

Karakostas G，Kolliopoulos S G，2009. Edge pricing of multicommodity networks for selfish users with elastic demands[J]. Algorithmica，53（2）：225-249.

Karakostas G，Kim T，Viglas A，et al.，2011. On the degradation of performance for traffic networks with oblivious users[J]. Transportation Research Part B，45（2）：364-371.

Khalil E L，1990. Beyond self-interest and altruism：A reconstruction of Adam Smith's theory of human conduct[J]. Economics and Philosophy，6（2）：255-273.

Kinderlehrer D，Stampacchia G，1986. An Introduction to Variational Inequalities and Their Applications[M]. New York：Academic Press.

Knight F H，1924. Some fallacies in the interpretation of social cost[J]. The Quarterly Journal of Economics，38（4）：582-606.

Kolm S C，1983. Altruism and efficiency[J]. Ethics，94（10）：18-65.

Kolm S C，2000. The theory of Reciprocity[M]//The Economics of Reciprocity，Giving and Altruism. New York：St. Martin's Press.

Koutsoupias E，Papadimitriou C，1999. Worst-case equilibria[C]//Proceedings of the Sixteenth Annual Symposium on Theoretical Aspects of Computer Science. Trier，Germany：404-413.

Larsson T，Patriksson M，1998. Side Constrained Traffic Equilibrium Models-traffic Management Through Link tolls[M]//Equilibrium and Advanced Transportation Modeling. Dordrecht：Kluwer Academic

Publishers.

Ledyard J，1997. Public goods：A survey of experimental research[A]. Handbook of Experimental Economics[M]. Princeton：Princeton University Press.

Leurent F，1993. Cost versus time equilibrium over a network[J]. European Journal of Operation Research，71（2）：205-221.

Leurent F，1996. The Theory and Practice of a Dual Criteria Assignment Model with Continuously Distributed Values-of-times[M]//Transportation and Traffic Theory. Exeter：Pergamon Press.

Leurent F，1998. Sensitivity and error analysis of the dual criteria traffic assignment model[J]. Transportation Research Part B，2（3）：189-204.

Levine D K，1998. Modeling altruism and spitefulness in experiments[J]. Review of Economic Dynamics，1（3）：593-622.

Li S J，Teo K L，Yang X Q，2007. Vector equilibrium problems with elastic demands and capacity constraints[J]. Journal of Global Optimization，37（4）：647-660.

Lin Z，2010. The study of traffic equilibrium problems with capacity constraints of arcs[J]. Nonlinear Analysis RWA，11（4）：2280-2284.

Lo H K，Szeto W Y，2004. Modeling advanced traveler information services：Static versus dynamic paradigms[J]. Transportation Research Part B，38（6）：495-515.

Maher M J，Hughes P C，1997. A probit-based' stochastic user equilibrium assignment model[J]. Transportation Research Part B，31（4）：341-355.

Maher M，Stewart K，Rosa A，2005. Stochastic social optimum traffic assignment[J]. Transportation Research Part B，39（8）：753-767.

Mahmassani H S，Hu T Y，Peeta S，1994. Development and testing of dynamic traffic assignment and simulation procedures for ATIS/ATMS applications[R]. Technical Report DTFH61-90-R-0074-FG，Center for Transportation Research，University of Texas at Austin.

Marcotte P，Wynter L，2004. A new look at the multiclass network equilibrium problem[J]. Transportation Science，38（3）：282-292.

Marcotte P，Zhu D L，1997. Equilibrium with infinitely many differentiated class of customers[C]//Proceeding of the Thirteenth International Conference on Complementarity Problems：Engineering and Economics and Applications and Computational Methods. Philadelphia，USA：234-258.

Marcotte P，Zhu D L，2009. Existence and computation of optimal tolls in multiclass network equilibrium problems[J]. Operations Research Letters，37（3）：311-314.

Milchtaich I，2005. Topological conditions for uniqueness of equilibrium in networks[J]. Mathematics of Operations Research，30（1）：225-244.

Nagurney A，2000. A multiclass，multicriteria traffic network equilibrium model[J]. Mathematical and Computer Modelling，32（3-4）：393-411.

Nagurney A，Dong J，2002. A multiclass，multicriteria traffic network equilibrium model with elastic demand[J]. Transportation Research Part B，36（5）：445-469.

Pigou A C，1920. The Economics of Welfare[M]. London：Macmillan.

Pishue B，2017. US traffic hotspots：Measuring the impact of congestion in the United States[R]. INRIX Research，Kirkland，Washington，USA.

Raciti F，2008. Equilibrium conditions and vector variational inequalities：A complex relation[J]. Journal of Global Optimization，40（1-3）：353-360.

Rosa A，Maher M，2002. Stochastic user equilibrium traffic assignment with multiple user lasses and elastic demand[C]//Proceedings of the Ninth Meeting of the Euro Working Group on Transportation. Bari，Italy：392-397.

Roughgarden T，2001. Stackelberg scheduling strategies[C]//Proceedings of the Thirty-third Annual ACM Symposium on the Theory of Computing. Hersonissos，Greece：104-113.

Roughgarden T，2002. How unfair is optimal routing[C]//Proceedings of the Thirteenth Annual ACM-SIAM Symposium on Discrete Algorithms. San Francisco，USA：203-204.

Roughgarden T，2003. The price of anarchy is independent of the network topology[J]. Journal of Computer and System Sciences，67（2）：341-364.

Roughgarden T，2005. Selfish Routing and the Price of Anarchy[M]. Cambridge：The MIT Press.

Roughgarden T，2006. On the severity of braess' paradox：designing networks for selfish users is hard[J]. Journal of Computer and System Sciences，72（5）：922-953.

Roughgarden T，Tardos E，2002. How bad is selfish routing[J]. Journal of the ACM，49（2）：236-259.

Samuelson P A，1993. Altruism as a problem involving group versus individual selection in economics and biology[J]. American Economic Review，83（5）：143-148.

Sandholm W H，2002. Evolutionary implementation and congestion pricing[J]. Review of Economic Studies，69（3）：667-689.

Sandholm W H，2005. Negative externalities and evolutionary implementation[J]. Review of Economic Studies，72（3）：885-915.

Sandholm W H，2007. Pigouvian pricing and stochastic evolutionary implementation[J]. Journal of Economic Theory，132（1）：367-382.

Scrimali L，2004. Quasi-variational inequalities in transportation networks[J]. Mathematical Models and Methods in Applied Sciences，14（10）：1514-1560.

Sen A，1977. Rational fool：A critique of the behavioral foundations of economic theory[J]. Philosophy and Public Affairs，6（4）：317-344.

Sen A，1987. On Ethics and Economics[M]. Oxford：Blackwell.

Sharp C，1966. Congestion and welfare：An examination of the case for a congestion tax[J]. The Economics Journal，76：806-817.

Sheffi Y，1985. Urban Transportation Networks：Equilibrium Analysis with Mathematical Programming Methods[M]. Englewood Cliffs：Printice-Hall.

Sheffi Y，Powell W，1981. A comparison of stochastic and deterministic traffic assignment over congested networks[J]. Transportation Research Part B，15（1）：53-64.

Sheffi Y，Powell W，1982. An algorithm for the equilibrium assignment problem with random link times[J]. Networks，12（2）：191-207.

Simon H A，1990. A mechanism for social selection and successful altruism[J]. Science，250（4988）：1665-1668.

Smeed R J，1968. Traffic studies and urban congestion[J]. Journal of Transportation Economics and Policy，2（1）：33-70.

Smith M J，1979a. The marginal cost taxation of a transportation network[J]. Transportation Research Part B，13（3）：237-242.

Smith M J，1979b. Existence，uniqueness and stability of traffic equilibria[J]. Transportation Research Part B，13（4）：295-304.

Stark O，1993. Monmarket transfers and altruism[J]. European Economic Review，37（6）：1413-1424.

Stark O，2000. On the Evolution of Altruism[M]//The Economics of Reciprocity，Giving and Altruism. New

York：St. Martin's Press.

Stewart K，2007. Tolling traffic links under stochastic assignment：Modelling the relationship between the number and price level of tolled links and optimal traffic flows[J]. Transportation Research Part A， 41（7）：644-654.

Stier-Moses N E，2004. Selfish versus coordinated routing in network games[D]. Cambridge：Massachusetts Institute of Technology.

Treiber M，Kesting A，Thiemann C，2008. How much does traffic congestion increase fuel consumption and emissions[C]//Proceedings of the Eighty-seventh Annual Meeting of the Transportation Research Board. Washington D C.，USA.

Vickrey W S，1969. Congestion theory and transport investment[J]. American Economic Review，59（2）：251-260.

Walters A A，1961. The theory and measurement of private and social cost of highway congestion[J]. Econometrics，29（4）：676-699.

Wang X，Huang H J，2013. Bi-criteria system optimum traffic assignment in networks with continuous value of time[J]. Promet Traffic & Transportation，25（2）：119-125.

Wardrop J G，1952. Some theoretical aspects of road traffic research[C]. Proceedings of the Institute of Civil Engineers Part Ⅱ：325-378.

Wen C H，Koppelman F S，2001. The generalized nested Logit model[J]. Transportation Research Part B，35（7）：627-641.

Wie B W，Tobin R L，1998. Dynamic congestion pricing models for general traffic networks [J]. Transportation Research Part B，32（5）：313-327.

Yai T，Iwakura S，Morichi S，1997. Multinomial probit with structured covariance for route choice behavior[J]. Transportation Research Part B，31（3）：195-207.

Yang H，1999. System optimum，stochastic user equilibrium，and optima link tolls[J]. Transportation Science，33（4）：354-360.

Yang H，Huang H J，1997. Analysis of the time-varying pricing of a bottleneck with elastic demand using optimal control theory[J]. Transportation Research Part B，31（6）：425-440.

Yang H，Huang H J，1998. Principle of marginal-cost pricing：How does it work in a general network[J]. Transportation Research Part A，32（1）：45-54.

Yang H，Huang H J，2004. The multi-class，multi-criteria traffic network equilibrium and systems optimum problem[J]. Transportation Research Part B，38（1）：1-15.

Yang H，Huang H J，2005. Mathematical and Economic Theory of Road Pricing[M]. Oxford：Elsevier Ltd.

Yang H，Zhang X N，2002. Multiclass network toll design problem with social and spatial equity constraints[J]. Journal of Transportation Engineering，128（5）：420-428.

Yang H，Tang W H，Cheung W M，et al.，2002. Profitability and welfare gain of private toll roads in a network with heterogeneous users[J]. Transportation Research Part A，36（6）：537-554.

Yang H，Zhang X N，Meng Q，2007. Stackelberg game and multiple equilibrium behaviors on network[J]. Transportation Research Part B，41（8）：841-861.

Yang H，Zhang X N，2008. Existence of anonymous link tolls for system optimum on networks with mixed equilibrium behaviors[J]. Transportation Research Part B，42（2）：99-112.

Yang H，Xu W，Heydecher B，2010. Bounding the efficiency of road pricing[J]. Transportation Research Part E，46（1）：90-108.

Yildirim M B，Hearn D W，2005. A first best toll pricing framework for variable demand traffic assignment problems[J]. Transportation Research Part B，39（8）：659-678.

Yin Y，Yang H，2003. Simultaneous determination of the equilibrium market penetration and compliance rate of advanced traveler information systems[J]. Transportation Research Part A，37（2）：165-181.

Yong G，Huang H J，Liu T L，et al.，2016. Bounding the inefficiency of the C-logit stochastic user equilibrium assignment[J]. Journal of Systems Science & Complexity，29（6）：1629-1649.

Yu X J，2010. Bounding efficiency loss of multiclass stochastic user equilibrium traffic assignment against stochastic system optimum under road pricing[C]//Proceeding of the Twenty-ninth Chinese Control Conference. Beijing，China：5362-5365.

Yu X J，Huang H J，2009. Inefficiency of the uniform altruism traffic assignment[C]//Proceeding of the Second International Conference on Intelligent Computation Technology and Automation. Zhangjiajie，China：629-632.

Yu X J，Huang H J，2010. Efficiency loss of mixed equilibrium behaviors with polynomial cost functions[J]. Promet Traffic & Transportation，22（5）：325-331.

Yu X J，Yang H，2012. Essential components of the solution set for multiclass multicriteria traffic equilibrium problems[J]. University Politehnica of Bucharest Scientific Bulletin Series A-Applied Mathematics and Physics，174（1）：35-44.

Yu X J，Wang L L，2014. On efficiency loss of multiclass traffic equilibrium assignment with elastic demand[J]. Procedia-Social and Behavioral Sciences，138：368-377.

Yu X J，Huang H J，Liu T L，2009a. Efficiency loss of the multiclass，multicriteria stochastic user equilibrium traffic assignment against stochastic system optimization[C]//Proceeding of the Ninth International Conference of Chinese Transportation Professionals. Haerbin，China：2990-2996.

Yu X J，Huang H J，Liu T L，2009b. Efficiency loss of the multi-class stochastic traffic equilibrium assignment with fixed demand[J]. Journal of Transportation Systems Engineering and Information Technology，9（4）：83-89.

Zhang X N，Yang H，Huang H J，2008. Multiclass multicriteria mixed equilibrium on networks and uniform link tolls for system optimum[J]. European Journal of Operational Research，189（1）：146-158.